青海简史

（修订版）

王昱　主编

青海人民出版社

图书在版编目(CIP)数据

青海简史／王昱主编．—西宁：青海人民出版社，
2012.12(2019.6重印)
ISBN 978-7-225-04487-3

Ⅰ．①青… Ⅱ．②王… Ⅲ．①青海省—地方史 Ⅳ．
①K294.4

中国版本图书馆CIP数据核字(2012)第298948号

青海简史

王昱 主编

崔永红 聪喆 副主编

出版人 樊原成
出版发行 青海人民出版社有限责任公司
西宁市五四西路71号 邮政编码:810023 电话:(0971)6143426(总编室)
发行热线 (0971)6143516/6137730
网址 http://www.qhrmcbs.com
印刷 青海西宁印刷厂
经销 新华书店
开本 720mm×1010mm 1/16
印张 18
字数 330千
版次 2013年1月第1版 2019年6月第3次印刷
书号 ISBN 978-7-225-04487-3
定价 48.00元

目录

前　言

青海省位于祖国的西北、青藏高原的东北部，是一个历史悠久、幅员辽阔、民族众多、资源丰富的省份。青海省是伟大祖国的一部分，是长江、黄河的发源地，素有“江河源头”之称。青海的历史与祖国历史的发展紧密联系在一起。除了与祖国历史的发展具有共性的一面外，因地域的、民族的以及其他的种种特殊因素，决定了青海历史的发展又具有着它自身的特点。

青海省具有灿烂绚丽的古代文化，境内文化遗存丰富多彩。在省内柴达木小柴旦发现旧石器时代晚期人类活动的遗迹，青海黄河河曲一带发现相当于中石器时代的拉乙亥文化遗址，境内其他地区发现属新石器时代的马家窑文化，属铜石并用时代的齐家文化，属青铜器时代的辛店文化、卡约文化等古代文化遗存，它们广泛分布于河湟地区。分属马家窑等文化遗存的青海彩陶，以器物精美、数量众多著称于世。这些具有丰富内涵的青海古代文化，不仅反映出了浓厚的地方特色和民族特色，而且证明了青海先民们的勤劳和智慧。

青海东部河湟地区气候温和，是青藏高原与黄土高原的过渡地带。省会西宁西南约百公里处的日月山，长期以来是农牧区的自然分界线。青海西部戈壁荒漠绵延数千里，南部草原海拔平均在 4 000 米以上，空气稀薄，气候严寒。二千多年来，青海社会历史发展的不平衡性以及诸多复杂的历史现象，与这种特殊的自然条件不无关系。

根据历史记载，夏、商、周时代，活动在青海地区的主要是我国西部古代民族之一的羌人，他们过着“逐水草而居”的生活，主要从事狩猎及原始畜牧业生产，大体上处在原始社会末期向阶级社会过渡的阶段。西汉中期，随着汉朝对青海东部河湟地区的占领和开发，这一地区开始实行郡县制，从而逐步进入了封建社会。中、西部地区至5世纪初吐谷浑统一了这一带的羌人部落后，实现了由氏族社会向封建社会的过渡；而南部边缘地区则较长地保留了氏族部落制，由氏族社会迈入封建社会的转变过程迟至元代才逐步完成。元代以后，封建统治阶级在牧区推行政教合一的政治制度和以王、公、千百户为主的封建管理体制；在河湟地区实行郡县统治，并委任土官，实行土流参治，清初开始实行的土司制度，一直沿续到了民国中期。明、清时期，在青海民族聚居地区设立羁縻笼络性质的行政军事机构，招抚分封蒙藏首领和宗教上层，因俗以治。这些统治方式，都带有浓厚的地区和民族特点。辛亥革命宣告了封建帝制在中国的结束，此后，以马麒、马麟、马步芳为代表的地方军阀，在青海实行封建独裁专制统治，致使青海社会政治黑暗，经济、文化发展缓慢，人民生活极度贫困。中华人民共和国建立前青海东部农业区的农业经济处于封建地主制发展阶段，广大蒙藏牧区的部落游牧经济处于封建领主制阶段。由于发展不平衡，有的藏区还残留着奴隶制的残余。直到1949年青海获得解放，青海历史才翻开了新的一页。

青海省具有十分重要的战略地位，历史上的青海东接秦陇，西通西域，南交蜀藏，北护甘凉，是许多政权和民族争夺的要地，所以历来战事频繁。从战争性质讲，有中央王朝为维护祖国统一和边地安宁而发动的讨伐战争，有各民族地方势力和豪强之间为争夺地盘而进行的战争，有各族人民的反抗起义斗争和统治阶级为了维护其统治而对各族人民的残酷镇压等等。青海各族人民在频繁的战乱中，蒙受了巨大的灾难。唐代著名诗人杜甫“君不见，青海头，古来白骨无人收”的诗句，可以说是对战乱之后悲惨景象的真实写照。在青海的历史发展中既有统一和安定的时期，又有许多分裂和动荡不安的时期，它们构成了一幅幅错综复杂、此消彼长的历史画卷，战乱和动荡对社会政治、经济、文化的发展产生着重大的影响。

青海从事农业和畜牧业的历史悠远。东部河湟地区土地肥沃，宜耕宜牧。早在新石器时代晚期，青海先民就以农业为主，兼营畜牧业。自汉代在河湟地区实行军事屯田起，以后各代也多有效仿，这不仅为加强封建王朝对青海地区的控制提供了基地，而且通过经济文化交流也促进了青海农业经济的发展。西部和南部素以畜牧经济为主，是历代统治阶级征集和畜养军马的主要基地之一，历史上曾为中原地区提供过大量耕畜，支援了内地的农业生产。

青海是我国古代东西方交通的重要通道。每当河西走廊的丝绸之路因战乱而梗阻时，古老的“青海道”便为丝路的畅通和东西方经济文化的交流作出重大的贡献。青海境内所建立的吐谷浑、唃厮啰等地方政权曾充当中西陆路交通有关各族的中介，河湟地区的城镇曾成为东西方贸易往来的集散地。在青海境内通过的唐蕃古道是中原与西藏地区政治文化交流的纽带和经济贸易的动脉，被后世誉为沟通汉藏两族人民友好联系的“黄金桥”。青海历代各民族与中央王朝之间的纳贡和回赐、茶马互市等制度，既是中央王朝控制边远地区的一种政治手段，也是边疆少数民族与中原地区人民经济文化交往的重要渠道。

青海是一个多民族聚居的省份，青海地区的许多民族在我国民族关系历史舞台上发挥过重要作用。从汉代起，各族人民频繁交往、交错杂居的局面就开始出现了，大批的汉族人通过从军、屯垦、任官、移民、经商等多种途径从内地进入或长住于青海民族地区，青海各民族人民也通过各种途径进入或长住于内地汉族地区。魏晋南北朝时期，北方鲜卑族徙入青海，通过多种方式兼并、联合以羌族为主的当地民族，建立了吐谷浑政权。唐代，居今西藏地区的吐蕃人进入青海后，原居青海的羌人、鲜卑人和部分汉人融入吐蕃人中，后来逐步发展形成了今日青海的藏族。元明以来，蒙古人、回回人、撒拉人、撒里畏兀儿人和哈萨克人等相继迁入青海。经过民族间的长期交融和迁徙，其中有的民族消失了，如撒里畏兀儿人等；也有新的民族产生了，如回族、土族、撒拉族等。这就形成了解放后以汉族、藏族、回族、土族、撒拉族、蒙古族和哈萨克族等 7 个世居民族为主的基本格局。在青海除汉族外，其他兄弟民族大多全民信教，因此，宗教对青海历史的发展有着重要的影响。在以往较长的历史过程中，既有民族压迫、歧视和战争，也有民族间的友好交往、和亲、通贡、互市等关系，各民族在社会政治、经济、文化等各方面的密切联系中，互相依赖，互相促进，共同发展，结成了谁也离不开谁的亲密关系。各民族人民共同开发了青海大地，共同创造了灿烂的高原文化，他们为维护伟大祖国的统一，为整个中华民族的兴旺发达，都作出了自己的贡献。

纵观历史长河，运用马克思主义的基本观点，研究青海历史发展的主要线索和脉络，探索青海历史发展的进程、特点及其规律，有助于人们了解青海的过去，掌握基本的省情；有利于社会主义物质文明和精神文明建设。党的十一届三中全会以来，青海地方史的研究出现了一个繁荣的局面，许多学术成果问世，这是十分可喜的。但是，迄今为止，还没有出版过一本全面而系统的青海的简史，这与当前改革开放的形势是不相适应的。鉴于此，我们组织力量编写了这本《青海简史》，以作这方面的一次尝试。

本书的写作，除了重视对历代政治、军事活动的介绍外，还注意了对经济、文化和民族等方面资料的挖掘和运用，力图从全社会的整体结构上来反映青海社会的发展。但由于青海地方历史文献留存较少，我们掌握的资料也很有限，许多问题还有待于进一步的研究，再加上编著者水平有限，因此，缺点错误在所难免，我们希望专家和读者提出宝贵意见，以便改进和提高。

本书是青海省社会科学院历史研究所集体编写的，编写工作在主编王昱、姚聪喆同志的具体主持下进行。各章执笔人是：前言王昱，第一章崔永红，第二章王昱，第三章姚聪喆，第四章崔永红，第五章宋秀芳，第六章刘景华、崔永红，第七章任斌，第八章第一、五节姚聪喆，第二节周新会，第三节谢全堂，第四节姚聪喆、周新会。全书由王昱、姚聪喆统稿。

本书在编写过程中，参考和吸收了近年来地方史学界不少同志的论文、专著以及内部书刊有关文章中的许多观点与内容。初稿完成后，承蒙青海民族学院芈一之教授和青海师范大学赵盛世教授在百忙中阅稿并提出了宝贵的修改意见。青海人民出版社的同志为本书的出版做了大量工作。在此，我们一并致以诚挚的谢意!

王　昱

1990 年 10 月

第一章　远古至秦时期的青海

第一节　原始社会的遗存

青海省位于祖国西北，在世界屋脊青藏高原的东北部，面积 72.12 万平方公里，因境内有我国第一大咸水湖——青海湖而得名。地势高峻，海拔多在 3 000 米以上。境内高山重叠，河流纵横，草原辽阔，湖泊错落。长江、黄河均源于省境。地上地下有着丰富的古代文化遗存，它告诉人们：青海有着悠久的历史和灿烂的文化，是我国古代文明的发祥地之一。

一、“小柴旦人”与拉乙亥遗址

青海地区人类活动的足迹，可以追溯到距今约二三万年以前的旧石器时代。虽然在沱沱河沿岸和可可西里等地采集到的一批打制石器，因缺乏地层证据，还不能明确肯定是旧石器时代的遗物。[①]但是有层位根据的旧石器时代遗物已在柴达木地区高出小柴旦湖面 8~13 米的古湖滨沙砾层中发现。今都兰县宗加镇西北有一处贝壳梁，长约 2 公里，宽约 70 米，高约 2 ~ 8 米，数以亿万计的贝壳与含有盐碱的泥沙相凝结，构成一道自然奇观。它是迄今中国内陆盆地发现的规模最大

都兰县贝壳梁

① 邱中郎：《青藏高原旧石器的发现》，《古脊椎动物学报》1958 年第 2 卷二三合期；安志敏：《青海的古代文化》，《考古》1959 年第 7 期。

的古生物遗存，是沧海桑田的见证。现今干旱少雨的柴达木盆地曾经是海洋、是湖泊，古湖干涸后，又曾经是湿润多雨、适宜古人类生存的地方，小柴旦湖遗址出土的石器包括刮削器、雕刻器、钻具和砍斫器等。根据钻孔岩心所得的孢粉分析，证之以这批石器，可知在大约 23 000 年前，柴达木盆地气候比较温暖潮湿，水生植物丰富，有早期人类在这里活动。尽管小柴旦湖还没有发现人骨，这批石器也没有被正式命名，但我们不妨暂将这批石器的主人称为“小柴旦人”。“小柴旦人”生活在适宜于成群食草类动物生活的疏林草原环境，以打猎为生。已发现的这批石器从其以刮剥器为主的组合和制作技术上看，具有旧石器时代晚期华北两大系统中“周口店第一地点——峙峪系”的特色，说明西北与华北古人类在文化技术上有着密切的联系。[1]“小柴旦人”所处的时代，属于中国远古文化的“新人”阶段，[2]新人也称“智人”系古人阶段以后的人类。新人以后，原始人群开始逐渐被母系氏族公社所取代。

人类进化图

距今约六七千年前，黄河上游青海贵南县拉乙亥一带有先民在劳动生息。那时的人们使用的石器以打制的为主。拉乙亥居住遗址出土各种文化遗物共 1 400 多件，打制石器的种类有石锤、石核、石片、刮削器、石刀、研磨器等，其中细石片居多，特别是简单的谷物加工工具研磨器的发现，表明采集农业已经出现。[3]骨器有磨制精细的骨锥、骨针等，表明那时的人们已用兽皮缝制衣服。拉乙亥遗址属于中石器时代，也有学者认为属于新石器时代。当时的

拉乙亥遗址出土的石研磨器

① 陈凤贤、毛茱方:《我国西北首次发现有层位根据的旧石器——说明西北与华北古人类在文化技术上有密切联系》。《光明日报》1984 年 11 月 14 日第 1 版。

② 人类体质的发展大体上经历了猿人、古人、新人三个阶段,新人在体质上与现代人已没有什么区别。

③ 盖培、王国道:《黄河上游拉乙亥中石器时代遗址发掘报告》,《人类学报》第 2 卷第 1 期。

社会形态大约处在母系氏族公社早期阶段。

二、母系氏族社会晚期的马家窑文化

人类广泛使用磨制石器的时代在考古学分期中称为新石器时代，青海境内已发现的新石器时代的文化主要是马家窑文化（1923年首次发现于甘肃临洮马家窑），又称甘肃仰韶文化。马家窑文化距今约4000~5800年，分布在甘肃和青海东部，包括石岭下、马家窑、半山、马厂四个早晚相接的类型。①青海境内经清理发掘的马家窑文化遗址、墓葬地点有大通上孙家寨，贵南尕马台，民和核桃庄、新民、阳洼坡，乐都柳湾，互助总寨等。马家窑文化时期的居民过着定居生活，其经济生活以农业为主。当时的人们用磨制的石斧、石锛、石凿等工具砍伐树木，开垦荒地，实行“火燎杖种”。用较锋利的石刀、石镰收割谷物。乐都柳湾马厂类型时期的墓葬中，多见容积较大的陶瓮，瓮内装粟作为随葬品，说明当时人们的主要粮食为粟，也表明当时农业生产已有相当水平。除农业外，渔猎和畜牧业作为辅助经济与农业经济长期并存，饲养的家畜有猪、狗、牛、羊等。马家窑文化的手工业主要是制陶业和纺织业。制陶业相当发达，尤以精美的彩陶器著称于世。马家窑文化的彩绘图案经精心设计，讲求对称协调，反映出当时人们的审美能力已达到了很高水平。石岭下类型彩陶含有较浓的仰韶文化庙底沟类型的因素；马家窑类型彩陶的主题纹饰是水波状纹、圆点纹等；半山类型彩陶纹饰常见网纹、波折纹、方格纹、葫芦形纹，大多纹饰边沿呈锯齿状；马厂类型彩陶最流行的是圆圈纹、蛙纹、回纹等。陶器中夹砂粗陶罐或三足器，出土时多有烟熏痕迹，是当时人们的炊器。盆、钵、勺等为食器，壶、瓶、罐、盆等为水器，瓮和较大的罐用做盛贮器。原始的纺织业是捻线和编织

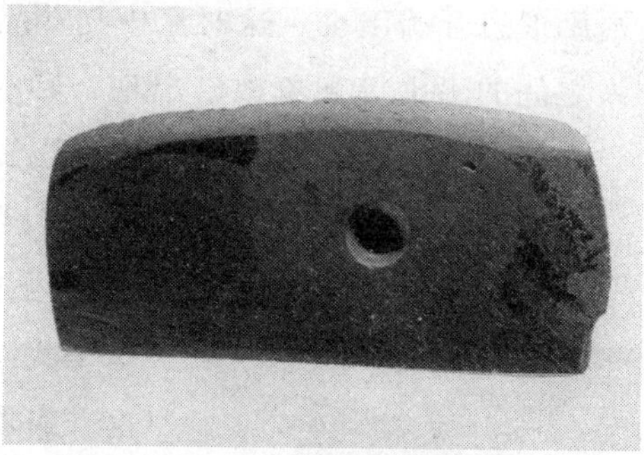

石岭下类型石刀

半山类型彩陶壶

① 关于石岭下类型的文化归属，一种意见认为属于仰韶文化晚期，一种意见主张将其划入马家窑文化。本文暂从第二种意见。

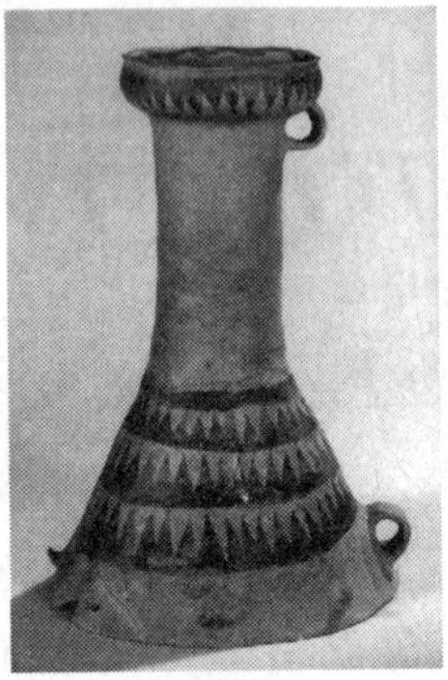

半山类型陶鼓

马厂类型蛙纹彩陶壶

相结合的手工业，当时的人们常用的捻线工具是圆饼状、中部有孔的陶或石制的纺轮。人们除穿用麻类或毛类编织物外，还用骨针缝纫兽皮作为遮体的衣物。

马家窑文化的石岭下类型、马家窑类型、半山类型时期墓葬的随葬品绝大多数是生活用的陶器和装饰品，各墓数量悬殊不大，表明此时氏族成员之间地位平等，处在母系氏族社会晚期阶段。至马厂类型时期，情况有了不同，一是男女的分工比较明显，如柳湾31座女性墓中，有28座随葬石、陶纺轮等，而男性墓中较多地随葬斧、锛、凿、刀等生产工具；二是出现了成年男女合葬墓，表示一夫一妻的婚姻形态开始出现。这时墓中随葬品少者仅一二件，多者达90多件，可见人与人之间的不平等现象也已出现，私有制已经发生。此时的母系氏族公社日趋崩溃，逐步向父系氏族制过渡。

马家窑类型舞蹈纹彩陶盆

马厂类型彩塑人像陶壶

大通上孙家寨出土的一件马家窑类型彩陶盆，盆的内壁绘有相同的三组舞蹈人纹图案。据认为，这是我国最早的成型舞蹈图，它在我国美术发展史上，有着重要的地位。它的发现说明当时人们已经采取舞蹈的形式抒发内心的情感或表示某种愿望。乐都柳湾出土的马厂类型彩塑人像陶壶中的人像，大概是我国迄今发现的最早的完整人体塑像。它是研究我国远古人类思想活动的重要实物。此外，马厂类型彩陶器的腹部或底部还有很多彩绘符号，仅柳湾墓地就有139种，常见的有“+”、“−”、“×”、“1”、“0”、“≠”等，这些符号无疑具有纪事的功能，它可能是代表制陶者的记号或代表某氏族或家族的徽号，当然，也不妨说它是我国古文字最原始的形态之一。

20世纪90年代，青海省考古部门在黄河上游同德县宗日遗址发现了一种新的文化遗存，其陶器以夹粗砂乳白色陶施紫红彩为突出特点，彩绘图案多见变形鸟纹、多道连续折线纹。定居，主要经营农业，渔猎和采集也占有较大比重。其时代大体与马家窑文化相始终，文化面貌也与马家窑文化很接近，大约延续了1500年，后被齐家文化所取代。[①]考古界已将其命名为“宗日文化”。

宗日文化鸟纹彩陶壶

三、父系氏族社会时期的齐家文化

大约4 000多年前，生活在河湟地区的氏族部落进入了父系氏族公社时期。甘青地区属于这一时期氏族部落的遗存主要为齐家文化（1924年首次发现于甘肃广河县齐家坪）。齐家文化是马家窑文化的发展和延续，其时代距今约3 600～4 000年。当时的人们主要从事农业生产活动，兼营畜牧业，同时还进行狩猎活动。生产工具继承了马家窑文化的石斧、锛、凿、刀、铲、镰、磨谷器等，这些工具在选材上已采用硬度较高的玉、石料，精工细琢，造型规整，刃部锋利。此外，还出现了冶铜业，红铜器有刀、锥、指环、凿、斧等。贵南尕马台第25号墓出土的一面铜镜，经鉴定属于青铜器，它是目前我国已知最早的一面青铜质铜镜，[②]颇受国内外一些学者的关注。青铜器的出现，标志着历史开始进入一个新的时期，即“青铜器时代”。青铜器的铸成，突破了原始社会若干万年的制石工艺，使生产力有了新的提高。齐家文化的制陶技术，也有一定的进步，主要表现是开始使用慢轮修整法。近年，青海境内发现齐家文化房屋遗址多处，以民和中川清泉遗址为例，都是四方形半地穴式，房屋的地面和四壁均抹白灰，地面白灰厚度在0.5厘米以上。室内中间都有一个直径114厘米左右的圆形灶，灶面与居住地面同高，中间微鼓，周边镶有一圈小河卵石。[③]齐家文化住房的“白灰面”光滑坚硬，不仅美观，还有防潮作用。婚姻关系上一夫一妻制的出现是父系氏族社会的重要标志，

宗日文化鸟纹彩陶罐

齐家文化双大耳罐

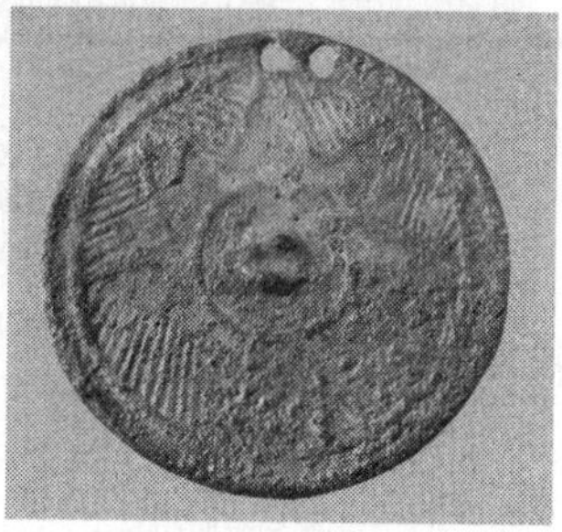

齐家文化铜镜

① 陈洪海、格桑本、李国林：《试论宗日遗址的文化性质》，《考古》1998年第5期。

② 中国社会科学院考古研究所编：《新中国的考古发现和研究》，文物出版社1984年版，第120页。

③ 刘小何等：《民和县官亭、中川古文化遗址调查》，《青海考古学会会刊》1982年第4期。

它确定了男系血统的延续。青海齐家文化的墓葬中，出现了较多的成年男女合葬墓，表明一夫一妻的家庭已不再是个别现象。在父系氏族中，滋生着奴役关系，柳湾1112号男女合葬墓，男的见于独木棺内，仰身直肢，女的放在棺外，侧身曲肢。[①]这个女子无论与墓中男子是否夫妻（妾）关系，显然是居于依附的地位，说明当时男性居于统治地位，父权制已经牢固确立。柳湾还有几座殉葬墓，墓主仰身直肢，而殉葬者有的身首分离，有的四肢不全，这些殉葬者可能均为俘虏。[②]2001年，青海省文物考察部门在民和县官亭镇喇家村发现了一处史前古地震、古洪水等多重灾变遗迹，有多处非正常死亡的人类遗骸，真实地反映了4 000多年前突发灾难来临时大人保护幼儿的人性美。

喇家遗址

四、原始社会末期的卡约、辛店和诺木洪文化

卡约文化以1923年首次发现于青海湟中县云谷川的卡约村而得名。卡约文化主要分布在今青海省境内，东起甘青交界的黄河沿岸，西至海南州共和、贵南等县，南达黄南州隆务河流域，北至海北州刚察、海晏等县。卡约文化大致处于原始社会趋于瓦解的阶段，距今约为2 690～3 555年。卡约文化的人们农牧兼营，过着相对固定的定居生活，西部地区以游牧生活为主，狩猎、采集作为补充经济手段依然存在。农作物有麦类、粟等，生产工具有石制的刀、斧、臼、杵、锸，骨制的铲以及铜制的刀、钺、镰等。湟源县大华中庄出土的鸠首牛犬青铜杖首构思巧妙，造型生动，反映出青铜冶铸技术已达到很高的水平。饲养的家畜有牛、羊、马、狗等，以牛、羊为主。狩猎对象有鹿等野生动物，环湖地

卡约文化鸠首牛犬铜杖首

① 青海省文物管理处考古队、北京大学历史系考古专业：《青海乐都柳湾原始社会墓地第一次发掘的初步收获》，《文物》1976年1期。

② 青海省文物管理处考古队、中国社会科学院考古研究所：《青海柳湾》，文物出版社1984年版，第259页。

区的人们则以食鱼为主。卡约文化的陶器制作比较粗糙，器类有双耳罐、四耳罐、单耳罐、杯、瓮、豆、鬲等；彩绘以赭色为主，也有黑彩；花纹有三角纹、网格纹、波折纹以及羊、鹿、狗等动物纹样。卡约人喜欢装饰打扮，饰物既有玉、石、骨制的，又有铜制的，种类繁多，常见的有花样各异的串珠。卡约文化墓葬的一个显著特点是2/3以上的墓为“二次扰乱葬”，即葬后过一段时间，再将墓掘开，扰乱尸骨位置，或打碎、取走部分尸骨。这种葬俗与当时的宗教信仰有关，可能含有使灵魂升天或得到某种解脱的意味。卡约文化依时代早晚和地域差异，又可分为卡约、阿哈特拉、上孙家寨、大华中庄等几个类型。卡约文化墓葬中，有的妇女墓随葬的青铜饰物极为丰富，如大通上孙家寨723号墓，女主人身上佩有铜泡400余件。这表明当时在某些部落中母权制的残余仍然存在。

卡约文化铜鬲

辛店文化以1924年首次发现于甘肃临洮县辛店村而得名，分布在黄河上游及其支流湟水、洮河与大夏河流域。辛店文化的年代距今约为2 640～3 185年。那时的人们过着定居的生活，以农业经济为主，兼营畜牧业。生产工具除石制的斧、磨谷器外，多见用动物肩胛骨或下颏骨制的骨铲及两侧带缺口的椭圆形石刀。畜养的动物以羊、牛为最多，其次是马、狗等。手工业有纺织、制陶、冶铜业。冶铜业比齐家文化时有了进一步的发展，出现了铜容器和各种铜制装饰品等。辛店文化依时代和地域的差异，又可划分为山家头、姬家川（又称辛店甲组）和张家嘴（又称辛店乙组）三个类型。张家嘴类型在青海境内主要分布在民和、乐都及其以西以北地区，姬家川类型在青海境内主要分布在民和、乐都及其以东以南地区，山家头类型比较重要的遗址有民和核桃庄小旱地等处。

辛店文化陶靴

辛店文化鹿纹彩陶罐

诺木洪文化因1959年发现于青海省都兰县诺木洪搭里他里哈而得名。分布在柴达木盆地。其年代距今约为2 900年左右，下限可能延至汉代以后。诺木洪文化的人们过着相对固定的定居生活，兼营农业和畜牧

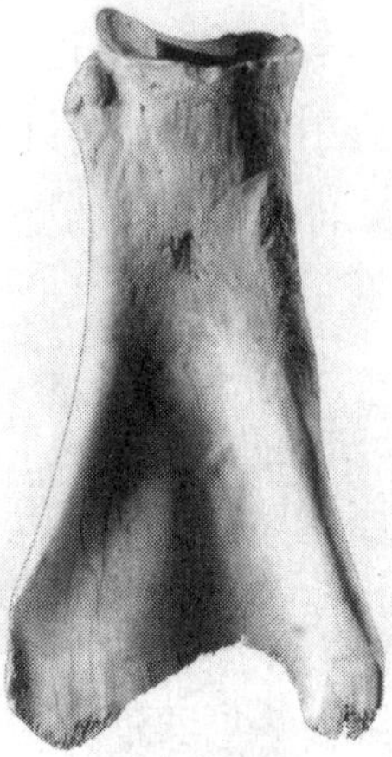

诺木洪文化骨铲(耜)

业。农业生产工具有翻土用的骨耜，还有收割用的石刀等，在遗址中还发现有麦类农作物痕迹。饲养的家畜有羊、牛、马、骆驼等。手工业生产比较发达，冶铜业比卡约文化有了更大发展，出土炼铜用具、铜渣和斧、刀、镞、钺等铜器。陶器有罐、瓮、盆、碗等，制作较粗糙。住房采用榫卯结构的木建筑。毛纺织品有毛布、毛线、毛绳等，[①]当时的人们身着毛织衣服，脚穿牛皮革履，身佩各种装饰品。一般认为诺木洪文化是卡约文化的发展和延续，是西周时期羌人的一支所创造的文化，其社会形态大体处在原始社会末期。

第二节　汉代以前河湟地区的羌人

羊图腾

青海是我国古代羌人居住的中心地区之一。羌人以畜牧业为主，甲骨文中的羌字写作“ㄜ、ㄜ”等，大概由于古羌人以羊为图腾，或羌族有头戴羊角的习俗，造字者遂取以为象。羌族是我国西部古代重要民族之一，它对中华民族的形成，对我国古代文明的产生和发展做出过重要贡献。《后汉书·西羌传》载：“西羌之本，出自三苗，……及舜流四凶，徙之三危，河关之西南羌地是也，滨于赐支，至乎河首，绵地千里。”关于“三危”、“赐支”（或作“析支”）之今地，学者解释不一，一般地讲，青海境内黄河上游一带应在“三危”、“赐支”的范围以内。青海境内发现的卡约、辛店、诺木洪等考古学文化为羌人所创造一般没有什么争议，即使更早的齐家文化、马家窑文化，其主人也当与羌人及其先民有

① 青海省文物管理委员会、中国科学院考古研究所青海队：《青海省都兰县诺木洪搭里他里哈遗址调查与试掘》，《考古学报》1963年第1期。

关。甘青地区羌人之本，并非“出自三苗”，舜流三苗于三危的说法很可能只是传说而已，即便真有三苗的一支远自南方衡山附近迁来，也只能融于当地土著之中。

羌人所居无常，随依水草。没有固定的姓氏，一般以父名母姓作为部落的称号。父兄死后，以后母寡嫂为妻。“不立君臣，无相长一。”“杀人偿死，无它禁令。”①其性格勇猛刚强，能耐寒吃苦。根据《西羌传》记载，大约在战国初期秦厉共公在位时（前476～前443年），戎人无弋爰剑被秦俘去为奴，后来设法逃到河湟地区，将从秦人那里学得的先进农牧业生产技术传播到广大羌人之中，受到羌人各部的拥戴，被推为河湟羌人首领。从此，河湟羌人的农牧业生产得到

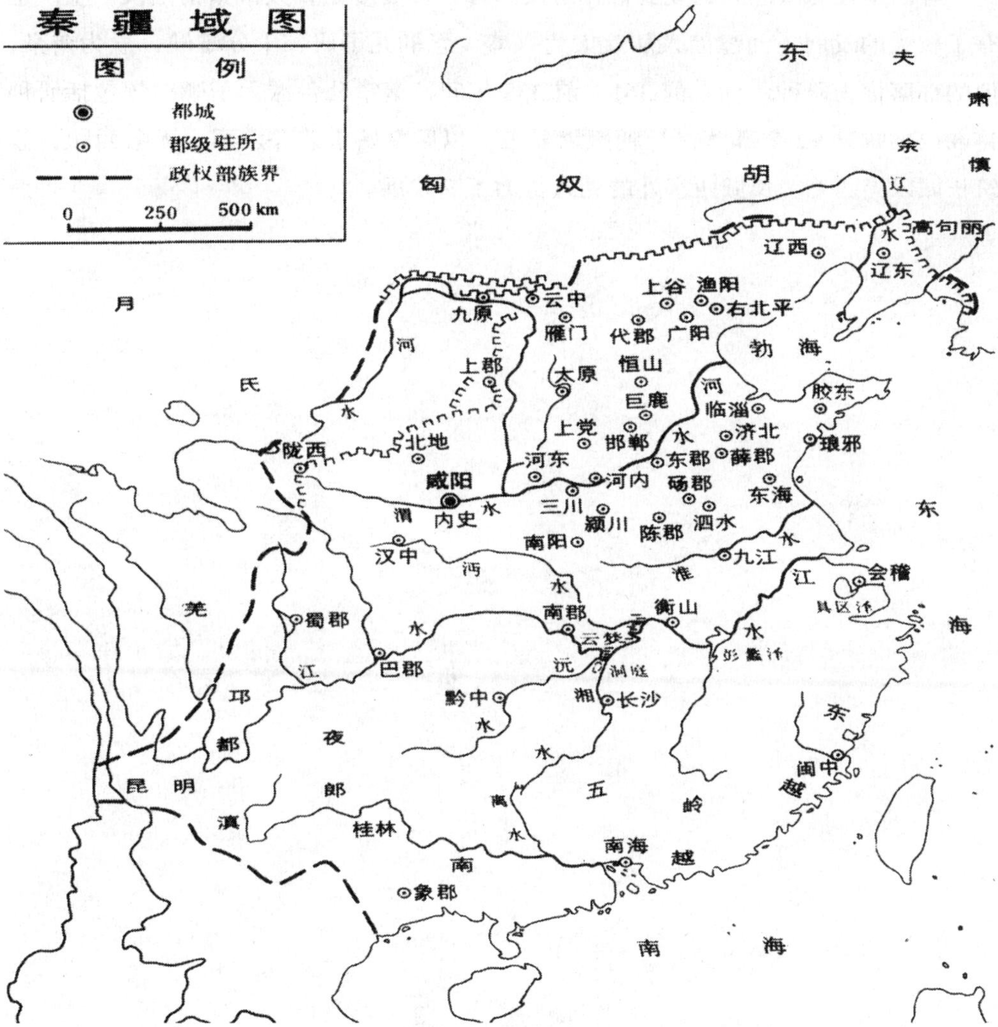

秦疆域图

① 《后汉书》卷一百十七《西羌传》。

了较大的发展，前来依附的部落日益增多，河湟地区进入了早期不巩固的部落联盟制阶段。无弋爰剑作为羌人之中一位划时代人物的事迹广为流传。

无弋爰剑的后代“世世为豪”，确立了部落联盟首长的世袭制度。秦献公时（前384～前362年），爰剑之孙卬畏秦之威，带领部落向西向南迁徙，“出赐支河曲西数千里。”后来他的子孙各自成为独立的部落，主要有：分布在今四川西昌东的越嶲羌，又称“牦牛种”；分布在今四川广汉一带的广汉羌，又称“白马种”；分布在今甘肃西和县西南的武都羌，又称“参狼种”。此外，发羌、唐旄种向西南迁徙，到达今青海南部和西藏境内，融入土著，成为后来吐蕃先民的一部分。还有一些部落西迁到青海、新疆交界地区以至南疆，成为文献上所说的“婼羌”等。留在河湟地区的爰剑曾孙忍及弟舞，多娶妻妇，人口繁衍很快，生产也有了较大的发展，河湟羌人从此大为兴盛。忍的儿子研，十分雄健，立为酋豪，他的部落称为研种。约在前361～前338年间，秦孝公曾派太子驷率领包括研种羌在内的戎狄92个部落酋长朝觐周显王。以后秦始皇兼并六国，无暇西顾，修筑长城以界西羌。长城西塞外的羌人势力不断发展。

第二章　两汉时期的青海

第一节　西汉势力深入青海地区

一、西汉王朝与西羌的关系

汉初，匈奴冒顿单于势力强大，河湟地区的羌人臣属于匈奴。匈奴以羌人为右臂，对汉朝北部边疆构成了威胁。文帝、景帝统治时期（前179～前141年）实行“休养生息”的政策，社会经济迅速发展，到汉武帝时国力强盛，具备了解除边境威胁的能力。于是汉武帝开始了“征伐四夷，开地广境，北却匈奴，西逐诸羌”的战略行动。

元狩二年（前121年）春，汉武帝遣骠骑大将军霍去病统率骑兵万人，自陇西出兵，过焉支山（今甘肃山丹县境），大败匈奴右部。这年夏天，霍去病率军由北地出兵，逾居延海，抵祁连山，围歼匈奴。秋季，匈奴浑邪王杀休屠王，率部4万余众归降汉朝。西汉占领河西后，陆续设立了武威、张掖、酒泉、敦煌四郡，从而沟通了内地与西域的交通，割断了匈奴与河湟羌人的联系，为进一步占领河湟创造了条件。

匈奴骑士图

元鼎五年（前112年），居住在河湟流域的先零羌和封养、牢姐等羌人部落解仇结盟，和匈奴联合，集结10万人众，匈奴入五原（今河套），羌人攻占令居（今甘肃永登县境）、安故（今甘肃临洮西南），围枹罕

（今甘肃临夏）。次年，汉武帝命将军李息、郎中令徐自为率军10万征讨羌人。汉军渡黄河，逾湟水，“西逐诸羌”，进而占领湟水流域。部分羌人被迫西迁，迁至青海湖地区过游牧生活。为了巩固新拓疆土，西汉王朝向湟水流域迁徙汉人，安置降羌，封授先零羌首领杨玉为“归义羌侯”，并开置公田，修筑障塞亭燧，在今西宁市建立具有军事和邮驿性质的西平亭，为创建郡县做了必要的准备。

宣帝初年，先零羌怀念失去的故土，纷纷强行返回湟水北岸放牧，有与匈奴贵族联合的势头。元康三年（前63年），先零羌与其他羌族部落交换人质，结成联盟，准备进攻汉军。汉宣帝派光禄大夫义渠安国领兵巡视诸羌，义渠安国以欺骗手段召杀先零羌首领40余人，①并纵兵杀死羌民千余人。这种做法激怒了羌人，引起了更大规模的战争。诸羌占领湟中，攻打金城（今甘肃兰州），并在浩亹（今作浩门，治今甘肃省永登县河桥驿）大败安国所率军队。为了平定局势，宣帝选择了年迈而通晓羌事的后将军赵充国，率6万军队出兵湟中。赵充国至金城，渡黄河，过四望峡，深入湟水谷地，采取军事打击和政治瓦解相结合的办法，集中兵力打击比较强大且带头起事的先零羌，分化安抚罕、幵等羌，很快就击破了羌人的主要力量。汉军在土地肥沃的湟水流域实行军事屯田，做了长期驻军河湟地区的打算，羌人只好纷纷归顺。西汉封授归降的先零羌首领若零、弟泽两人为“帅众王”，整个西羌地区很快趋于平定。

二、西汉在河湟地区设置郡县

为了长期统治河湟地区，西汉政府除了进行征伐西羌的战争外，还采用军事屯田，建立郡县，设置护羌校尉、属国都尉等机构，委派官吏等办法，来加强对河湟羌人的控制。

元鼎六年（前111年），汉武帝遣将军李息、郎中令徐自为西逐诸羌，在建立令居塞（今甘肃永登县境）的同时，开始设置“护羌校尉”（初设营于令居，后徙安夷、临羌等地），从此护羌校尉成为相对固定的体制。神爵二年（前60年），赵充国击破先零等诸羌，许多羌人归附西汉，西汉政府专门设置了“金城属国”（治地不详，一说在破羌县，即今青海乐都县境），安置归属的羌人，并任命了属国都尉。护羌校尉和属国都尉本应是管辖羌人事务的官员，但在后来的羌汉战争中，他们直接压迫和残暴地屠杀羌人，给羌族人民带来了巨大的苦难，引起了羌人一次又一次的反抗。

为了加强对西北边境的控制，始元六年（前81年）秋七月，汉廷取天水、

① 《西羌传》为40余人，《赵充国传》作30余人，今从《西羌传》。

陇西、张掖郡各二县，①新置了金城郡（治今兰州市）。金城郡的设置是西汉王朝健全西部区划和防御羌人的一个重要措施。神爵初年，为了加强和巩固边防，汉廷又在富饶的河湟地区增置允吾（治今青海省民和县境）、允街（治今甘肃省永登县境）、破羌（治今青海省乐都县老鸦城）、安夷（治今青海省平安县境）、临羌（治今青海省湟源县城东南，一说在湟中县通海堡）、浩门（治今甘肃永登县境）、河关（治今甘肃积石山县大河家，一说在今青海贵德县一带）7县，使金城郡由6县扩为13县。随着西汉统治区域的向西扩展，郡治也从原来的金城西移于允吾。扩置的金城郡面积辽阔，包括西羌分布的主要地区，战略位置十分重要。从这一时期起，河湟地区正式纳入了中央封建王朝的郡县体系之中。

三、王莽设置西海郡

西海郡古城址

西汉末年，大司马王莽掌握了朝中大权。汉平帝元始四年（4年），王莽派中郎将平宪等人，来到西海（今青海湖）地区，以金钱财物，利诱卑禾羌首领良愿献地内属。良愿等人慑于西汉武力，于是率领本部落12 000人迁出鲜水海（今青海湖）、允谷（即大允谷，今共和县等地区）、盐池（今茶卡盐池）等地，将环湖地区献给了汉朝，自居高山险阻处为汉藩蔽。王莽诱使卑禾羌献地，羌人又一次被迫到自然条件更差的地区去放牧。

西海安定瓦当

王莽得西海、盐池后，为竭力制造“四海一统”的政治升平假象，奏报临朝的太后王政君，谓当时全国已有东海、南海、北海三郡，请在良愿等所献的地区设西海郡。准奏后，于元始四年（4年）冬设置了西海郡，②治龙夷（又名龙耆，在今青海省海晏县三角城），并在环湖地区设置五县归西海郡管辖。史籍虽未记载这五个县的名称，但近年来考古工作者在环湖地区发现的五座汉代古城，③填补了史料之阙。西海郡城遗址内还发现了汉代钱币和新莽时期陶制钱范。西海郡的设置，使汉帝国西部疆域深入到了青海西部草原。

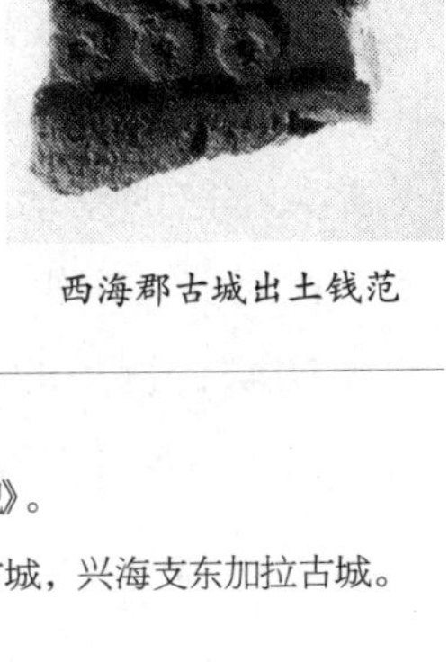

西海郡古城出土钱范

---

① 即天水郡的榆中、金城县，陇西郡枹罕、白石县，张掖郡的令居、枝阳县。

② 《汉书·平帝纪》为元始四年冬，《王莽传》作元始五年秋，今从《平帝纪》。

③ 即海晏县三角城，海晏县尕海古城，刚察县北向阳古城，共和县草多隆古城，兴海支东加拉古城。

西海郡虎符石匮
（侧面）

王莽建立西海郡后，在国内增立新法50条，凡有违犯者，强行迁徙到西海地区。被迫迁徙的内地百姓数以万计，引起了内地人民的强烈不满。①

西海郡设置两年后，即王莽居摄元年（6年），西羌豪酋庞恬、傅幡等举兵攻打西海郡，企图夺回水草丰美的环湖地区。西海太守程永弃城逃走，后被王莽所杀。羌人遂即占领西海郡。次年，王莽遣护羌校尉窦况等击破西羌，收复了西海郡。王莽始建国元年（9年）十月，王莽在西海郡治龙夷城树立“虎符石匮”，铭文为：“西海郡虎符石匮，始建国元年十月癸卯，工河南郭戎造”。王莽篡位称帝后，爆发了绿林、赤眉起义，新莽政权无力顾及边疆郡县，卑禾羌等遂又趁机夺回了故土，西海郡也随之废弃。

第二节　羌人的反抗斗争和东汉对河湟羌人的统治

一、东汉时期的羌汉战争

汉代以来，在多次的羌汉战争中，统治阶级将大量降附的羌人安置在塞内，本想让他们与汉人杂处，便于对羌人进行监督，使其不再起兵反汉。但朝中官吏和地方豪强势力肆无忌惮地虐待羌人，重其徭役，敛其牛羊，并强行征发羌人到各地打仗，因而不断激起羌人的武装反抗。尤其是东汉后期，统治阶级日益腐朽，对各族人民的压迫越来越残酷，终于激起了西北羌族人民大规模的武装起义，其中河湟羌人是主要的力量之一。

建初元年（76年），安夷县吏掠夺卑湳羌妇为妻，引起了卑湳、勒姐、吾良等羌人部落的暴动。这次暴动被汉廷镇压下去后，第二年又爆发了以烧当羌为主，由封养、牢姐、烧何、当煎、当阗、卑湳等部参加，并与湟中月氏胡、张掖卢水胡联合行动的大起义。自建初二年到永元十三年（77~101年）的20余年间，羌人多次攻打金城、陇西、汉阳等地，捣毁汉军营垒，杀死汉军将帅。羌人

① 《汉书》卷九十九上《王莽传》。

起义少则数千人，多则数万人，深得羌族和其他民族人民的拥护和支持。湟中月氏胡曾被护羌校尉邓训整编为“义从胡”对羌作战，但不久后，共同的利益又使他们参加到羌人起义的行列。东汉政府为了镇压羌人起义，先后遣护羌校尉等将帅多人，率军深入大、小榆谷（今贵德、尖扎一带）、允谷（今共和盆地），在军事征伐的同时采用分化瓦解政策，使羌人起义遭到失败，烧当羌首领迷唐只得率余众不足千人，“远逾赐支河首”，即今青海南部果洛、玉树及其以南地区，依发羌而居。

永初元年（107 年），安帝遣骑都尉王弘强行征发金城、陇西、汉阳三郡羌人数千骑兵赴西域作战，羌人不乐远征，走到酒泉便相率逃散。朝廷命各郡县发兵堵截，勒索骚扰，捣毁庐舍，于是羌人和戍羌骑兵被迫举行了暴动。他们持竹竿木枝代矛，负板案为盾，攻亭堠，杀官吏，各郡羌人闻风而动，群起反抗东汉的统治，其中先零羌和钟羌声势最大。汉廷遣车骑将军邓骘等统率 5 万军队前去镇压，结果屡战屡败。羌人乘胜深入内地，先零别种滇零在北地郡（今宁夏境内）建立了自己的政权，推举滇零为天子，建都丁奚城（今宁夏灵武东南），其控制地区西达金城郡东部。永初三年（109 年），在滇零的指挥下，当煎、勒姐二羌攻下破羌县，钟羌攻下临洮县（今甘肃岷县），活捉南部都尉，东汉在西北的郡县官吏惊惶失措，纷纷胁迫所属汉民，内迁郡县，①兵荒、灾荒一时使难民流离失所，随道死亡，丧其大半。汉族人民不忍强暴，也纷纷参加了羌人起义。羌兵东渡黄河，进攻河东、河内等郡，直接威胁东汉都城洛阳。东汉政府十分惶恐，先后调集 20 余万军队围剿羌人。由于羌人英勇善战，致使汉军将帅束手无策。直到永初五年（111 年），东汉政府改用骑兵，同时利用南匈奴骑兵，进行武力镇压，并采用暗杀和财货招诱的手段，才消灭了滇零政权，分散了诸羌部队，结束了这次长达 12 年的羌汉战争。金城郡太守衙门本在允吾县，移寄陇西郡襄武县后，直至这次羌事平定，金城郡治又移徙允吾县。

汉代羌人首领滇零像

建光元年（121 年）当煎羌和烧当羌等 3 000 人攻打湟中及金城诸县，与此前后整个凉州和三辅都受到羌人的进攻。永和元年（136 年）后，凉州、并州和关中的羌人不堪忍受官吏的横暴，又相继爆发了反抗汉朝的斗争。

延熹二年到建宁二年（159~169 年），烧当、先零、沈氏等羌先后展开反暴政斗争，东汉政府用陇右、河西大姓皇甫规、张奂、段颎等人领兵作战。皇甫

① 汉朝徙金城郡治于襄武（今甘肃陇西东南），徙护羌校尉营于张掖。又徙陇西郡民于襄武，安定郡民于美阳（今陕西扶风东），北地郡民于池阳（今陕西泾阳西北），上郡郡民于衙县（今陕西白水东北）。

规、张奂主张“招抚”政策，并惩治贪官污吏，受到部分羌人的信任，归服的羌人达 20 余万人。段熲素以残暴嗜杀著名，从建宁元年至二年间（168~169 年），仅他率军征伐先零羌“凡百八十战”，斩首 38 600 多级，掠得牲畜 427 500 多头，足见统治阶级对羌人屠杀掠夺的程度。东汉边地将领和官吏，在战争中大肆掠夺，中饱私囊，争得功名，而羌汉人民却深受其害。

中平元年至六年（184~189 年），金城、陇西、汉阳三郡又爆发了以湟中“义从胡”，金城“义从羌”、陇西先零羌为主要力量的起义，起义军立湟中胡北宫伯玉、李文侯为将军，并与汉族人民联合，攻下了金城郡等许多郡县。起义军在进攻三辅时曾提出“诛讨宦官”的口号，说明羌人 起义在政治上更加显得成熟。这次起义因统治阶级的镇压和义军内部发生分裂而遭到失败。

纵观东汉羌人起义，前后持续一百多年，导致羌汉战争的主要原因是统治阶级对羌民的压迫和剥削。羌族人民与拥有几十万的东汉官兵抗衡，不断遭受到血腥的屠杀和掠夺，而汉族人民也因战乱承受了深重的苦难。战乱使户口大量散亡，人民元气消耗殆尽，以金城郡、陇西郡的户数为例，永和五年（140 年）只及元始二年（2 年）的 10%。①羌人起义也给东汉政府以沉重的打击，使其军事力量大大削弱。为了镇压起义，东汉政府用费巨大，府帑空竭达到了极点，统治者陷入千疮百孔的困难境地，根基为之动摇，充分暴露了东汉统治者的虚弱和腐朽。内地人民赋税徭役的加重，使农民暴动愈演愈烈，终于导致了东汉政权的崩溃。

二、东汉对河湟羌人的统治

王莽末年，金城郡属县多数都被西羌占领，王莽旧部、自称上将军的隗嚣拥兵割据陇西，与汉廷相对抗。建武九年（33 年），光武帝刘秀在平定了北方主要地区后，又平定了隗嚣，继而平定了蜀地等，实现了全国统一。由于东汉初年人口大量减少，汉廷采用减少与合并郡县的办法，使中央政令更有效地到达地方，以加强其统治。于是金城郡原 13 县中地处黄河以南的枹罕、白石、河关三县划归陇西郡管辖。这样，今青海东部地区在东汉时分属金城、陇西二郡。

建武十一年（35 年），陇西太守马援在临洮击破先零羌后，又在唐翼谷、允吾谷（在今甘肃永靖和青海民和县境）与羌人作战，俘获羌人与谷粮畜产。由于历年的战乱，河湟地区人口散失，所以在对待羌人和边地郡县的废留问题

① 据《汉书·地理志》元始二年（2 年）与《后汉书·郡国志》顺帝永和五年（140 年）比较，西汉元始二年金城郡为 38 470 户，149 648 人；陇西郡为 53 964 户，236 824 人。东汉永和五年金城郡为 3 858 户，18 947 人；陇西郡为 5 628 户，29 637 人。

上，朝中诸臣发生了争论，一些大臣认为金城郡破羌县以西，道远多寇，索性放弃，以免多事。唯马援认为破羌以西，城多完固，田土肥沃，灌溉便利，作为防御羌人的战略要地，不可轻易放弃。光武帝采纳了马援的意见，并从武威遣还从金城郡逃去的百姓3 000余口，充实了河湟流域各县。马援又奏请置官长，缮城郭，起坞堠，开导水田，规劝返乡百姓耕牧，曾使湟中地区一度出现了社会安定的局面。

由于羌汉战争，东汉在河湟地区的政权并不巩固。建武时，羌人屡次起事，攻占金城及其属县，金城郡曾于建武十二年（36年）撤废，一年后又行恢复，据《后汉书》卷一《光武帝纪第一下》，建武十二年（36年）"省金城郡属陇西"，建武十三年（37年）"复置金城郡"。永初时，爆发以麻奴兄弟为首的羌人起义，战火延至凉州、并州、三辅的许多地区，郡县官长畏懦、争相逃命，金城太守衙门由允吾移寄于陇西襄武（今甘肃陇西东南），[①]直到统治者镇压了这次起义并重新控制局面后，才又迁回允吾。

青海东部地区自两汉建立郡县以来，开展屯田，不断迁徙内地汉族人民前来居住，在羌族和汉族人民的共同开发下，经济有了一定的发展，从而加快了这一地区封建化的步伐。为了加强对河湟地区的控制，献帝建安中，东汉析金城郡置西平郡，[②]凭依故西平亭，增筑南、西、北三城，作为郡治。东汉西平郡辖有西都（今青海西宁）、破羌、临羌、安夷4县。

除行政建置外，东汉自建武九年（33年）承袭旧制，仍设护羌校尉，建营于令居，后移营于狄道（今甘肃临洮）。建初元年（76年），安夷县发生卑湳羌起义，校尉营又迁至安夷。次年爆发以烧当羌为主的大起义，校尉营又西迁至临羌，在此设营的30年中，主要对付大、小榆谷烧当羌人的反抗。永初时，因金城、陇西二郡羌人起义，校尉营又先后迁至狄道、张掖。东汉护羌校尉先后更换28人次，[③]其中除少数人如邓训等，能实行安抚政策，关注羌人疾苦，曾受到羌人爱戴外，[④]多数人则贪婪凶暴，他们或实行武力镇压，或对羌人施以离间分化

---

① 据《后汉书》卷五《安帝纪》、《后汉书》卷一百十七《西羌传》。

② 关于西平郡的设置时间，《通典》、《元和郡县图志》、《文献通考》、《读史方舆纪要》等均曰："后汉建安中置西平郡"；《水经注》、《天下郡国利病书》等曰："魏黄初中"置。今据《资治通鉴》记载，建安十年（205年）曹操拜西平太守京兆人杜畿任河东太守，以及《三国志·杜畿传》，西平郡的设置时间约在建安初至建安十年前的一段时间中。考证详见王昱：《青海省志·建置沿革志》，青海人民出版社2001年版，第46～47页。

③ 即牛邯、夏育、窦林、郭襄、吴棠、傅育、张纡、邓训、聂尚、贯友、史充、吴祉、周鲔、侯霸、段禧、侯霸、庞参、马贤、韩皓、马续、胡畴、马贤、赵冲、张贡、第五访、段颎、胡宏、段颎等28人次。

④ 据《后汉书》卷四十六《邓训传》。

政策，引起了羌人一次又一次的反抗。羌人的起义多因护羌校尉的残暴屠杀而引起。

第三节　汉代青海的民族分布与活动

一、汉代青海各地的羌人部落

汉代的青海，是羌人活动的中心地区，由于羌人当时主要居住在我国的西部，又称其为“西羌”。西羌是一个多氏族多部落的民族，自无弋爰剑以来，其分支发展到150种，分散居住在我国西北和西南各地。随着时间的推移，他们有的兴盛，有的衰亡，有的分化归入其他部落，史籍载汉代羌人著名部落有20余种，其中尤以先零、烧当、钟羌（大致活动在洮河上游的临洮一带）等部落集团最为强大。西羌部落的名称多以部落首领的名字命名。今青海境内先后有先零、烧当、卑湳、罕幵、封养、牢姐、烧何、彡姐、勒姐、当煎、当阗、钟羌等部落活动过。河湟流域、环湖地区、黄河上游，都曾是羌人活动的中心区域，黄河源头及其以西地区有发羌，柴达木西部有婼羌，其他许多地方也都有以部落形式独立活动的羌人。

先零羌是西汉时期羌人中最强大的部落集团。他们原居住在赐支河曲南岸的大、小榆谷，西汉初，部分先零羌发展到湟水流域。元鼎六年（前111年），汉武帝西逐诸羌，大部分先零羌人被迫离开湟水流域，远去西海、盐池从事游牧。西汉时期发生的几次较大规模的羌人起义，都由先零羌发动并以其部为主力，后来在汉朝的镇压和打击下，损失惨重，逐渐衰败。西汉后期，居住在大、小榆谷等地的先零羌又得到迅速发展，成为左右附近局势的一支力量。东汉初，先零羌在东汉政府的镇压下，势渐削弱，烧当羌等部落乘机击败先零羌，夺取大、小榆谷，先零羌只好向东迁徙。安帝以后，先零羌再次兴起，多次参加羌人大起义，给东汉政府以沉重的打击，先零别种滇零在北地郡曾建立羌人政权。后来，先零羌在东汉政府的多次镇压中遭到了惨重的打击，人员伤亡严重，财、畜损失很大，从此一蹶不振。

烧当羌是继先零羌以后的又一个强大的部落集团。传说烧当是西羌研的十三世孙，以后这一部落便以烧当为名号。从烧当传至玄孙滇良，居住在赐支河曲北部的大允谷。西汉时，烧当羌部落一直处于衰弱状态。东汉初年，滇良父子联络诸种羌，击破先零等羌，占居大、小榆谷，利用土地肥沃的自然条件迅速发展强盛起来，常常称雄于诸羌。明帝以后的半个世纪中，烧当羌首领迷吾、迷唐父子联合诸羌，多次攻打东汉边郡，步骑多至3万余众，声势很大。东汉政府多次调兵遣将，采取武力镇压和分化瓦解的方式，终于在允川击败了烧当等羌，并将降羌6 000多人分散迁徙到内郡，迷唐率余众远逾赐支河首。

两汉时期生活在青海地区的羌人部落，由于各自所处的地区不同，其发展程度也是不平衡的。东部河湟地区的羌人，较早从事农业定居生活，生产力发展水平较其他地区为高。汉武帝时，汉朝军事力量深入河湟羌区。宣帝时，汉代封建政权在河湟地区的建立和实行封建土地制度，标志着青海东部地区的社会性质出现了变革，由民族社会进入了封建社会，生活在这一地区的羌人逐步适应了新的封建制度。而其他广大牧区从事游牧的羌人部落，其社会发展程度相对较低，他们以种落为单位，依随水草过着畜牧业为主的游牧生活，部落各有酋长，互不统属，种落内部虽已出现了私有财产和阶级分化，但阶级没有明显形成，也没有统一的政权组织。部落酋长在掠夺中虽然不断扩大自己的财产，但在反抗朝廷和外族的斗争中，与部众的利益比较一致，不同地区之间的部落在战争中经常解仇结盟，协同作战。强大的部落常被推举为部落联盟之首，其余部落则跟随出征。其社会形态大约处于民族社会末期向阶级社会过渡的阶段。

平安出土汉代骑马武士画像砖

二、汉代青海的民族迁徙与融合

两汉时期，随着社会经济的发展和中央集权国家的巩固，我国各民族之间的联系加强了。大批的汉族人通过从军、屯垦、任官、移民等多种途径，从内地进入或长住于青海地区，青海各族人民也通过各种途径进入或长住于汉族地区，各民族交错杂居的局面开始出现，各族人民的联系交往日益密切，汉族文化的西来，促进了边疆民族地区的发展；而羌人等各民族文化的东去，也丰富了内地的汉族文化。各族人民在生产斗争和阶级斗争中友好交往，互相融合，丰富和发展了自己的经济生活和文化生活，共同谱写了祖国历史中各民族交往的绚丽多彩的重要篇章。

汉初，匈奴强盛，羌族被匈奴奴隶主贵族所役属。景帝时，居住在湟中的研

“汉匈奴归义亲汉长”铜印

“汉匈奴归义亲汉长”铜印拓片

种羌因不堪忍受匈奴统治集团的奴役，请求西汉政府开放长城，希望内迁并协同西汉防御边塞。景帝允许了他们的请求，留何等率族内迁，被安置在陇西郡的狄道（今甘肃临洮县）、安故（今临洮县西南境）、临洮（今甘肃岷县）、氐道（今甘肃西和县东北）、羌道（今甘肃岷县东南）等地，即今甘肃省西南部，让他们实行屯耕，并发挥一种保塞作用。汉武帝时，北却匈奴，西逐诸羌，致使河西地空，湟水流域许多羌人被迫迁至青海湖地区，汉廷从内地迁徙汉族到河西地区，其中有部分汉族到湟中一带实行屯耕。此时，湟中除了羌族以外，还有月氏胡。月氏胡为大月氏之别种，原居张掖、酒泉一带，公元前 177 ~ 前 176 年，匈奴冒顿举兵攻大月氏，迫使其向西迁移到伊犁河流域。大月氏被匈奴击败后，大部分西迁西域，其羸弱者南越祁连山，沿大通河南下，落居于湟中地区，他们与羌人通婚，史称“小月氏”或“湟中月氏胡”。武帝开拓湟中，月氏人归顺汉朝，与迁入湟中的汉人和当地羌人错居。汉宣帝时，赵充国击败先零羌，招徕先零、煎巩等羌降汉，将他们迁徙至破羌、允街（今甘肃永登南部）等县，并置金城属国加以安置。西汉在河湟地区增置 7 县后，为巩固封建统治，再次迁徙内地汉族人民，充实新的郡县。王莽建立西海郡，数以万计的内地汉族人民被迫迁徙到青海湖地区。王莽末年，西羌入居塞内，金城郡所属各县大多被西羌占领，许多羌人留居于河湟流域。

东汉三老赵掾之碑

东汉时，也有内地汉族通过各种途径迁徙至河湟地区的记载，如东汉“三老赵掾之碑”所记主人赵宽为汉名将赵充国五世孙，其碑文曰“自上邽（今甘肃天水西南）别徙破羌（今青海乐都老鸦城），为护羌校尉假司马”。东汉时除汉族西迁外，更主要的是统治阶级继续采用把羌人大量迁入塞内，使其与汉族杂居，这种民族的迁徙活动规模较大。光武帝时，陇西太守马援在临洮等地击败先零羌后，徙置羌族数千人于天水、陇西、扶风3郡。明帝时，中郎将窦固、捕虏将军马武等在西邯（今化隆县境）击败烧当羌滇吾，将降羌7 000口徙置三辅（即：京兆、左冯翊、右扶风，在今陕西渭水流域一带）。和帝时，金城太守侯霸在允川击败烧当羌迷唐，将降羌6 000余口分徙到汉阳（今甘肃甘谷县南）、安定（今甘肃镇原县东南）、陇西（今甘肃临洮）诸地。这些被迁徙入塞的羌人，分布广泛，与金城、陇西及塞外的羌人相区别，称为“东羌”。内迁的羌人与汉族人民友好共处，但由于深受东汉官吏与地方豪强的欺压，因而激起了羌人不断的反抗。在反抗统治阶级的武装斗争中，东、西羌经常联合一起，在汉族人民的支持下，发动起义，起义风暴遍及中国西北大地。内迁之东羌，随着时间的推移，其中大部分在魏晋南北朝时期逐渐融入汉族和其他民族之中。汉代的民族迁徙，主要是统治阶级采用政治强制手段进行的，体现出当时严重的民族压迫状况，后来通过各民族长期的错居杂处和经济、文化、语言等方面的交流，逐步形成了和睦相处，共同发展的局面。

汉画像砖嫦娥奔月(一说西王母)图

第四节　汉代青海的经济

一、汉代青海羌人的经济

汉代青海羌人的农业，主要集中在湟水流域和青海东部的黄河两岸。湟水流域土地肥沃，很早以前西羌就开辟了很多农田。汉宣帝时，赵充国在湟水流域实行屯田，所经营土地之中，包括相当数量的被逐羌人所遗熟田和歇地。建武十一年（35年），马援击破先零羌，又在允吾谷、唐翼谷击败诸种羌，收缴了羌人的谷粮和畜产。马援奏称：“破羌以西，城多完牢，易可依固，其田土肥壤，灌溉流通”，[①]说明湟水流域羌人不仅开辟有肥沃的农田，而且引水灌溉。

除湟水流域外，黄河河曲南北两岸有许多冲击河谷，这些大小河谷缘山滨水，适于农耕、畜牧。因自然条件优越，这里常常是羌人部落的争夺之地。尤其

① 《后汉书》卷五十四《马援传》。

是黄河南岸的大、小榆谷，先前由先零、卑湳两个部落集团占据，他们依靠垦田畜牧，积累了很多财富。东汉初年，烧当羌首领滇良召集附近部落，抢占了大、小榆谷，掠夺了先零羌、卑湳羌的财富。烧当羌利用大、小榆谷优越的自然条件，扩大耕地，繁殖牛羊，积极发展农业、畜牧业，同时充分利用西海（今青海湖）鱼盐之利，很快变成了最为强大的部落集团。由于大、小榆谷北阻黄河易于防守，地近塞内便于进攻，南面又得到钟羌的支援，所以在以后的半个世纪中，烧当羌经常领导河湟的羌胡与东汉政府抗衡。大、小榆谷的农牧产品，能够满足强盛时“胜兵十余万”[①]的烧当羌人生活之所需，从这里也可以看到大、小榆谷羌人经济发展之盛况。永元五年（93年）夏，护羌校尉贯友领兵进入大、小榆谷，屠杀800人，“收麦数万斛”[②]，足见羌人种植粮食数量之多。

汉代河湟地区羌人部落的生产力有了较快的发展，社会经济有了很大改变，由少量农业逐步转变为以农业为主。部分羌人部落在战败归降后，接受了汉族先进的文化。尤其是在河湟地区设立郡县后，汉朝不断迁徙内地汉族实边。这些人大都是农民与“罪囚”，他们把内地较先进的农业及手工业生产技术传入河湟羌人聚居区。铁犁牛耕技术的传入，大大提高了农业生产力水平。东汉末雍州刺史张既移民屯田青海，内地汉族的水碓技术及石磨等也传入甘青地区，并逐步推广。这对边远地区的经济发展具有重要意义。

汉代水碓

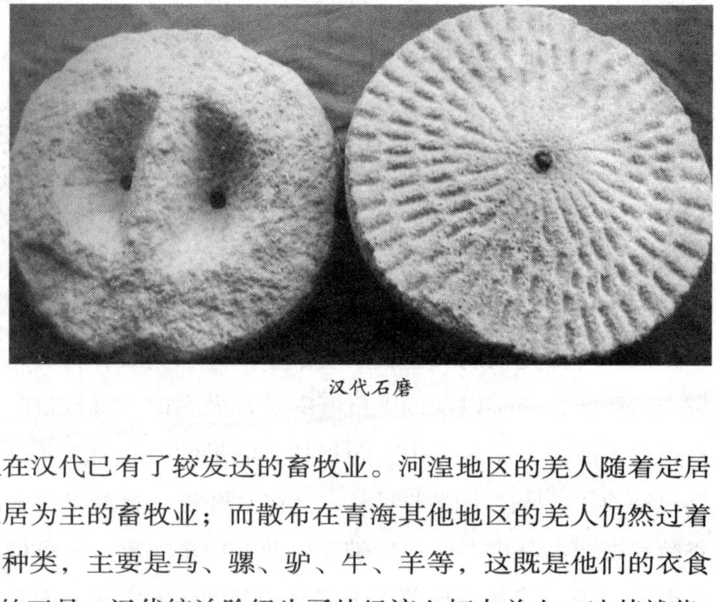
汉代石磨

除农业之外，羌人在汉代已有了较发达的畜牧业。河湟地区的羌人随着定居的农业，也从事着以定居为主的畜牧业；而散布在青海其他地区的羌人仍然过着游牧生活。西羌畜牧的种类，主要是马、骡、驴、牛、羊等，这既是他们的衣食之源，又是生产和运输的工具。汉代统治阶级为了从经济上打击羌人，迫其就范，经常采用抢占畜牧基地和掠夺羌人牲畜的办法。根据史料不完全的记载，两汉期

① 《太平御览》卷七九四引《后汉书·西羌传》云：“唯烧当羌最强，胜兵十余万。”

② 《后汉书》卷一百十七《西羌传》。

间，仅在河湟地区汉军掠获的羌人牲畜，就达数十万头之多。其中较大数量的行动如：神爵元年（前61年），赵充国率军击先零羌，获马、牛、羊10万余头；建武十一年（35年），马援率军击先零羌，获牛马羊万余头；永元十年（98年），征西将军刘尚进攻迷唐，得牛马羊万余头；永初七年（113年），骑都尉马贤等击牢姐羌，得驴、骡、骆驼、马、牛、羊2万余头；建光元年（121年）马贤率兵击当煎种，掠牛、马、羊10万头；阳嘉四年（135年）马贤遣兵击钟羌，获马、牛、羊5万余头；永和四年（139年）马贤击烧当羌，得马、牛、羊10万余头等等。这种以军事手段掠夺羌人牲畜的行为，在很大程度上破坏了羌人的畜牧业经济，使许多羌人陷入贫困境地。除河湟地区外，其他地区的羌人在长期的羌汉战争中同样蒙受了极大的损失。范晔在《西羌传》中总结东汉掠夺西羌人口和牲畜的景况时说："降俘载路，牛羊满山"，这是一幅真实的写照。我们从统治阶级掠夺羌人的这个侧面，不难看出汉代羌人畜牧业经济发达的一面。

汉代的青海羌人游牧部落由于处于氏族社会趋于瓦解的阶段，因而经济上有时具有一定的掠夺性。在氏族部落之间，以强欺弱，以众暴寡，相互抄掠，抢占富饶地区的事件经常发生，由此来达到掠夺人口、牲畜和积累财富的目的。只是在对外作战时，共同的利益才使他们解仇结盟，暂时联合。由于生产的进步和交换的发展，促进了社会的变化，阶级分化日益明显，甘青地区羌人社会中出现了奴隶。羌人把奴隶称为"无弋"，凡与奴、婢有血缘关系的人及其子孙均为奴隶，称为"获"或"臧"。[①]这种奴隶大多是在部族侵夺中掠夺来的其他部族成员，也有掠夺来的汉族人口等。永初四年（110年），匈奴南单于攻常山、中山，战败乞降后，归还所掳汉人及羌人所掠而转卖入匈奴的汉人共万余人。[②]元初四年（117年），狼莫战败后，"还得所略人男女千余人"[③]。一些塞外酋豪在深入汉朝边境和内地以后，也乘机进行掠夺，表现出较大的破坏性。当然这种报复性的侵犯和掠夺，只是羌人起义斗争中的支流，决不能用此来否定羌人起义的基本性质和作用。它反映了游牧羌人部落由氏族社会晚期向阶级社会开始过渡阶段中的一些特点。

二、汉朝在河湟地区实行屯田

两汉的屯田和移民实边在我国历史上占有重要的地位。早在汉武帝时期，就

---

① 《文选》卷四十一《司马迁报任少卿书》引韦昭注："羌人以婢为妻，生子曰获；奴以羌人为妻，生子曰臧"。

② 《后汉书》卷一百十九《南匈奴传》。

③ 《后汉书》卷一百十七《西羌传》。

在西北边陲多次实行了大规模的屯田实边政策，除军事屯田外，还先后迁徙了约一百几十万内地贫民到边地进行垦殖。

汉代在河湟地区的屯田，稍晚于河西、陇西等地，是随着西汉对河湟地区的占领和封建统治的建立而实行的。元鼎六年（前111年），将军李息、郎中令徐自为率兵开地河湟，曾建有部分公田，但较大规模的屯田还是在汉宣帝时由后将军赵充国组织实施的。神爵元年（前61年），赵充国在湟水流域率兵击羌，在军事上取得基本胜利后，看到自西汉对西羌开战以来，参战汉军达6万余人，月用粮199 630斛，盐1 693斛，茭藁250 286石，湟中河西因此粮价暴涨，战事持久，长途运粮，徭役不息，只有罢骑屯田、强兵足食方能彻底战胜羌人。于是他三上《屯田奏》，请罢骑兵，留步卒万余人屯田湟中。自临羌至浩门间，开垦羌人故田及公田2 000多顷，修挖渠道，改善农业条件，每人大约耕种20亩地。赵充国在《屯田奏》中提出屯田“十二便”①，对屯田的好处做了详尽的阐述，提出了一整套屯田的理论，并亲自付诸实践，不仅在当时收到了显著的经济效益，取得了平羌战争的胜利，而且对后世产生了极其深远的影响。

东汉时，羌汉战争频繁，河湟地区是主要战场之一。东汉政府财力耗费巨大，粮秣运输艰难。实行屯田，节省军费开支，显得尤为必要。只要战争稍为平缓，东汉就加紧在河湟地区实行屯田，以解决军粮不足的困难。在组织河湟地区屯田中较为著名的将军有邓训、曹凤、上官鸿、侯霸、马续等人。

章帝时，护羌校尉邓训在击败烧当羌豪迷唐，占领大小榆谷后，遣散屯驻在河湟地区的郡兵20 000余人，各令归郡，以节省军费开支，宽纾民力，令2 000多弛刑徒②，在黄河两岸进行屯田，因田致谷，解决了部分军粮。邓训还令屯卒修城廓、筑坞壁，保护已归降羌人进行农业生产，防止遭受塞外羌人抢掠。邓训病卒后，一些羌人痛不欲生，立祠纪念他的功德。

永元十三年（101年），迷唐羌又一次被汉军击败，环湖地区与大、小榆谷得到了相对的安定。次年，隃麋相曹凤奏请广设屯田，殖谷富边，以省人民从内地运输粮草之劳苦。汉和帝采纳了这个建议，拜曹凤为金城西部都尉，缮修故西海郡，率领将士驻扎龙耆（为西海郡治，亦称龙夷，今青海海晏三角城），在环湖地区和大小榆谷屯田戍守。以后，金城长史上官鸿在今海南州东部黄河沿岸北、南两边开辟归义、建威两堡，屯田共27部。金城太守侯霸在东西邯（今化隆县地）置屯田5部，在逢留河地区（今贵德黄河以北）增加屯田2部。这样，在黄河两岸东汉政府共屯田34部。这些地区在永初时（107～113年）虽然被西

① 详见《汉书》卷六十九《赵充国传》。

② 弛刑徒，意谓徙边屯田而免除刑罚之人。

羌夺回，但当时的屯田还是卓有成效的。《后汉书·西羌传》称赞“其功垂立”。

永建五年（130年），护羌校尉韩皓将原在湟中的屯田南移两河间（黄河以南、大夏河以北地区）。羌人见汉军以屯田逼近他们的牧地，担心遭到攻击，各部遂解仇诅盟，准备迎击汉军。因此东汉政府以措置不当罢免韩皓，由张掖太守马续继任护羌校尉，并于次年将两河间屯田军士移还湟中，从而缓和了羌汉之间的紧张局势。阳嘉元年（132年），马续见湟中土肥地广，便增置屯田5部，连同原有屯田共为10部。羌人见汉军回撤，也就相安无事。

两汉在河湟地区屯田的组织形式，主要是军屯，其目的在于屯兵守边，劳动力主要是戍卒，战时听调征战，无事从事农耕。戍卒的食粮和农具由政府供给，屯田的收获则交官府，以应军需。屯田中把荒地开垦为熟田后，政府采取移民实边、开设郡县等手段，以巩固在边境地区的统治。汉代的“弛刑”屯田比较普遍，还有一些是服役期满的戍卒及其家属，一些是内地无地的贫苦农民。这些人经营着政府和军队划拨的一些熟地，建立了自己的家园。在两汉数百年的屯田实边中，一批人留居了下来，形成了汉朝边境地区新的土著，他们为青海东部地区的开发，作出了重要贡献。

汉代耦犁图

两汉在河湟地区屯田，主要是出于政治和军事的需要。屯田的收入能够补充军粮不足，不仅省转输之劳，益积蓄，省大费，而且巩固了已占领的边地，掌握了出兵和防守的主动权。赵充国提出屯田“内有亡费之利，外有守御之备”①，就是汉代河湟地区屯田的总的指导思想。除了政治、军事上的作用外，客观上促进了河湟地区经济的发展和社会的安定。屯田扩大了河湟地区的农业生产规模，开发了广大待垦土地，兴建了水利灌溉设施，使内地先进的耕作方法和农具传入青海，大大提高了河湟地区的农业生产力，使边境地区的农业得到了长足发展。同时，屯田还促进了河湟地区汉、羌民族间的团结和经济、文化的交流。

汉代杵臼图

汉代在河湟地区的屯田是封建土地所有制从内地到边境的发展和延伸，它对促进河湟地区民族社会晚期的农业生产向封建制度过渡和发展，具有重要意义。

① 《汉书》卷六十九《赵充国传》。

在肯定河湟屯田的客观作用时，还应当看到，汉代统治阶级在屯田中驱逐羌民离开家园，侵夺羌民开垦的土地，对戍边士兵和徙民进行残酷的剥削等情况，这些都深刻反映了当时社会的阶级关系。

三、汉代青海的交通与邮驿

青海地处青藏高原，境内山峦叠障，江河湍急，地形复杂，加上气候寒冷，因此，交通问题就显得特别突出，在青海大地的开发史上，交通始终占有重要地位。自古以来，居住在这里的勤劳勇敢的人民在开拓和发展交通方面做出了很大的贡献。早在旧石器时代，羌人逐水草而居，进行生产狩猎活动，在青海高原上最早形成了许多不规则的交通路线，开创了最原始的交通。两汉时期，随着社会生产力的发展，驿道运输在青海得以创立，道路运输逐渐繁忙，水路运输、古桥、古渡开始在黄河、湟水等河流上出现，青海的交通运输得到了开拓性的发展。

西汉时，青海主要的道路是羌人与匈奴联系的道路和贯穿青海东西的羌中道。西汉初，北方匈奴势力强大，青海东部羌人臣属于匈奴。羌人和匈奴双方的联系，虽然被东西延伸千余里的祁连山所阻挡，但羌人仍然北上穿越祁连山，进入河西走廊和大漠，与匈奴取得联系。而匈奴亦自大漠由居延海南下，进入羌人地区与羌人联系。小月氏、卢水胡的南徙，也是由北向南穿越祁连山，进入湟水流域与羌人杂居。日积月累，在祁连山中，逐渐形成了交通路线，进而发展为羌胡之间的道路。如后将军赵充国平羌时，汉宣帝诏令酒泉太守辛武贤率部南下从酒泉、张掖二路出兵，穿越祁连山，与赵充国合围罕幵羌，虽因作战计划改变而未能实施，但说明羌胡间的道路已经畅通。西汉政府为了孤立、打击匈奴，曾把隔绝羌、胡交通作为当时的战略目标之一。西汉控制河西走廊后，羌胡通道被阻绝，匈奴为了继续和羌人联系，遣使从龙庭经沙阴（即流沙，居延泽）地，沿长城西北行，绕过盐泽（即今罗布泊），东南越阿尔金山，由今噶斯口进入柴达木地区，与青海湖一带的先零羌接头。这些南北之间的通道，在西汉的政治、军事生活中发挥着重要作用。

横贯青海东西的羌中道（亦称青海道），即经湟水流域、青海湖、柴达木地区，至西域的道路，是西汉时期一条重要的通道。羌中道位于河西走廊之南，当从西汉统治中心关中地区，经河西走廊，至西域的主道被阻隔时，羌中道便成了绕过河西走廊，通向西域的一条重要辅道。建元三年（前138年），张骞第一次出使西域，自长安出发，经临洮，渡黄河，至湟中，在翻越祁连山进入河西走廊的途中，为匈奴所获，被拘留十余年。后张骞逃出，出使西域，从大月氏返回时，经于阗、且末、鄯善，为避开河西匈奴，东南越阿尔金山，进入柴达木地区，欲从羌中道返回长安，但途中又被匈奴所获，并再次被送往单于庭。张骞所行之羌中道，是丝绸之路的一个组成部分。自西汉以后，随形势变化，河西丝路和青海辅道交替使用，相辅相成。这对于沟通中西文化交流和商贸往来，起着十分重要的作用。

东汉时，烧当羌占据了大、小榆谷后，常称雄诸羌，并联合各羌人部落，为反抗东汉政府的统治，进行了长达数十年的战争。东汉政府以湟水流域为基地，为了军事上的需要，修筑或拓宽了湟水流域通向黄河以南的几条通道。如永平元年（58年），捕虏将军马武进击烧当羌，初战于浩门隘（今甘肃永登县西），再战于乐都谷，并乘胜追击，越过勒姐山（今拉脊山脉），大破于东西邯（今化隆县地）。建初元年（76年），汉军追杀卑湳羌人，由安夷到和罗谷（即化隆谷）。汉桓帝延熹二年（159年），中郎将段熲率湟中义从胡等，先败烧当羌于湟水河谷，再由安夷追杀到和罗谷，追过黄河，大破于罗亭（今青海尖扎境内）。建初二年（77年），护羌校尉傅育自安夷进驻临羌，为防止大、小榆谷的烧当羌越勒姐山，经荔谷（即卢溪水河谷，今青海湟中康城一带），向临羌方向北上，汉军加强防御，设2万军队把守。以上事实说明，东汉时乐都至邯川、安夷至和罗谷再至罗亭、临羌至归义等道路已开通使用。

由于军事和生产的需要，汉代的青海已出现了最早的古桥、古渡，从而开创了在青海较大河流上建桥设渡的历史。神爵二年（前61年），后将军赵充国进驻湟水流域，令“部士入山，伐材木大小六万余枚”，“治湟狭（西宁东大小峡）以西道桥七十所，令可至鲜水（今青海湖）左右”①。这些架设在湟水上的众多木桥，保证了当时道路的畅通，使汉廷的军令顺利传到青海湖一带。东汉永元二年（90年），护羌校尉邓训为进击迷唐羌，“缝革为船，置于箄上以渡河”②。这种“革船”是最早的牛羊皮筏子，是青藏高原水运史上的重要发明。汉军以此横渡黄河，飞越天险，深入黄河南岸。永元五年（93年），护羌校尉贯友“遂夹逢留大河筑城坞，作大航，造河桥，欲渡兵击迷唐”③。这是在归义城一带的逢留大河（黄河）上建造的第一座用大船连接的浮桥，是对青海交

群科古渡口

古什群峡古渡

① 《汉书》卷六十九《赵充国传》。

② 《后汉书》卷四十六《邓训传》。

③ 《后汉书》卷一百十七《西羌传》。

通运输的重大发明和贡献，充分反映了古代劳动人民的勤劳和智慧。

汉代青海的重要河流上，已出现了多处古渡。除上述归义城附近黄河渡口外，由枹罕经今莲花乡一带及大河家附近过渡到青海民和官亭等地，也有重要的渡口。在湟水下游，由金城郡治允吾北至允街，也是汉代重要渡口之一。

汉代青海的水路运输也有开拓性的发展，神爵元年（前61年），后将军赵充国从湟水上游林区砍伐木材，运至河岸，待冰解水涨，顺流漕下，运至湟水下游，修缮道桥、驿亭，多余的木材还漕运到金城（今甘肃兰州）。赵充国“循河湟漕谷至临羌，以眎羌虏”，这种利用湟水逆水运输军粮的先进运输方式，既供应了军需，也震慑了羌人。①

羌人以牲畜驮载为主要的运输方式。遍布青海高原的驮道，为各条交通线的开拓起了重要作用。羌人也有大量的木车，神爵初，赵充国击先零羌，一次就缴获木制车4 000余辆。②汉军的部分战车，较其他车辆更为高大，既能远程运输，又能作战。在西宁发掘的汉墓中，有木制车、马车、牛车等，③证明汉代青海地区

西宁南滩汉墓出土木牛车

西宁彭家寨汉墓出土木轺车马

车辆已广泛运用。在漫长的羌汉战争中，军需辎重的运输十分繁忙，这对发展青海道路交通起了一定的促进作用。

青海的邮驿事业从汉代开始得到发展，随着汉朝军事力量的深入和郡县的建立，河湟地区开始出现了最早的一批汉代邮亭。如分布在湟水流域的西平亭（今青海西宁）、东亭（今西宁东郊乐家湾），大通河流域的长宁亭（今青海大通长宁堡），黄河流域的邯亭（今青海化隆甘都）、罗亭（今青海黄河南岸尖扎境内）等。由于历史记载较少，在叙述里程、推定邮站位次等方面还存在一定的困难，但这些邮亭一般都设在主要的交通道路上。以湟水流域为中心，驿路已东通金

① 《汉书》卷六十九《赵充国传》。

② 《汉书》卷六十九《赵充国传》。

③ 赵生琛等:《青海古代文化》，青海人民出版社1986年版，第105页。

城，西通环海，北连河西，南至黄河流域。青海境内的邮亭与内地的亭有所不同，往往把亭、传、驿、邮集于一处，相互通用。既是军事据点，负有防守任务；又是驿传设施，负责军需物资的转运和军事情报的传递。汉代的驿传急递效率颇高，如赵充国在河湟的奏书和汉宣帝由长安的复诏，由驿传急马快递，只七八天时间作一往返，[①]驿使日夜兼程，一昼夜约行数百里，速度惊人。

民和巴州汉代烽墩

除邮驿系统外，以烽火台为主的“声光通信系统”在青海广大地区也广泛运用。汉代青海东部河湟地区，交通线旁的高山上，筑有许多烽火台。一有军情，白天放烟，夜间举火，军情传报极速。自武帝、宣帝以来，河湟地区不断修筑障塞亭燧，传递军事情报的系统逐步建立。王莽设立西海郡后，在边远的青海湖地区，所筑五县环湖而居，亭燧相望于道，每当传递军事讯息的烽烟燃起，边海烽火相通，信息一传千里。这些古代通信技术的运用，在边疆地区的军事活动中，有着神奇而重要的作用。

① 《汉书》卷六十九《赵充国传》：“六月戊申（二十八日）奏，七月甲寅（初五日）玺书报从充国计焉。”

第三章　魏晋南北朝时期的青海

第一节　魏晋南北朝时期青海政局的演变

一、魏、蜀河湟之争

东汉末年，中原政局动荡，青海社会状况也有了大的变化：一是枹罕豪强宋建乘内地农民大起义、中央王朝无暇顾及边远地区之机，联合当地羌族首领，占据今甘肃临夏回族自治州及其以西的青海循化等地，自称“河首平汉王”，实行地方割据长达30年之久；二是韩遂在甘肃陇东等地抗拒曹操军队西进失败后，退入西平。建安十九年（214年）十月，曹操遣大将夏侯渊攻灭宋建后，派遣张郃率军经循化北渡黄河，深入湟水流域，韩遂避之于“羌中”，青海东部地区归于曹操势力统治之下。不久，大军东返，韩遂重新控制西平。建安二十年（215年）四月韩遂死后，西平守将麴演等降，并斩送韩遂首级往曹操营中。但麴演本人又在建安二十五年（220年）夏天发动了抗拒凉州刺史邹歧的叛乱。第二年冬，又发生了西平豪门麴光“杀其郡守”夺取政权的事件。在新任凉州刺史张既的分化瓦解政策下，麴光被部下所杀，曹魏恢复了对西平的统治。但太和元年（227年）又有麴氏族人麴英“杀临羌令、西都长”之事，曹魏不得不派遣将军郝昭、鹿盘率兵讨平。总之，曹军进入青海的10余年间，接连受到了地主豪强的反抗，局势始终动荡不安。

曹操死后，我国历史上出现了魏、蜀、吴三国鼎立的局面。自曹魏太和四年（230年）起，河湟地区进入了蜀与魏争夺统治权的战争阶段，时间长达25年之久。其间，双方都任命了凉州刺史：蜀汉建兴八年（230年），凉州刺史魏延率部“西入羌中”，与曹魏雍州刺史郭淮展开了争夺甘南和青海黄南地区的战争。延熙六年（243年），蜀迁镇西大将军姜维“领凉州刺史”，数年后，与郭淮和夏侯霸又大战于“洮水之西”（今甘、青交界地区）。与此同时，“陇西、南安、金城、西平诸羌饿何、烧戈、伐同、蛾遮塞等相结叛乱，攻围城邑，南招蜀兵”①。蛾遮塞在今民和南部及其以西的黄河两岸，沿河设防抗拒魏军，遭到失败。匈奴族首领治无戴率部在龙夷城（今海晏县）北抗击魏军又遭失败，便率部南下投奔蜀汉；延熙十二年（249年），姜维又攻西平，不克而退。十七年（254年），蜀军攻占狄道（今临洮）、临洮（今岷县）、河关（今贵德、循化）3县，迁3县民户入蜀（今四川）。此后双方又战于洮河之西。总之，三国时期，青海东部，特别是黄河以南，一直处于魏、蜀双方拉锯战的形势下。直到公元263年蜀“汉”灭亡后，羌人与匈奴人的反抗遂弱，魏在青海东部的统治才进入了一个相对稳定的阶段。

曹魏咸熙二年（265年），司马炎夺取了政权，建立晋朝，史称西晋。咸宁六年（280年），西晋灭吴，结束了汉末以来三国鼎立的局面，统一了全国。与此同时，西晋王朝加强了对边远地区的控制，青海东部的行政区划也有了变化。东汉时期黄河以南的河关县属雍州陇西郡，魏晋时期已为羌人占据。黄河以北湟水流域自东汉设立西平郡以来，即有临羌、西都、安夷、破羌4县，其中临羌县魏晋时期由今湟源移治于今湟中多巴。晋时又废破羌县置浩门县（仍治今甘肃永登河桥），辖今青海民和、乐都部分地区。“白土”之地名，魏时已经出现，晋时明确置县，辖今民和南部和化隆东南部等地。此外，晋时新置长宁县于今西宁北川长宁一带，辖今大通、互助部分地区。以上临羌、西都、安夷、长宁属西平郡，浩门、白土属金城郡。西平和金城2郡均受凉州刺史管辖。

二、前凉、后凉和前秦对青海的统治

司马炎死后，西晋诸王争夺皇位和抢占地盘的斗争逐渐表面化。晋王朝统一仅仅十余年，便爆发了“八王之乱”。另一方面，魏、晋以来，朝廷对于少数民族仍然采取“降则纳之、来则安之”的政策，边疆地区许多少数民族部落相继进入内地。由于地方官吏对入塞少数民族的歧视与压迫，使一些少数民族部落“忿恨之气，毒于骨髓”②。因此，又引出严重的民族问题，北部中国陷入氐、羌、匈奴、鲜卑和羯人的混战之中。地处西陲的凉州地区也不例外，境内羌人、匈奴人、鲜卑人和氐人之间的相互攻杀以及反抗地方官吏压迫的事件屡有发生，其中

① 《三国志》卷二十六《郭淮传》。

② 《晋书》卷五十六《江统传》。

羌人首领柯成泥还曾攻占过西平和浩门。特别是以秃发部落为主的“河西鲜卑”，更是几次起事反晋，一度还曾攻占凉州首府姑臧（今甘肃武威）及其附近地区，成了晋王朝西边之大患。以树机能为首的“河西鲜卑”虽被晋将马隆击败，但鲜卑人的反抗并未完全停止。永宁元年（301年），晋惠帝任命张轨为护羌校尉、凉州刺史，凉州地区社会秩序逐渐恢复平静。晋王室南迁以后，中原地区相继由少数民族政权统治，士民逃难者纷纷前来河西，凉州成了北中国唯一由汉族官吏统治的一个州。不久，西平太守曹祛联络凉州大族张镇，企图推翻张轨取而代之。张轨遂于永嘉五年（311年）遣子张寔（实）率军分东西两路由今乐都和祁连进入青海，攻杀曹祛于破羌。自此，青海东部地区纳入张轨的直接统治下。建兴二年（314年）张轨死，张寔继为凉州刺史，势力扩及整个河西走廊和河湟地区。永和元年（345年），张轨孙张骏自定年号，自封百官，建立了“前凉”，青海东部地区成了前凉王国的一部分。

永和七年（351年），氐族人苻洪占据了长安，后由其子苻坚建立了前秦，之后，其势力扩展到了陇西和金城。前秦建元十二年（376年），秦军渡过黄河，攻陷姑臧，前凉末代国主张天锡降秦，前凉灭亡。从此，包括青海东部地区在内的凉州，归入前秦的统治之下。淝水之战失败后，前秦迅速走向衰亡。建元二十年（384年），前秦大将羌族人姚弋仲发动叛乱，攻占长安，两年后其子姚苌建立了后秦。此后，前、后秦双方在陇东一带大战。前秦太初九年（395年）七月，前秦皇帝苻登战败被杀，太子苻崇逃至“河湟地区”（今甘肃临夏州地及青海湟水流域）某地宣布继位。当年十月，苻崇又被鲜卑乞伏乾归逐往陇西。前秦在青海的统治，至此结束。

早在前秦强盛时期，曾派大将吕光（氐人）率军征伐西域，攻克龟兹等国。前秦帝国危亡的消息传到西域后，吕光率军撤回玉门关内，驱逐了前秦凉州刺史梁熙，占领了整个河西走廊，于前秦太初元年（386年）建立了后凉王国。吕光在巩固了河西走廊的统治之后，于后凉麟嘉六年（394年）攻灭了金城王乞伏乾归。在此之前，占领了湟水流域。后凉和前凉一样，在湟水流域设置西平郡，在黄河北岸化隆及其以西地区设置了湟河郡。此外，后凉在今乐都置乐都郡，在今民和南部原白土县置三河郡。吕光本人一度还自称“三河王”。后凉在青海的统治只维持了短短几年，青海东部地区便归鲜卑秃发部建立的南凉王国所统治。

三、南凉的兴盛与衰亡

1.秃发部落的兴起与南凉王国的建立

3世纪初，原居于我国东北辽河流域的鲜卑族开始向西迁徙。在西迁运动中，拓跋部落的一支，音讹称为“秃发”，①在其八世祖匹孤的率领下，经过阴山南下入塞，落居于今甘肃河西走廊东部及其以东的一些地方，与当地汉和氐、羌、匈奴等各族人民相互错居、友好相处。由于遭到地方官吏的歧视与压迫，秃发氏曾经起而反抗过西晋王朝的统治，成为“河西鲜卑”反晋斗争的主力。他们攻杀西晋秦州刺史胡烈，打败凉州刺史牵弘，“尽有凉州之地”，后被武威太守马隆打败降晋。

南凉三王雕像

吕光占领河西期间，鲜卑秃发部落又逐渐强盛起来，后凉封其酋长秃发乌孤为“冠军大将军、河西鲜卑大都督、广武县侯”。不久，又改封为“广武郡公”，署为“征南大将军、益州牧，左贤王”，企图拉拢秃发氏南下甘南和川北，为其消灭乞伏鲜卑，扩张势力范围。但是，此时的西北各地，已成“群雄争霸”之势，秃发乌孤不甘再受后凉控制，便于后凉龙飞二年（397年）春自立，自称“大都督、大将军、大单于、西平王”，割据于洪池岭（今乌鞘岭）以南的永登、天祝一带，夺取了后凉金城（今兰州西固），以廉川堡为都。第二年，羌人梁饥率部围攻西平，西平人田玄明执后凉太守郭倖而代之，以拒梁饥，遣子为质于秃发乌孤。秃发氏欲往救。于是，秃发乌孤率部间道直奔击败梁饥，进占西平。不久，后凉乐都、湟河、浇河3郡太守田瑶、张裯、王稚等相继投降，“岭南羌、胡数万落皆附于乌孤”。从此，祁连山以南，青海湖以东，以湟水流域为中心的今青海东部地区和甘肃兰州西部郊县，遂为鲜卑秃发部占据。

南凉太初三年（399年）正月，秃发乌孤迁都于乐都。八月，秃发乌孤因酒落马致伤，不久死去，其弟秃发利鹿孤继位。此时的后凉王国，已成分崩离析之势，在后凉的国土上，相继出现了南凉、北凉、西凉王国，加上西秦和吐谷浑，共有6个地方割据势力相互争夺对甘肃中西部和青海东北部地区的统治。四面受围的南凉，在政治上不能不考虑采取比较灵活的对外政策以求自保。太初三年（399年），后凉发动了对北凉的进攻，秃发乌孤应北凉的要求，曾派秃发傉檀率军往援，迫使后凉撤军。不久，后凉又一次向北凉发动进攻，秃发利鹿孤又派秃发傉檀率骑一万，乘虚袭击后凉首府姑臧，虽未完全占领，却也“耀兵于青阳门，虏八千余户”②，迫使后凉主力回撤。但是，当后凉势衰，北凉逐渐强盛起

① 《晋书》卷一二六《秃发乌孤载记》有不同记载：“母胡掖氏因寝而产于被中，鲜卑谓被为秃发，因而氏焉。”

② 《晋书》卷一百二十六《秃发利鹿孤载记》。

来并发动对后凉的进攻时，南凉反过来又应后凉之求，派出军队援救后凉，兵至昌松（今古浪县西），北凉军队已退，掠其民户500余家而还。这种因时因势联弱抗强的政策，对保持割据势力之间的平衡以便争取时间求得自身的发展，起了重要作用。当羌人姚苌在长安建立后秦帝国，势力扩及河湟地区后，南凉王秃发利鹿孤阳奉阴违，表面上臣服于后秦帝国，实则割据如故。建和三年（402年），秃发利鹿孤病死于西平，其弟秃发傉檀继立，为了讨好后秦皇帝姚兴，还“去其年号，罢尚书丞郎官，遣参军关尚聘于（姚）兴”[①]，以求对凉州的统治权。遭到拒绝后，又向后秦献马3 000匹，羊3万头，终于取得了姚兴的欢心与信任，被署为“使持节、都督河右诸军事、车骑大将军、领护匈奴中郎将、凉州刺史”。后秦弘始八年（406年），原后秦凉州刺史王尚离开姑臧返回长安，秃发傉檀由乐都迁都姑臧。至此，鲜卑秃发部兵不血刃地实现了自晋初“河西鲜卑”秃发树机能时代就梦寐以求的对凉州地区的统治。

2.联合豪门士族推行封建制度

河湟地区自汉代以来，便已经进入了封建社会，秃发部徙居河西后，由于环境和条件的变化，逐渐由原始游牧生产方式和随水草而帐居的生活方式，转变为以农业为主兼有牧业并开始定居的生产和生活方式。由于长期在晋和前凉王国的封建统治下，受中原文化的影响，因此，建国之初，秃发乌孤便仿效中原王朝，实行封建统治。南凉政治上的一大特点是它大量吸收了汉族和其他民族的豪门士族参加各级政权。其中汉族官吏占官员总数的半数以上。他们之中有青海当地的地主豪强，如记室监麹承明等；也有秦雍一带的世门大族，如尚书左仆射赵晁等；还有中原知名士子，如国子祭酒郭韶等。他们有的是原后凉王国的官吏，有的是河湟著名的文武“俊杰”，还有前凉王的后裔张昶等，“皆内居显位，外宰郡县，官方授才，咸得其所。”其中除了汉族外，还有匈奴人如金石生、时连珍，氐族人杨轨、苻浑等其他少数民族首领和将领。上述后凉官吏、民族首领、地主豪强、秦陇与中州名士参加的南凉政权，对分化瓦解后凉国势、发展壮大南凉国力、传播中原文化、实行封建统治起了很大作用，在南凉的政权建设、军事组织，以及河湟文化的发展上，都做出了重要贡献。

“王”位是统治者的身份标志。秃发乌孤在叛离后凉之初，便自称“大都督、大将军、大单于、西平王”，死后，南凉按照中原封建王朝传统谥为武王，立庙号为“烈祖”。秃发利鹿孤继立王位后，改称为“河西王”，死后，谥为康王。秃发傉檀称”凉王”并立夫人折掘氏为王后、世子虎台为太子，形式与中原古代王朝统治者没有大的区别。南凉立国初，改后凉龙飞二年为太初元年，秃发

① 《晋书》卷一百二十六《秃发利鹿孤载记》。

傉檀臣附后秦后，去南凉年号，但“车服礼章一如王者”。嘉平元年（408年），秃发氏又脱离后秦，直到嘉平七年（414年）亡国止，南凉三个君王，前后使用了四个年号。

封授爵位是封建社会的政治措施之一。南凉立国以后，也效仿中原王朝的作法，分授王族成员和文武功臣以爵位。如太初三年南凉王秃发乌孤封弟利鹿孤为“西平公”，傉檀为“广武公”。建和元年，秃发利鹿孤继立王位后，对“二千石长吏清高有惠化者，皆封亭侯、关内侯”。

南凉初期所辖地域，主要是祁连山以南、黄河以北的湟水流域。强盛时地跨祁连山南北，东自兰州市郊，西至青海湖边，北接腾格里沙漠，南达黄河南岸。根据《十六国疆域志》的记载，其行政建置“凡统旧郡十三（实为十二）增置郡一，护军一。县可考者五十”。其中地在今日青海境内者，有西平、乐都、湟河、浇河、三河等5郡，地跨甘、青两省者有金城、晋兴2郡，地在甘肃河西走廊者，有武威（郡治武威）、广武（治永登）、昌松（今古浪县西）、番禾（治今永昌）、武兴（武威西北）、西郡（张掖以东）等6郡。此外，在今青海化隆甘都设有邯川护军等。

南凉职官的设置，与中原王朝基本相似。大约有尚书省之置，见于史料记载的有：录尚书事，尚书仆射，尚书左、右丞，祠部郎中等。虽未见有门下省之置，但有中常侍、侍郎等官。此外，还有卫尉（主管警卫）、大司农（主管农业）、博士祭酒（主管教育）、国子祭酒（秘书史官）、太史令（天文星象）、太府主簿（主管财政）等。地方行政官职有：州牧（州官）、太守（郡官）、内史（郡之副官）、县令、县丞等。武职有：太尉、将军、司马、都尉等。南凉地方官，大都由汉族官吏担任，但在中枢与地方之间，往往派驻王族镇守。

上述一切政治措置，对巩固南凉政权，实行封建统治，起了决定的作用，南凉王国也因此而逐渐强盛起来。

3.穷兵黩武南凉迅速衰亡

秃发傉檀进驻姑臧后，南凉进入鼎盛时期。但这种局面并没有维持多久，便开始走向衰败。秃发傉檀自幼聪明机警，才略过人。所以，青年时期，便常常参与秃发部落重大问题的决策。秃发利鹿孤继位只是“垂拱而已，军国大事皆以委之”。秃发傉檀在南凉前期扩大疆域、抵御外敌、巩固政权方面，都有很大的功劳，颇受国内各阶层的尊崇，因此，逐渐产生了骄傲自满情绪。迁都姑臧后，刚愎自用、独断专行，立足未稳，便派兵遣将，多次攻伐北凉，遭到一连串失败。弘昌六年（407年）秋，匈奴“夏”王赫连勃勃求婚于秃发氏，以图结为姻好，但被秃发傉檀轻率拒绝。这一事件激怒了赫连勃勃，便于当年冬率兵攻掠南凉枝阳（今永登南），杀伤万人，驱掠2万余口，以及牲畜数十万头而去。秃发傉檀狂妄自大，武断地作出了“吾决计追矣，敢谏者斩”的决定，率军直追。夏在阳武（疑今甘肃景泰一带）设伏阻击，南凉军队大败。这次战争除了秃发傉檀和少数人逃奔山中幸免被俘外，所率军队全军覆没。这是秃发氏自“河西鲜卑”时期被晋击败后，在军事上遭到的最惨重的失败。不但大大削弱了南凉的军事实力，而且在人们心理上造成了严重的创伤。秃发傉檀并未因此而接受教训，又派太尉俱延再伐北凉，同样遭到失败。嘉平三年（410年）春，秃发傉檀亲率大军西征，与北凉在穷泉（张掖东）展开大战，又一次全军覆没，秃发傉檀本人只身逃脱，幸免遇难。从此，南凉王国迅速走向了衰亡。

南凉衰败的原因，除了秃发傉檀刚愎自用、穷兵黩武而屡遭军事上的失败外，掠徙人户，招致各族群众的怨愤也是重要原因之一。掠夺人口与牲畜，是北方游牧民族氏族社会的遗风。魏晋南北朝时期西北地区氐、羌、匈奴和鲜卑等族地方割据势力，都以掠夺人户为解决劳力与兵源的主要手段。南凉秃发氏也不例外。根据史料不完全的记载，南凉通过战争，前后掠夺后凉民户4次，共达12 500余户。掠徙北凉民户4次，共达15 000余户。此外，秃发傉檀还以“伪游浇河”的幌子，采取突然袭击的手法，将南凉境内湟河、西平等地羌人3万余户远徙于河西走廊武威、番禾、昌松、武兴四郡。这种掠夺和迫迁他国民户和本国境内其他民族的行径，虽然对补充劳力、恢复农业生产有一定的作用，但也带来了严重的后果。长途迁徙使民户的牲畜和财物受到严重损失。各族人民背井离乡，生活在一个陌生环境中，遭受地方官吏和异族头领的剥削与压迫，因此，引起徙户的普遍怨愤。更为严重的是阳武之战后，秃发傉檀下令驱赶300里内的百姓迁入姑臧城内，这一行动引起了人民群众极大的惊慌，屠各人成七儿立即在姑臧城内发动了一场变乱，拥护者一夜达到数千。变乱虽然很快被镇压了下去，但它却在南凉统治阶级内部产生了很大的反响，以军咨祭酒梁裒、辅国司马边宪等人为首的7名高级将领“谋反”被诛。此时的秃发傉檀，由于倒行逆施，已经失去了姑臧人民对他的信任。嘉平元年（408年）五月，当后秦大将姚弼兵临姑臧城下时，当地人王钟等，便派人出城与秦军联络，准备里应外合，推翻南凉的统治。不料事泄，秃发傉檀竟接受将军伊力延侯“宜悉坑之”的主张，屠杀城内5 000余人，并以妇女作为军赏。这次血洗姑臧的野蛮行径，更使姑臧剩余城民惊恐万分。穷泉战后不久，北凉军队围攻姑臧城时，城内百姓惧怕大屠杀的重演，“悉皆惊散”。武威及其他各郡鲜卑麦田、车盖等部落，纷纷投降北凉，就连与秃发氏有姻亲关系的鲜卑折掘部落，也在南凉右卫将军折掘奇镇的率领下，叛离了南凉。秃发傉檀不得不于嘉平三年（410年）冬，急忙离开河西返回乐都。当秃发傉檀一出城去，姑臧城民立即发动变乱，投降北凉。从此，南凉王国失去了对祁连山北河西走廊东部地区的统治，退回到青海东部湟水流域。

河西失守以后，本应休养生息，积蓄国力，重结邻好以图再取。但是，秃发傉檀并未总结教训，仍然穷兵黩武。在东南地区受到西秦严重威胁的情况下，还一再发动对北凉的战争，企图收复岭北失地。结果，屡次战败，招致了北凉军队多次越过祁连山围困乐都。秃发傉檀不得不先后以两个儿子和太尉俱延为人质，换取了北凉的撤军。经过历年战争，南凉国势大为削弱，秃发傉檀说：“今州土倾覆，所仗者文支而已”。但是，这位身为镇南将军、湟河太守，掌握南凉半壁江山的王弟文支，也在嘉平六年（413 年）的重要关头率部投降了北凉，徙湟河民户 5 000 户入于姑臧。至此，南凉的败亡，就只是时间问题了。

军事上一连串的失败，固然是对南凉的严重打击，但是，经济的崩溃却是南凉亡国的直接原因。多年来以农业为主的南凉经济，因农田有限，劳力缺乏，情况并不很好，本已无力支撑频繁的战争，更何况退出河西后，又逢青海久旱不雨，饥饿严重威胁着南凉。护军孟恺提出了一个结好西秦借粮渡难以解内外交困的办法。但秃发傉檀拒绝了这个主张，企图以武力抢掠别部财物的方式来解燃眉之急。嘉平七年（414 年）四月，秃发傉檀率兵 7 000 人，向青海湖滨的乙弗鲜卑部落发动了袭击，抢掠马、牛、羊等牲畜 40 万头。但未及赶回，西秦乘虚渡河袭击乐都，“一旬而城溃”，留守都城的南凉太子虎台、王妃，以及王公大臣等，都成了西秦的俘虏。乐都失陷的消息传来后，部众星散，秃发傉檀不得不东返降秦，西秦王乞伏炽磐封其为骠骑大将军、左南公。一年后，秃发傉檀被西秦毒死，不久虎台也被西秦所杀，南凉历时 18 年，终于灭亡。

西宁市城西区有一座高大挺拔的“虎台”，旧方志记载，“相传南凉王所筑”。关于它的用途，多数学者认为可能是演武、阅兵或出兵誓师的场所。也有学者认为它是南凉之前已有的祭台。

南凉虎台遗迹

虎台今貌

四、西秦与北凉争夺湟水流域

秃发傉檀被任为凉州刺史后，姚兴见其日渐坐大，便发动了对秃发氏的攻击，但却遭到了失败，于是，秃发傉檀离脱后秦自立为凉王。这样，后秦通过秃发氏对青海东部地区名义上的统治，不到10年，也宣告结束。

早在秃发立国初，后凉湟河太守匈奴人沮渠罗仇被吕光所杀，其侄沮渠蒙逊乘宗姻诸部会葬之时发动变乱，屯据金山（今永昌西），推后凉建康太守汉族人段业为“使持节、大都督、龙骧将军、凉州牧、建康公”。不久，改称“凉王”，以今张掖地区为中心，建立了北凉。北凉天玺三年（401年），统治集团内部争权斗争白热化，沮渠蒙逊杀段业自立为“使持节、大都督、大将军、凉州牧、张掖公”。北凉立国初期，与南凉秃发氏互相支持，共同对付后凉，以图自保。以后，双方为了争夺凉州地区的统治权，又相互展开了攻伐。北凉玄始二年（413年），秃发傉檀之弟，湟河太守文支投降北凉，自此，今拉脊山脉以南湟河郡地，归属于北凉。

早在前秦太安元年（385年），陇西鲜卑族首领乞伏国仁占据甘肃中部地区，自称“大都督、大将军、大单于，领秦、河二州牧”，改元建号，树置百官，筑勇士城（今甘肃榆中县境）为都，成为当时西北地区又一个地方割据政权。国仁死后，部众推举其弟乞伏乾归为“河南王”，势力渐渐增强。后秦弘始元年（399年），乞伏乾归被后秦军队打败，父子逃奔南凉，以后乾归留儿子炽磐为质，只身逃降后秦，姚兴归还其旧部，任为“镇远将军、河州刺史、归义侯”。弘始四年（402年），乞伏炽磐也逃出南凉，投奔其父。弘始九年（407年），乞伏乾归脱离后秦，自称“秦王”，设置百官，在临夏和陇西地区实行割据，史称“西秦”。永康三年（414年），西秦攻灭南凉后，北凉湟河郡地陷入西秦包围之中，沮渠蒙逊鞭长莫及，无法支援。两年后，太守沮渠汉平投降西秦，至此，西秦于永康四年（415年）占有了青海东北部原南凉王国的全部属地。永弘二年（429年），北凉军队越过祁连山，向西秦发动大规模攻势攻克西平，以后又进一步占有了乐都及整个原南凉属地，青海东部地区又归北凉。

五、北魏、西魏和北周对青海的统治

早在西晋永嘉四年（310年），游牧于今河北与山西北部地区的鲜卑拓跋部落酋长拓跋猗卢，因助并州刺史刘琨击败另一鲜卑部落，后被晋王朝封为“代王”。东晋太元元年（376年），“代”被前秦所灭，前秦苻氏政权崩溃以后，鲜卑拓跋部又掠夺人口、兼并附近部落，于太元十一年（386年）自立为“魏”，两年后拓跋珪定都平城（今山西大同）自称皇帝，史称北魏。不久，北魏太武帝拓跋焘征服了北中国，与控制我国南部地区的刘宋政权形成对峙，我国历史进入了南北朝时期。

西秦退回黄河以南后，几次企图夺回河北失地均未成功，实力大大削弱。此时，北魏军队正向陇东地区推进，西秦王乞伏慕末在北凉的逼迫下，放弃以枹罕（今临夏）为中心的河南故地，率部投奔北魏。西秦永弘四年（431年）乞伏慕末在东移过程中，遭到占据今宁夏和甘肃部分地区的夏国主、匈奴族赫连定的截击，乞伏慕末被杀于南安，西秦亡国。

西秦亡国以后，河南故地均被吐谷浑占据，河北、湖东地区仍在北凉的统治下。北凉永和七年（439年），北魏发动了对北凉的进攻，沮渠牧犍在众叛亲离的情况下，投降北魏。北魏占领姑臧以后，派遣镇北将军封沓率军进入青海，北凉乐都太守沮渠安周投奔吐谷浑，封沓俘掠当地民户数千户东去。太平真君五年（444年），北魏晋王伏罗率兵进抵乐都，设置鄯善镇于今西宁，孝昌二年（526年）改为鄯州，并将州治东迁至今乐都。此后，吐谷浑多次侵扰魏边，北魏又多次攻伐吐谷浑，双方时战时和。永熙三年（534年）北魏分裂为东魏和西魏，青海东部地区当时在西魏统治下，西魏与吐谷浑之间，仍然处于有战有和的局面。西魏恭帝四年（557年），北周取代西魏。建德五年（576年），吐谷浑内乱，北周收复了北凉时期陷于吐谷浑的黄河以南浇河等地。在这个新情况下，除在今之民和地区的龙支县（原允吾县）时属河州（治今甘肃临夏）管辖外，北周在今青海境内湟水流域和黄河流域，分别设置了鄯、廓两州，加强了对河湟地区的统治。鄯州辖乐都、湟河两郡，廓州辖洮河、达化两郡，郡下各有县。

六、魏晋南北朝时期的青海南部

魏晋南北朝时期的青海，从政区的角度讲，大致可以分为三块：一是各个朝代和几个民族地方势力争夺的青海东部地区，也就是以湟水流域为中心的海东地区和海北、海南部分地区；二是吐谷浑控制的昆仑山脉以北青海中部和西部柴达木地区，也就是今日黄南、海南、海西三州地及海北州的部分地区；三是青海南部的羌人部落区，即今果洛、玉树两州地，它由以党项为代表的分散的羌族各部落所占据。根据《北史》卷九十六的记载，党项羌“东接临洮、西平，西拒叶护（在今新疆），南北数千里，处山谷间。每姓别为部落，大者五千余骑，小者千余骑。织牦牛尾及羖䍽毛为屋，服裘褐，披毡为上饰。俗尚武力，无法令，各为生业，有战阵则屯聚，无徭役，不相往来。养牦牛、羊、猪以供食，不知稼穑，……无文字，但候草木以记岁时。三年一聚会，杀牛羊以祭天”。从以上记载可知，魏晋南北朝时期的青海南部，分布着大小不同的以游牧为生的许多羌人部落群体，他们尚处于氏族社会阶段，与外界很少联系，社会发展缓慢。在长达360

余年的魏晋南北朝时期中，这种情况没有大的变化。

七、吐谷浑的兴起与发展

1.联合羌人雄踞河南

公元 4 世纪初，原居于我国东北徒河（今老哈河）流域的鲜卑慕容氏的一部，在西晋咸宁、太康年间（公元 280 年左右）因兄弟相争，庶兄吐谷浑率 700 户（一说 1 700 户）离开故地，移牧于阴山（今内蒙古大青山）一带，大约在永嘉七年（313 年），随着北方民族大迁徙运动，“徙陇上，止于枹罕、甘松”，即今甘肃临夏和甘南两州地，与当地羌人和平错居，友好相处，逐渐融合而形成了一支少数民族的地方势力。大约东晋咸和四年（329 年），吐谷浑孙叶延建立起了自己的政权，成为当时我国西北地区众多割据政权之一。为了纪念其祖，便以“吐谷浑”作为这个鲜卑人和羌人联合体及其政权的名称。吐谷浑人以牧为业，“逐水草而帐居”。男子服装与汉族基本相似，帽子大多以尖顶圆沿带帘，即所谓“罗幂”。妇女一般着裙，辫发并缀饰珠贝。他们和羌人一样，以肉、奶为食，随着农业的发展，部分吐谷浑人也以大麦、青稞为食。为保持民族人口的兴旺，吐谷浑人和北方其他游牧民族一样，“父、兄死，妻后母及嫂”，死后行土葬。吐谷浑无自己的文字，公文、信件均使用汉文。除上层社会鲜卑人之间使用鲜卑语外，其主要组成部分是羌人，仍操羌语。

鲜卑吐谷浑人

吐谷浑初至陇西后，落居于广大阪（小积石山）以东今夏河、临夏、积石山等县地，时属前凉枹罕郡辖。后来逐步南下，占据今甘肃省甘南藏族自治州及四川省阿坝藏族羌族自治州的红原、松潘等县地。这些地方均为羌人故地。在和羌人联合发展的过程中，遭到一些酋长的反抗，如吐谷浑死后，其子吐延继位 13 年，即被昂城（今四川阿坝藏族羌族自治州）羌酋姜聪刺死。吐延孙碎奚继位后，其弟“专恣国政，国人怨愤”，长史羌人钟恶地，曾与司马乞宿云未经碎奚同意，便捕而杀之。通过这一事件，可以看出羌人在这个政权初期的统治阶层中，占据着重要的位置。

吐谷浑兴起之时，正是前秦帝国强盛之时。苻坚遣将攻取前凉河南各郡，吐谷浑受到了威胁，便于东晋太和六年（371 年）向前秦贡马 50 匹（一说 5 000 匹），金银 500 斤，碎奚被前秦封为“安远将军、漒川侯”。此后，吐谷浑逐步向西扩展，进入今青海黄南藏族自治州和海南藏族自治州两州地。太元十年（385

年)，鲜卑乞伏部占有了河南地区的主要城镇，甚至还在今甘南草原和川、甘边界地区增置了漒川、甘松等郡，它的兴起和发展，成了吐谷浑争霸河南的主要障碍。吐谷浑王视连在势不能敌的情况下，向“河南王”乞伏乾归“遣使贡方物”，被封为“沙州牧、白兰王”。沙州地在今贵南，白兰远在柴达木南缘，所以，其目的在于迫使吐谷浑向青海腹地转移。太元十五年（390 年）10 月，视罴嗣位后，拒绝了乞伏氏的分封，结果，遭到讨伐，不得不“遣使谢罪”，将儿子岩岂送作人质。不久，乞伏乾归将宗室女嫁与视罴，以示和好。隆安元年（397 年），乞伏氏被后秦打败，乾归父子投奔南凉，吐谷浑王乌纥堤乘机占领了河南大部地区。义熙元年（405 年）乞伏乾归力图复国，为收复被吐谷浑占领的地域，向吐谷浑发动了大规模进攻，乌纥堤兵败奔于南凉，树洛干继位，率所部数千家奔归莫贺川（今贵南县）。义熙七年（411 年），树洛干攻陷南凉浇河郡，但在义熙九年（413 年）和十三年（417 年）又被西秦两次击败于浇河和尧扞川（今河南县），直到阿豺继立王位后，情况才有所改观，于是“兼并氐羌，地方数千里，号为强国”①。元熙元年（419 年），在弱水以南的一次战斗中，吐谷浑又被西秦击败，不得不再次遣使降于西秦。慕璝嗣立后，西北地区的情况有了较大变化：一是西秦攻灭南凉后，南凉故地又被北凉攻占，而且北凉军队还曾一度渡过黄河，给西秦以强大的压力；二是匈奴人赫连勃勃建立的夏政权逐渐强盛起来，南下甘肃陇东并向西扩展，成了西秦的劲敌。而西秦由于连年征战，人口锐减，国库空虚，迅速走向衰弱。相反，吐谷浑却以地理之便，通使南朝刘宋，开展贸易，“招集秦、凉亡业之人及羌戎杂夷众至五六百落，南通蜀汉，北交凉州、赫连，部众转盛”②。刘宋元嘉七年（430 年），西秦王乞伏慕末东奔投魏，吐谷浑乘机占据了西秦故地。至此，吐谷浑经过长达 40 年的争夺，终于从西秦乞伏氏手中夺得了河南地区的统治权，进入了它的兴盛时期。

2.实行南北交往政策

西秦亡国后，赫连定于元嘉八年（431 年）六月率兵西上，占领枹罕，企图乘胜渡河北上，一举攻灭北凉。吐谷浑王慕璝派遣其益州刺史慕利延和宁州刺史拾虔统率骑兵 3 万，乘夏军渡河之际发起猛攻，击溃夏军于今临夏市北之黄河两岸，并俘虏夏王赫连定。夏亡以后，吐谷浑乘机东进，与北魏在陇西一带接壤。由于北魏势盛，吐谷浑便派遣侍郎谢太宁使魏告捷，次年，押送赫连定入北魏都平城（今山西大同），北魏封吐谷浑王慕璝为“大将军、西秦王”。自此，吐谷浑便常常遣使向北魏进贡，同时又继续与刘宋通使往来，以保持事实上的割据。北

① 《北史》卷九十六《吐谷浑传》。

② 《北史》卷九十六《吐谷浑传》。

魏太延五年（439年），北魏攻灭北凉占领湟水流域，与吐谷浑隔河为界。太平真君五年（444年），吐谷浑统治阶层发生内争，慕利延兄子纬代（辉伐）密谋降魏，事发被杀。纬代弟叱力延等投奔北魏，被封为“归义王”，北魏乘机派遣晋王伏罗率兵抵达乐都，向吐谷浑发起进攻，慕利延逃往白兰，从弟伏念、长史鶌鸠梨等率部13 000落（户）降魏。次年四月，北魏又遣高凉王那、秦州刺史封敕文率军分南、北两路，向枹罕和白兰两地发动大规模军事行动。慕利延由白兰西奔且末，攻杀于阗王。一年后，随着魏军的撤离，慕利延又返回青海。正平二年（452年），拾寅继承王位，在远离魏军的伏罗川筑城设都，并遣使向北魏朝贡，魏在武力不能彻底消灭的情况下，遂封拾寅为“镇西大将军、沙州刺史、西平王”。此时的吐谷浑，除东部沿河城镇，如枹罕、浇河被魏占领外，其境域之西及南疆反而有所扩大，于是，便利用南通蜀汉、北接西域的地理条件，积极发展东西方贸易，增强了经济实力。和平元年（460年），魏遣阴平王新成率军由陇西出发，南郡公李惠率军由姑臧出发经今扁都口进入青海，会军于西平。拾寅闻北魏大军压境，逃避南山（青海中部昆仑山脉），魏军掠获牲畜20余万头后撤退。从此，吐谷浑基本断绝与北魏的往来。10年后，北魏又遣上党王长孙观率军攻伐吐谷浑，双方大战于曼头山（今共和县境），拾寅战败后，遣使献贡求和，被魏囚禁。延兴三年（473年），长孙观又与广川公皮欢喜率兵进入吐谷浑境内，毁坏农田作物，意欲深入讨伐，拾寅只好“表求改过”，次年送子弗斗斤入侍为质。双方重归和好。

北魏末期，伏连筹继为吐谷浑王，因秦州羌人莫折念生起事，凉州统帅于菩提、呼延雄等起而响应，围攻姑臧，北魏刺史宋颖求救于吐谷浑，伏连筹两次派兵解围并追杀于菩提等。此后，因交通阻断，与北魏的往来遂告结束。据史料不完全的记载，吐谷浑遣使北魏共达60余次之多。此后，吐谷浑国内不安，王位变动频繁。西魏大统元年（535年）夸吕继立后，极力整顿内政，并在青海湖西今共和县石乃亥村附近修筑“伏俟城”，为其政治活动的中心。此时的北魏，已经分裂为东、西两魏，吐谷浑与西魏直接为邻。夸吕遣使向西魏贡献善舞马和四角羊等。当时吐谷浑强盛，往往扰掠魏边。大统十四年（548年），

吐谷浑伏俟城遗址

西魏以王子直兼尚书兵部郎中，率兵击败吐谷浑于长宁川。拓跋廓三年（556年），西魏与突厥联合，企图一举攻灭吐谷浑，双方由姑臧地区出发，经今扁都口，木杆可汗率突厥兵绕行青海湖西南攻吐谷浑贺真城（今共和县境），凉州刺史史宁率西魏军通过西平攻吐谷浑树敦城（今共和龙羊峡西），联军“俘斩万计，获杂畜数万头”，以及夸吕妻及珍宝等物。撤兵不久，北周建立。吐谷浑乘中原朝政变更之机，围凉（今武威）、鄯（治今乐都）、河（治今临夏）3州，后又退去。北周武成元年（559年）再攻凉州，凉州刺史是云宝率兵迎战失利被杀。于是北周派遣大司马、博陵公贺兰祥率大军向吐谷浑东部地区发动攻击，击败吐谷浑广定王、钟留王等，占领了洮阳、洪和两城（均在今甘肃临潭县境）。保定元年（561年），吐谷浑遣使向北周朝贡，第二年，北周使臣王庆至吐谷浑“与共分疆，仍讲和好”。以后吐谷浑一方面遣使进贡，一方面又常掠其边境。建德五年（576年），吐谷浑内乱，北周乘机遣太子宇文赟率大军沿青海湖滨西上，进攻吐谷浑伏俟城，吐谷浑洮王率700骑出东门迎战，失利退逃。北周占领伏俟城后不久撤离，吐谷浑遣使朝贡，双方又归于好。宣政元年（578年）由于吐谷浑赵王他娄屯降周，双方关系再度紧张起来，吐谷浑断绝了与北周的往来。总之，几十年来北周通过攻伐，先后占领了吐谷浑东部今甘肃临夏、甘南和四川北部一些地方，设置了覃、芳、叠、宕等州，并在今青海化隆县地设置了廓州，而吐谷浑除了向北周称臣朝贡以求自存外，也常侵扰北周边地，双方时战时和，直到北周末年与隋朝初年。

吐谷浑在阿豺王继位后，逐渐强盛起来，其辖地南至龙涸、平康（即今四川阿坝藏族羌族自治州北部地区），与益州（治今成都，辖川西等地）接壤。东晋元熙二年（420年），刘裕夺取东晋政权，此时的北中国大部地区已被北魏所统一，因此，南方的刘宋汉族政权被认为是中原王朝的继续。《北史》有阿豺所谓“水尚知有归，吾虽塞表小国，而独无所归乎”的说法，表明了吐谷浑尊重中央王朝的正统思想。但是，事实证明阿豺并没有将自己的命运与刘宋政权紧密联系起来，而是为了巩固自己在西方的统治遣使刘宋，以便在与西秦乞伏氏争夺河南地区的斗争中，得到“中央”的理解和支持，更重要的原因，是为了通商贸易，扩大自己的经济实力。由于地接吐谷浑之故，刘宋益州百姓早有前来吐谷浑境内营商者。阿豺便于刘宋景平元年（423年）遣使刘宋，贡献方物，宋以阿豺为“可督塞表诸军事、安西将军、沙州刺史”，封“浇河公”。但刘宋政权鞭长莫及，不能左右吐谷浑的政治，吐谷浑仍然割据如故，双方之间的关系，主要表现在经济方面。西秦和夏国灭亡后，吐谷浑占据了整个河南地区，其王慕璝在向北魏献俘的同时，也遣使南宋报捷，被封为“使持节、散骑常侍，都督西秦、河、沙三州诸军事，征西大将军，西秦、河二州刺史，领护羌校尉，进爵陇西王”。不久，应刘宋的要求，慕璝遣送义熙十四年（418年）在长安被夏王赫连勃勃俘去后又被吐谷浑所俘的东晋将士朱昕之等55户，154人南返。自此，双方关系进一步密切。元嘉十六年（439年），刘宋政权改封吐谷浑王慕利延为“河南王”，此后，南朝宋、齐、梁朝则正式称吐谷浑为“河南王国”[①]。元嘉二十二年（445年），慕利延在北魏的攻击下逃往西域，次年返回青海后遣使刘宋，请求在不能自保的情况下，由川北退徙越巂（今四川西昌），刘宋政权同意了吐谷浑的请求，后因形势好转，吐谷浑放弃了南迁的打算，但仍保持与刘宋的友好往来。据史料不完全的记载，遣使共达20次之多。

宋升明三年（479年），萧道成篡夺刘宋政权，建立南齐，吐谷浑仍遣使贡献，南齐封吐谷浑王易度侯（一作度易侯）为“河南王”，双方保持着友好关系。此外，大漠以北的芮芮（柔然）和西域一些部落国等与南齐的使节往来和商业贸易活动，也都以吐谷浑为其中介。南齐中兴二年（502年），萧衍夺取政权，改南齐为梁，吐谷浑仍与其保持友好往来，史料记载遣使即达9次。梁大同六年（540年）以后，由于梁朝内乱，妨碍了双方的正常交往，不久，北魏夺取益州，南下道路受阻，吐谷浑与南朝往来遂告结束。

总之，在南北朝对峙时期，吐谷浑地处北方，不得不向强大的北魏、西魏和北周皇帝称臣贡奉，接受封号，但又割据一方，不受约制，因此常遭“讨伐”。吐谷浑游牧于荒漠草原，地域辽阔，气候寒冷，北朝军队既无法一举攻灭，也无法长期驻剿，双方只好一而再、再而三地通使讲和。相反，吐谷浑与南朝宋、齐、梁间从未发生过战争，一直保持着和平友好的关系。由于执行了同时与南、北两方通使结好的政策，吐谷浑确保了自己的存在与独立，并通过南北往来，发展了贸易，增强了国力。

3.仿效中原进行封建统治

鲜卑慕容吐谷浑率部入塞以后，由于与汉和其他民族相互错居，长期接触，受中原文化的影响，因此，在徙居河南后，便逐步由氏族社会向封建社会过渡。由于游牧经济形态的影响，无论从国家机构、典章制度还是统治方法诸方面讲，都与中原王朝不能相比。不过，它还是吸取了中原王朝的许多统治经验，推行了一套封建的政治制度，主要表现在设置百官、分封王侯、制订刑律、征收赋税方面。根据史料的记载，吐谷浑在伏连筹时，“准拟天朝，树置百官，称制诸国”[②]。早在东晋永和六年（350年）左右，吐谷浑就已经出现了长史、司马、将军等官职名称。中期

① “河南王国”，因其主要活动地域在今甘、青两省黄河以南而名。

② 《北史》卷九十六《吐谷浑传》。

以后，出现了仆射、尚书、郎中以及别驾、侍郎、博士等名称。大约在伏连筹时期，吐谷浑的职官制度，逐步发展健全起来，其权利与义务均与内地官职相似，只是因游牧经济之别，其施政方式因人因时而有所不同罢了。比如，拾寅时才“起城池、筑宫殿，其小王并立宅”，大部分官员并无专设的“衙门”。其议事程序也因游牧关系而与中原王朝有所不同。晚期的吐谷浑，除了职位之外，似乎还有爵位之分，如《隋书》就有“公侯十三人”降隋的记载。

吐谷浑对地方的统治，主要是通过王室子弟和部落首领进行管理。《南齐书》说：吐谷浑有四大戍地，“一在清水川（今兴海县地），一在赤水（今兴海县地），一在浇河（今贵德县地），一在吐屈真川（今共和县切吉及其以西地区），皆子弟所居。”《洛阳迦蓝记》有僧人宋云一行前往西域，途经鄯善（令新疆婼羌），见“今城（主）是吐谷浑第二息（子）宁西将军，总部落二千，以御西胡”的记载。中期，吐谷浑多封王室子弟和部落酋长为管理地方之“王”，如龙涸王、定城王等。到了北朝末期，这种分封更为普遍，比如保定四年（564年），因吐谷浑与宕昌羌人联好，北周大将军田弘攻击吐谷浑，“获其二十五王，拔其七十六栅”①，可见其王之多。吐谷浑除了管理地方之王外，还有地区长官，如“河西总管”等。史料有沙州、益州、宁州等名的出现。沙州在今贵南穆格塘（莫贺川）为中心的海南藏族自治州黄河以南地区。从东晋太元十五年（390年）乞伏乾归“拜视连沙州牧”的记载可知，此为西秦名义上的行政建置，与吐谷浑本身的建置无关。史料有慕璝遣益州刺史慕利延、宁州刺史拾虔率骑3万击赫连定的记载。所谓益州，指今四川等地，时在刘宋控制下，吐谷浑与刘宋保持着友好关系，似无以慕利延为益州刺史去夺取益州之可能，只能是北魏对吐谷浑王族子弟的封号而已。宁州地望无考，以拾虔为宁州刺史，恐亦为北魏封号。史料没有吐谷浑实行郡县制的记录，仍然以部落为其基层行政单位。这一方面是基于游牧生产方式的需要，另一方面也与吐谷浑的军事制度有关。吐谷浑的士兵，即从事牧业生产的青、壮年男性牧民，一遇战事，均自备乘马自带口粮，以部落为单位进行活动。

吐谷浑除了有一套行政管理机构和军事组织办法外，还有自己的刑律。《魏书》记载说：“其刑罚：杀人及盗马者死，余则征物以赎罪，亦量事决杖；刑人必以毡蒙头，持石从高击之。”②

吐谷浑有其自己的赋税制度：“国无常赋，须则税富室商人以充用焉”③。

① 《周书》卷二七《田弘传》。

② 《魏书》卷一〇一《吐谷浑传》。

③ 《周书》卷五十《吐谷浑传》。

义熙元年（405 年）树洛干继立王位后，“轻徭薄赋，信赏必罚”，对维护贫苦牧民的正常生活，有一定的好处。向富室、巨商税取国家所需的制度，对抑制财富的集中，减缓社会的两极分化，也有积极的作用。

以上种种，说明吐谷浑自立国之后，仿效中原王朝，推行封建统治，从氏族社会大跨步迈入封建社会，尽管它还不完全成熟，但在当时青海的条件下，特别是在游牧经济的条件下，不能不说是一个进步，客观上促进了青海社会历史的发展。

第二节　魏晋南北朝时期青海的经济

一、农业的衰败与牧业的兴旺

魏晋南北朝时期，因受民族大迁徙和社会大动荡的影响，经济形态和生产方式都有了新的变化，形成了这个时期青海地区经济的特点：农业生产由于河湟地区政权频易、战乱不已，生产力遭到了极大的破坏，使汉代以来初具规模的农业生产开始衰退。但由于鲜卑吐谷浑人的到来，青海中、西部地区逐步由氏族社会进入了阶级社会。由于实行封建制度的结果，牧业经济有了较大的发展。

青海东部地区，特别是湟水流域，自西汉赵充国实行屯田以来，农业生产已有相当规模。汉末魏初随着屯田的结束，加速了土地的兼并，壮大了地主阶级的实力，一些民族首领和地主豪强力图控制地方。自 4 世纪初至 5 世纪中叶的百余年间，青海东北部地区先后经历了前凉、前秦、后凉、南凉、西秦、北凉等政权的相继统治，政治上的变化和割据政权之间接连不断的战争，使得河湟地区的农业遭受了一次又一次的破坏，其间虽有南凉振兴农业“劝课农桑”之举，也因前述原因和短命亡国而无大的成效。北魏统治青海后，河湟地区有了相对的安宁，后因吐谷浑的逐步东侵，湟水流域半数农田旋即废弃。孝昌以后，也就是公元 526 年以后，西平荒弃，北魏在青海的统治中心，也不得不东移乐都。北周虽然收复了一些失地，但因人口大减，所以农业生产并无起色。这种不景气的局面，直到隋唐时期大规模屯田以后，才逐步有了改观。

湟水流域农业衰退之期，正是吐谷浑势力强盛之时。因此，黄河以南今贵德、循化等沿河吐谷浑境内的农业生产，虽然规模有限，但却有了发展，引起了北魏的注意。皇兴四年（470 年）和延兴三年（473 年），北魏两次发兵破坏吐谷浑的农作物，以此作为打击手段。此外，长江上游和雅砻江上游地区，时属“附国”，其辖地涉及青海南部边缘地区，根据《北史·列传第八十四》所谓：“其土高，气候凉，多风少雨，宜小麦、青稞”的记载，青海南部边境地区，似乎已有小块农业，有种植青稞等农作物的可能。

自古以来，生活在青海高原上的羌人，即以畜牧为生。魏晋以来，除了南部地区的羌人部落尚处于氏族社会阶段外，中、西部地区由于鲜卑人的徙入与羌族部落的逐步融合，形成了“吐谷浑”这样一个民族融合体，推行一套与中原王朝相似的封建制度，它的直接结果是结束了羌人各个部落互不相往的局面，使青海中、西部众多的羌人部落统一于一个吐谷浑王国的治理下。吐谷浑社会的安定，促进了畜牧业生产的迅速发展。特别是开展东西方贸易的同时，吐谷浑引进了优良畜种，在马的改良方面有显著成效。史载：“青海周回千余里，海内有小山。每冬冰合后，以良牝马置此山，至来春收之。马皆有孕，所生得驹，号为龙种，必多骏异。吐谷浑尝得波斯草（母）马，放入海，因生骢驹，能日行千里，世传青海骢者也。”[①]虽然上述放马海心山以得龙种的说法是一个传说，但吐谷浑以波斯（今伊朗）良马为种，改良青海当地马的记载却是确切无疑的。这种称为“青海骢”的杂交马，曾经是我国历史上名噪一时的宝马，吐谷浑多次作为向南、北朝进贡的贡物。此外，青海西部边地阿尔金山区，自古以来便是野生骆驼产地。鲜卑吐谷浑人的迁入和南、北交通的结果，将北方胡人养驼和用驼的习惯带到了青海，因而，骆驼便成了北部青海的主要牲畜之一。吐谷浑的牧畜，还有牦牛、藏系绵羊和山羊等。牧业生产的迅速发展，使北魏一些官员产生了抢掠的念头，如定阳侯曹安说：“拾寅今保白兰，多有金银牛马，若击之，可以大获。”[②]因此，北魏于和平元年（460 年）发动了以掠夺吐谷浑牲畜为目的的战争，掠去大批驼、马等。

海心山

除了吐谷浑之外，东晋十六国时期驻牧于青海环湖地区的鲜卑“乙弗勿敌国”（亦称乙弗鲜卑，后被吐谷浑侵并）的牧业生产，也因得天独厚的水草之利而有突出的发展。这个仅 2 万余户的小小部落国，一次即被南凉王秃发傉檀掠去牲畜 40 万头，其牧业兴旺之状况，可想而知。

① 《北史》卷九十六《吐谷浑传》。

② 《魏书》卷一〇一《吐谷浑传》。

与中、西部地区相比，河湟地区的畜牧业，却因历年的战乱而遭到破坏。特别是秃发傉檀迫迁湟河、西平等地羌人3万余户徙于河西走廊后，河湟两岸山区羌人传统牧业经济，便呈现出衰退的趋势，逐渐被以农业为主、兼养少量家畜的新的经济结构所代替。

二、交通的发展与商业的繁荣

自汉以来，河西走廊即为“丝绸之路”必经之通道。魏晋时期，河西地区先后出现了几个武装割据的地方政权，因为战事纷起，丝路阻断，东西方之间的国

丝绸之路示意图

际交往，不得不改行祁连山南的“青海道”（羌中道）。南北朝时，青海北半部除了湟水流域及其附近地区外，其余地方均由吐谷浑控制，因此，也有人称其为“吐谷浑道”。它与“丝绸之路”的甘、陕路段相接，东起枹罕或金城，经青海湖滨入柴达木盆地，通过茫崖阿尔金山嘎斯山口进入西域鄯善地区，与“丝绸之路”西域南、北两段相接，所以，后人称其为“丝绸辅道”。它在公元4~6世纪，是中原通向西域的主要大道，一个时期它与祁连山北的“丝绸之路”平行共荣，大部时期它是通使、通商的主要干道，繁荣程度甚于河西。玄奘之前我国早期许多佛教高僧途经此道前往西域，如刘宋永初元年（420年）的法勇（昙无竭）和北魏神龟元年（518年）宋云一行25人等。此外，西魏恭帝元年（554年），乾陀罗人阇那

丝绸之路青海道(日月山段)遗址

崛多东来中国也经此道。与此通道相关联的，还有著名的“河南道”。它在环湖地区与青海道分途，南渡黄河经吐谷浑中期活动中心莫贺川，越甘南草原，经川北而抵当时的益州。它是西北少数民族地方政权与中央宋、齐、梁等南朝相通的唯一通道。根据史书不完全的记载，仅吐谷浑本身通使南朝，即达37次之多，民间往来更不计其数。哌哒、高昌、龟兹、于阗、且末、芮芮（柔然）乃至波斯等国的使者与商贾，也都经由此道南下建康（今南京）。《南齐书》就有：“芮芮常由河南道而抵益州”①的记载。另外，由环湖地区经今祁连县扁都口，穿张掖、宁夏东行至邺都（今河北临漳）的所谓“北道”，也是与河南道相联的南北

丝绸之路河南道示意图

重要通道。它虽然路程较长，途行艰难，但因绕过战乱之中的中原地区，所以相对比较安全。上述长安经青海道至西域和由邺都经河南道至建康的两条干线，形成了一个不规则的十字，交汇中心即为吐谷浑境内的青海湖滨。吐谷浑为此修整道路，设置驿站，还在境内黄河上游修建了我国历史上最早的黄河渡桥之一的大母桥，为保障各条道路的畅通作出了重要贡献。据段国《沙州记》记载，吐谷浑人善造“河厉桥”，即在河两岸垒石为基，用大木相压，“节节相次”，至河心相连，又叫“飞桥”、“握桥”，这是一种无墩柱伸臂木梁结构的实体桥，它结构科

① 《南齐书》卷五十九《芮芮虏传》。

学，施工简便，后世多有沿用。吐谷浑地区作为南北朝时期的重要交通枢纽，起到了沟通东西、联络南北的重要作用，客观上促进了我国边远地区的经济发展，也促进了各族人民之间的友好团结，这在魏晋南北朝这样一个政治大动荡的非常时期，有着特殊的意义。

黄河上游“握桥”(河厉桥)

中国丝绸是蜚声世界的华贵衣料，是古代西方贵族竞相购求的物品。河西丝路阻绝后，西域各国所需丝绸等物，仰赖由吐谷浑输入，“青海道”应运而繁荣。吐谷浑与丝绸产地益州相邻，双方早有民间贸易往来，《梁书·河南王传》对此也有记载，如：“其地与益州邻，常通商贾，民慕其利，多往从之。”吐谷浑充分利用了优越的地理条件，积极鼓励民间经商，以供西域各国之需。并为此组织商队，武装保护，派遣使节率队“以献为名，通货市买”。《宋书·吐谷浑传》记载说：“徒以商译往来，故礼同北面。……虽复苞篚岁臻，事唯贾道。金罽毡毦，非用斯急，送迓烦扰，获不如亡”，“或岁再三至，或一岁再至”。贸易之繁荣，可想而知。这种商业活动，历经宋、齐、梁三朝而不衰。同时，吐谷浑地处北方，与北朝的往来更较频繁，仅《魏书》本纪不完全的记载，就有 64 次之多，有“终宣武至于正光，无岁不至”的说法，在西魏和北周时，也是同样。吐谷浑遣使北朝的目的，虽然与政治有关，但也是为了通商贸易的需要。此外，吐谷浑还与北方的对立政权，如东魏和北齐通使往来，特别是在东魏兴和年间（539~542 年）吐谷浑与东魏孝静帝联姻之后，更是“朝贡不绝”。由于吐谷浑多方位遣使通商，成功地开辟了南、北两大市场，主要输出物品是牲畜和西方珍宝，输入主要是丝绸之类。吐谷浑向南、北两朝的贸易活动，主要是以“贡”和“赐”的形式进行的，避免了关税，而且由于政治的原因，往往“贡”少“赐”多，有利可图，不但增强了吐谷浑的经济实力，也为东西方贸易提供了充分的货源。由于吐谷浑积极开展商业贸易，维持了丝路的继续繁荣，因此，巩固了其在国际贸易上的中转地位，西域和北方一些少数民族割据政权，也纷纷通过吐谷浑与南朝和北朝进行贸易，其往来“言语待河南人（吐谷浑人）译然后通”[①]。吐谷浑通过各国商队的过境贸易或代理贸易，从中收取礼品或税金，增加了自己的财富。随着东西方贸易的繁荣，商队已不限于吐谷浑人，往往是各国商人的联队，贸易量也日益增大。西魏废帝二年（553 年），凉州刺史史宁在赤泉（在今

① 《梁书》卷五十四《诸夷传·滑国》。

甘肃山丹县境）一带阻截由仆射乞伏触状和将军翟潘密率领，自北齐经柔然返国的吐谷浑商队，其成员就有：“商胡二百四十人，驼骡六百头，杂綵丝绢以万（匹）计。”[①]规模之大，是十分惊人的。吐谷浑的富裕，引起了北朝的垂涎，因此，引来了北魏、北周多次以掠夺吐谷浑财物为目的的战争，上述史宁截掠商队的事件即可说明。它影响了吐谷浑的贸易活动，商业经济由此而逐步衰落。大业五年（609 年），隋军占领青海北部，控制了南、北两条丝路，至此，吐谷浑的国际贸易遂告结束。综观青海古代，主要是处在自然经济的水平上，少有商品经济的观念与行为。即在魏晋南北朝时期湟水流域的南凉等国也是一样。但是，吐谷浑的情况，却成了一个例外，对以后的茶马贸易有重要影响。

青海各族人民之间的经济交往，历来习惯于以物易物，汉魏以来河湟地区虽也使用过五铢钱，但为时不长。《晋书·张轨传》说：“泰始中，河西荒废，遂不用钱，裂匹以为段数，缣布既坏，市易又难，徒坏女工，不任衣用，弊之甚也。今中州虽乱，此方安全，宜复五铢以济通变之会。轨纳之，立制准布用钱，钱遂大行，人赖其利。”但是，随着前凉的灭亡，青海东北部与河西地区一样，又恢复了以物易物的传统。到了北魏时期，仍然“钱皆不行”。这种状况一直到了唐代才有所改变。但是，古代中东国际性货币之一的波斯钱币，魏晋南北朝时期已在西域各国流通使用，由于“丝绸辅道”的开通和吐谷浑开展东西方贸易的结果，波斯银币也流通到了青海。1956 年，西宁隍庙街（今解放路）省粮食厅工地出土波斯萨珊王朝卑路斯王时（459~483 年）银币 76 枚，证明了这个事实。

西宁出土波斯银币

① 《周书》卷五十《异域传》。

第三节　魏晋南北朝时期青海的文化

一、儒学在青海的兴起

青海地处祖国西陲，又系少数民族聚居地区，文化事业比较落后，魏晋南北朝时期也是一样。这一方面是因为动荡时期河湟地区政权频易、战火连绵、社会不宁影响了各种文化事业的发展；另一方面，是因鲜卑慕容吐谷浑和秃发部刚刚从氏族社会迈入阶级社会，文化建设尚处在起步阶段。尽管如此，儒学的兴起与发展，却对青海的开发与进步，有着重要的意义。魏晋以来，青海地区一些地主豪强和氏族首领，由于受中原文化的影响，常常聘请儒生教授子弟。因此，包括吐谷浑和南凉王族子弟在内，许多人有较高的汉文水平，史料有吐谷浑王“颇识文字”、“颇识书记”的记载。但这种教育，还停留在家庭的范围内，有计划的社会办学，还是南凉立国以后的事。建和三年（402 年），秃发利鹿孤采纳了祠部郎中史暠“宜建学校，开庠序，选耆德硕儒以训胄子”[①]的意见，开始兴办学校，并调派田玄冲、赵诞等人先后为“博士祭酒”，负责教育南凉贵族子弟。这对提高南凉统治阶级的文化素质起了一定的作用，所以，后秦凉州主簿宋敞称赞秃发傉檀：“农战并修，文教兼设，可以纵横于天下。”[②]

儒学在南凉的兴起，对秃发部民族的思想和意识，有一定的影响，南凉开始以封建礼教来治理国家。例如秃发傉檀俘获后凉昌松太守孟祎之后，“嘉祎忠烈”释而放之。西秦王子乞伏炽磐逃难于南凉，受到秃发氏的礼遇，后又逃奔，为追兵所执，秃发傉檀说：“臣子逃归君父，振古通义，故魏武善关羽之奔，秦昭恕顷襄之逝。炽磐虽逃叛，孝心可嘉，宜垂全宥，以弘海岳之量。”[③]于是，赦其死罪而放之，并礼送其妻出境。从这一事件中可以看出儒家思想对南凉政治影响之深。此外，从“司马、博士皆用儒生”和官方文书使用汉文的情况看，吐谷浑王族子弟的儒学教育，对吐谷浑推行类似中原的封建制度，也有决定性的作用。尽管魏晋南北朝时期青海的教育事业，从历史发展的角度看，还只能算是一个起步，但毕竟在推动青海社会进步的历程中，发挥了积极作用，对以后青海地

---

① 《晋书》卷一百二十六《秃发利鹿孤载记》。

② 《晋书》卷一百二十六《秃发傉檀载记》。

③ 《晋书》卷一百二十六《秃发傉檀载记》。

区教育事业的发展也有重要影响。

二、佛教在青海盛行

根据北凉阚骃《十三州志》关于“西平亭北有土楼神祠”的记载可知，今日西宁北禅寺的建寺时间，至少是在前、后凉时期。但是，徙居青海的鲜卑各部，不信佛教而信巫教，也就是一种原始的“萨满教”。它的特点是信卜筮、祭山神。《十六国春秋·南凉录》有“沙门昙霍者，不知何许人也，秃发傉檀时从河南（即吐谷浑）来”传教，傉檀向昙霍说：“仆先世以来，恭事天地名山大川，今一旦奉佛，恐违先人之旨”。但在昙霍的说服下，秃发傉檀终于改奉佛教并对昙霍厚加敬仰，“国人既蒙其祐，咸曰大师，出入街巷，百姓并迎为之礼”。根据上述记载，可知鲜卑秃发部落改奉佛教的时间，是在弘昌年间，也就是公元402年以后。南凉王的信佛，无疑对佛教在河湟地区的盛行有一定的影响。青海中部和南部的羌人，仍然崇信原始巫教。不过，从昙霍“自河南来”的说法可知，至少在东晋隆安四年（400年）左右，已有佛教僧侣往来于吐谷浑所辖地区。吐谷浑王族改奉佛教，是在刘宋元嘉二十三年（446年）慕利延从信佛的西域地区返回青海以后的事。《高僧传》还记载了僧人慧览云游西域，回程途经河南，慕利延世子琼等给予优待，并派人出资在益州修建左军寺，由慧览留寺主持。另外，梁天监十三年（514年），吐谷浑王伏连筹又派人前往益州修建了“九层佛寺”。大同六年（540年），夸吕还遣使南梁，请赐释迦佛像及“涅槃”、“般若”、“金光明讲疏”等佛经103卷，可见吐谷浑王族对佛教的尊崇。它促使青海中、西部吐谷浑属下羌人也都信奉了佛教。

魏晋南北朝时期青海的佛教，与河西地区一样，多属禅学，讲究寂坐修心，不重讲经，希望死后往生乐土。佛教在青海的盛行，从经济的角度讲，是不利于国计民生的，它在某种程度上加重了劳动人民的负担，但对巩固各个地方割据政权的封建统治却是有利的，因此，受到地方统治者的支持与保护。后来北周武帝灭佛之举，也由于青海地处边远，又系民族聚居地区，加上地方统治者的庇护，所以收效甚微。尤其是吐谷浑境内，佛教盛行的景况依然如故。

三、文学艺术的发展

魏晋南北朝时期，青海地区的文学与艺术有很大的发展，出现了许多具有青海民族特色的形式和流派。但是，文学作品由于历史的原因而没有能够保存下来。现存史料中仅可找到与青海有关的一首诗歌，即后凉麟嘉六年（394年），后凉王吕光强徙西海郡人于诸郡，一时传出《思乡》谣一首：“朔马心何悲．念旧中心劳，燕雀何徘徊，意欲还故巢。”在这首歌谣的鼓动下，徙民纷纷活动，引起后凉的不安，于是吕光下令：“复徙之于西河、乐都”。后凉的“西海郡”地在今日额济纳旗，不论此间所谓的西海郡，是否后凉西河郡（亦即西平郡）之误，但它却如实反映了人民群众背井离乡、长途迁徙、思念故土、不满当局的心情。它在社会上产生的效应，是后凉统治者所没有料到的。

魏晋南北朝时期青海地方音乐，大体可以分为三个系统：一是狄乐，二是羌音，三是凉州乐。所谓狄乐，即“北狄乐”，是鲜卑人的一种马上吹奏乐，配有鲜卑语的歌词，共分五十三章，中有“吐谷浑”一章，是吐谷浑的音乐，对此，《唐书·音乐志》有所记载。羌音是指古老的羌人音乐，《北史·党项传》有：“琵琶、横吹、击缶为节”的记载。所谓“横吹”者，指羌人的代表乐器，即适于马上吹奏的一种短笛（在今羌、藏地区常见者却为直吹），常为后代诗人所提及。比如唐代诗人王之涣的《凉州词》中，就有：“羌笛何须怨杨柳，春风不度玉门关。”王昌龄的《从军行》诗中也有：“更吹羌笛关山月，无那金闺万里愁”的句子，可见其对人们印象之深了。至于“凉州乐”，是在东晋永和四年（348 年）天竺（古印度）送给前凉音乐一部、乐工 12 人的基础上，糅合西域各国及凉州固有音乐的一种音乐，流行于前凉和后凉王国。唐代诗人杜牧在他的《河湟》一首诗中也有提及，如：“牧羊驱马虽戎服，白发丹心尽汉臣。唯有凉州歌舞曲，流传天下乐闲人。”在《河湟诸郡次第归降》诗中，他也写道：“听取满城歌舞曲，凉州声韵喜参差。”凉州乐在我国古代音乐发展史上有重要的位置，但因青海与凉州首府姑臧有祁连山之隔，因此，“凉州乐”在岭南五郡（包括青海东北部地区在内）的流行，远不如在河西为盛。另外，还应当提到的是，吐谷浑人驯养了一种能够随着音乐节拍跳舞的马，曾经将其作为贡物，贡献于刘宋、南梁、西魏等朝，引起内地许多人的兴趣。刘宋皇室还令皇太子、王公以下为此而作“舞马歌”27 首。

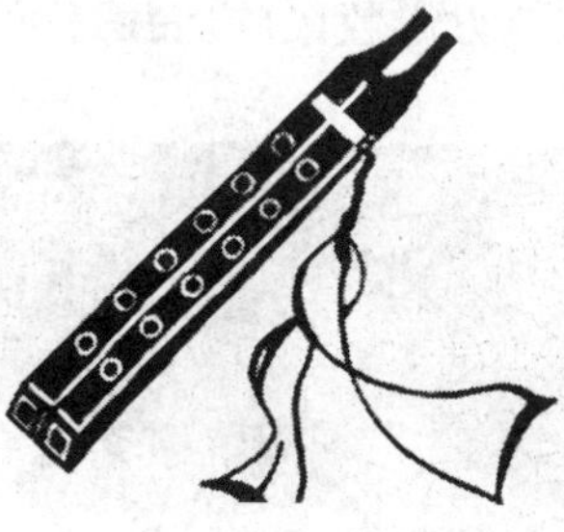
现代羌笛

随着魏晋南北朝时期佛教在青海的盛行，产生了佛教艺术，包括建筑、绘画、雕塑等等。但因战乱，省内各地目前已无觅处，即使吐谷浑人在今成都修建的左军寺等，也都荡然无存。但是，我们在黄河北岸南凉辖

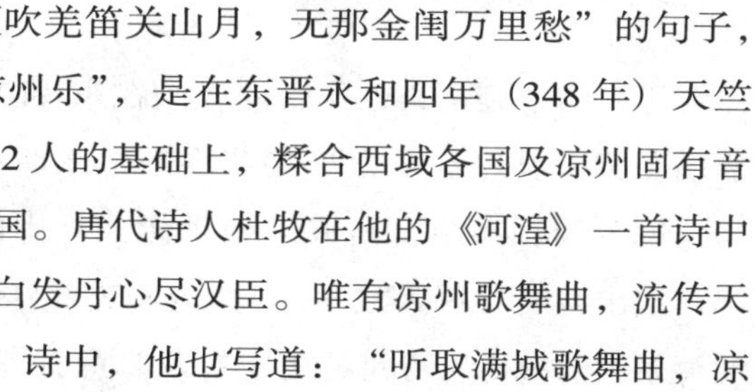
哈龙沟岩画

地，由西秦于建弘元年（420 年）初建，后经北魏建成的今刘家峡炳灵寺的石窟艺术中，可以看到魏晋南北朝时期河湟地区佛教艺术之一斑。比如石壁上的飞天，笔力挺拔，线条流畅。窟内佛龛近 30 个，佛像庄严肃穆，细眉大眼，鼻梁高隆，肢体健壮，造型古朴，具有西部人的特征。尤其是靠窟门处的一尊无量寿佛像，据专家论定，是鲜卑人的形象。北魏所建的 132 窟菩萨脚下的侏儒，造型细腻生动，表情活泼可亲，给人们留下了极其深刻的印象。除了佛教艺术而外，我国北方游牧民族居住过的地方，往往有岩画艺术的遗迹，青海牧区也是一样。刚察县吉尔孟地区哈龙沟的岩画，可为这一时期岩画的代表。哈龙岩画刻绘在两座相距 200 米左右的花岗石山崖上，共约 20 余幅。内容均为动物及其活动场面，有鹿、野牛、骆驼和鸟等。线条粗犷，形意逼真，虽经千余年风蚀雨侵，至今仍然大体清晰可辨，学术界认为其与鲜卑人在我国北方的岩画遗迹相似，当为青海湖滨乙弗鲜卑人的遗迹，其创作时间大约在东晋隆安四年（400 年）左右。另外，考古部门在都兰县热水乡察汉乌苏乡南岸露斯沟发现了一处摩崖石刻，有浮雕的立马，阴刻与浮雕结合凿成的坐佛像、立佛像等。专家认为其时代为公元 5~6 世纪，应出自吐谷浑人之手。[①]这处石刻技法古拙，所刻内容对研究吐谷浑与佛教的关系，佛教传入青海的史实有重要意义。

都兰露斯沟石刻

① 许新国：《露斯沟摩崖石刻图像考》，见《西陲之地与东西方文明》，燕山出版社 2006 年版，第 124~131 页。

第四章　隋唐时期的青海

第一节　隋对青海地区的统治

一、隋朝在青海设置郡县

北周大定元年（581年），杨坚建立了隋朝。从此，青海东北部以湟水流域为中心的地区归隋朝统治。开皇三年（583年），隋文帝杨坚对地方行政制度进行了改革，改州、郡、县三级为州、县两级制。青海东部河湟农业区在北周时有2州4郡7县，开皇三年合并设2州4县，即鄯州，辖西都、广威2县；廓州，辖河津、达化2县。其中西都县治今乐都，开皇十八年（598年）改为湟水县，辖今湟源县以东湟水流域各县地区；广威县至仁寿初（601年）改为化隆县，辖今化隆及其以西地区。大业三年（607年）改鄯州为西平郡，仍治湟水县，大业八年（612年）有3 118户。河津县治今贵德河阴，辖今贵德及其西南部分地区；达化县治今尖扎康杨一带，辖境约当今之尖扎、同仁和循化县西部地区。廓州于大业三年改称浇河郡，仍治河津县，大业八年有2 240户。此外，龙支县治今民和古鄯北古城，辖今民和县和甘肃永靖县西北部地区，隶属于河州（治今甘肃临夏市），大业八年约有2 000余户。

除了上述河湟地区外，今青海省内其他地区当时不属隋王朝直接管辖，而是党项等羌与吐谷浑的属地。炀帝大业五年（609年）灭吐谷浑，自西平临羌以西，且末以东，祁连山以南，雪山以北，尽为隋有。同年六月，隋在这片土地上新置西海、河源、鄯善、且末4郡。其中西海、河源2郡在今青海境内。西海郡治青海湖滨吐谷浑故都伏俟城，辖境相当于今海西州和海北、海南两州的部分地区，领宣德、威定二县，宣德县与郡同治，威定县约在今都兰县境。河源郡领赤水、远化 2 县，郡治和赤水县治约在今兴海夏塘一带，远化县治在曼头城，疑在今兴海县河卡乡东。河源郡辖今海南州、黄南州部分地区。西海、河源二郡所辖居民主要是吐谷浑人，还有内地迁来的罪犯等。

二、隋与吐谷浑的关系

吐谷浑自 5 世纪中叶以来势力渐趋强盛，隋初，陇右广大地区常常受到吐谷浑的骚扰。开皇元年（581 年），吐谷浑寇掠隋弘州（今甘肃临潭西）、凉州，隋文帝以弘州地旷人稀，因而废去。同年十一月，遣行军元帅安乐郡公元谐率贺娄子干、郭竣等数万人反击吐谷浑。文帝敕令元谐，出兵是为保边宁境，非开疆拓土，强调对吐谷浑晓之以德，使不扰边即可。这一方面是因为隋朝开国初，政治

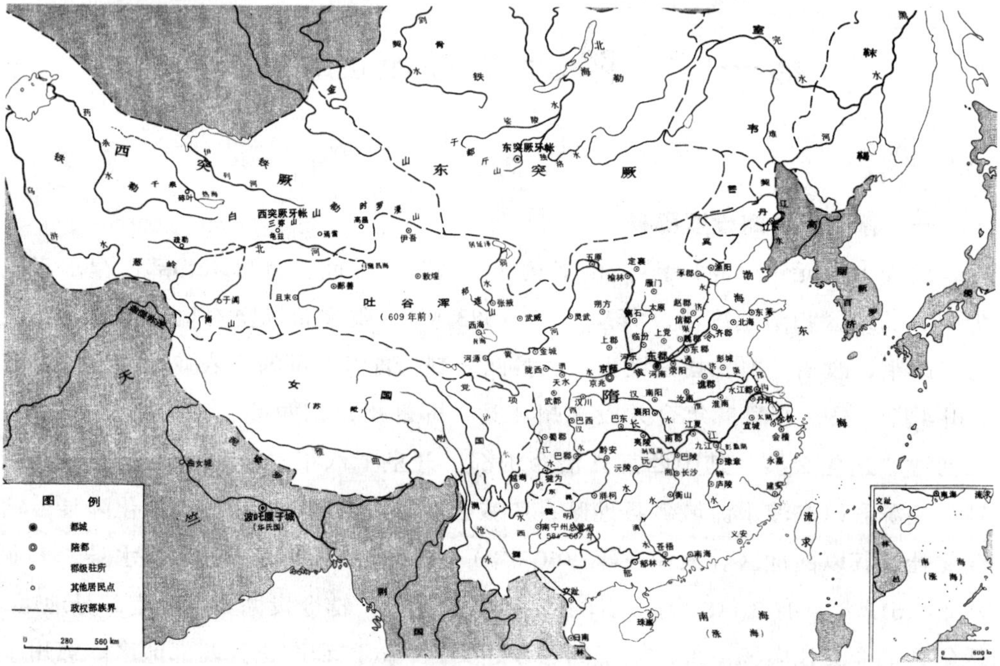

隋时期形势图（大业八年）

不够稳定，南方与陈朝对峙，北部有突厥的侵扰，在这种情况下，隋对吐谷浑主要采取守势，因此，对吐谷浑的反击是有节制的；另一方面也反映了文帝对少数民族的政策较注重以文德服人。吐谷浑得知隋军临境后，发全国之兵，自曼头城至树敦城（今共和县东南曲沟一带），甲骑不绝。元谐率军出鄯州，与吐谷浑定城王钟利房激战于丰利山（青海湖东南），吐谷浑败走。隋军继续向青海湖推进，又遇夸吕所遣太子可博汗率骑 5 万掩袭，复将其击败，夸吕远遁。于是元谐致书吐谷浑，“喻以祸福”，“晓示以德”，[①]其名王 17 人、公侯 13 人各率所部降隋，

① 《隋书》卷四〇《元谐传》。

隋拜素得众心的高宁王移兹裒为将军，封河南王，以统辖吐谷浑降众。

开皇二年（582年），吐谷浑复侵隋边，文帝命凉州刺史贺娄子干发鄯、廓等五州兵讨伐，历时二旬，杀吐谷浑万余人而还。开皇三年（583年），临洮、凉州、廓州、岷州等处又遭吐谷浑掠扰。

开皇四年（584年），吐谷浑国发生内乱。夸吕在位期间，多次因喜怒废杀太子。此次太子怕被废辱，谋执夸吕降隋。隋河间王杨弘奏请出兵接应，文帝未许，结果太子谋泄被杀。开皇六年（586年），太子嵬王诃怕被废诛，又谋率部降隋，请隋派兵迎接。文帝以忠孝仁义之道训谕嵬王，嵬王只好作罢。开皇九年（589年），隋军南下，一举灭陈，吐谷浑为之震动，夸吕于是逃遁。从此，双方进入和平交往阶段，使臣往返频繁。

开皇十六年（596年），隋文帝允吐谷浑请婚，以光化公主嫁与吐谷浑王世伏，命散骑常侍柳謇之送亲。隋与吐谷浑的联姻将双方友好关系推到一个高峰，对加强双方经济和文化的交流起了很大作用。开皇十七年（597年），吐谷浑国内大乱，国人杀世伏，立世伏弟伏允为王，依俗仍以光化公主为妻，从此“朝贡岁至”，隋与吐谷浑继续保持着和好关系。①

三、隋炀帝西巡

隋朝少数民族中较为强盛的是西突厥和吐谷浑，他们南北夹峙，拥遏中西陆路交通，危及河西走廊通道的安全，又不断侵扰沿边地区。开皇后期吐谷浑和隋保持和好关系，但双方边地仍时有冲突。炀帝继位，伏允遣太子顺赴朝，被留质长安。大业三四年间，吐谷浑又屡犯张掖。张掖太守阴世师曾亲自出击联合党项屡来寇掠的吐谷浑，长孙炽也曾率兵击走侵扰张掖的吐谷浑并追至青海。隋代处于我国长期分裂后重建大统一的时期，大业初，政权巩固，社会安定，生产发展，全国开始呈现出一派繁荣景象，具备了征服邻近少数民族政权的政治和物质条件。隋炀帝本人具有向外扩展的雄心，主张“混一戎夏”。适值西域商人多至张掖贸易，隋炀帝派吏部侍郎裴矩掌管这方面的事宜。裴矩通过胡商对西域情况作了一番调查，写了《西域图记》三卷，入朝奏报，引起隋炀帝极大兴趣。裴矩被召见时，又大讲“胡中多诸宝物，吐谷浑易可并吞”。于是隋炀帝“慨然慕秦皇、汉武之功”②，立意降服吐谷浑与突厥，交通西域，发展丝路贸易，招徕远方奇货。

大业四年（608年），隋炀帝遣司朝谒者崔君肃使西突厥，游说处罗可汗击吐谷浑。处罗可汗虽答应，但因臣隶于西突厥的铁勒反叛，无力出击。此时铁勒

① 《隋书》卷八十三《西域传·吐谷浑传》。

② 《资治通鉴》卷一八〇，大业三年条。

诸部立契弊歌棱为莫何可汗，势力逐渐强大，也曾攻掠隋河西等地，后又遣使“谢罪”于隋。隋炀帝即遣裴矩劝诱铁勒击吐谷浑以自效，于是，铁勒由西北方向入柴达木盆地，向吐谷浑发起进攻并击败了吐谷浑。伏允东逃，根本不知道隋炀帝已打定了要消灭自己的主意，还遣使向隋求救。隋炀帝乘机遣许国公宇文述屯兵临羌城，抚纳降附。又遣观王杨雄出兵浇河。吐谷浑见宇文述拥有强兵，恐遭不测，又西遁。宇文述率兵追击，连拔曼头、赤水二城，吐谷浑部落降者10万余口，伏允南走雪山，故地皆空。但隋军撤回后，伏允又复其故地。于是又有隋炀帝西巡之举。

大业五年（609年）三月，隋炀帝率百官、宫妃及各路大军从长安出发，跨陇山，经狄道（今甘肃临洮），四月二十七日出临津关（今甘肃积石山县大河家），渡黄河，至西平（今乐都），陈兵讲武、演习军事。五月九日，大猎于拔延山（属今拉脊山脉），长围周亘200里，以耀兵威。之后，经今西宁北上，十四日入长宁谷（今西宁北川），十六日度星岭（今大通县桥头镇西南中岭），十八日宴群臣于金山（今娘娘山），二十四日至浩门川。渡河时，因桥坏，杀朝散大夫黄亘及督役者9人。几天后渡桥修好过河。这时，吐谷浑王伏允率众据覆袁川（今门源县永安河谷一带），炀帝命内史元寿南屯金山，东西连营300余里；兵部尚书段文振北屯雪山（祁连山），东西连营300余里；太仆卿杨义屯琵琶峡（今门源朱固一带），连营80里；将军张寿屯泥岭（今祁连县俄博以南），欲将伏允围歼于覆袁川。伏允以金蝉脱壳之计率数十骑逃出重围，退保车我真山（泥岭以西），五月二十六日，隋炀帝派右屯卫大将军张定和率军攻车我真山，张定和轻敌上阵，中矢而死。其亚将柳武建击破吐谷浑。二十八日，吐谷浑仙头王被围，率男女十余万降隋。六月二日，隋炀帝遣梁默、李琼追伏允，均兵败被杀。后卫尉卿刘权出伊吾道.经柴达木沿布哈河南下，击败吐谷浑，破其伏俟城，伏允南奔，客居于党项，吐谷浑国亡。隋在吐谷浑故地置西海、河源、且末、鄯善四郡，发天下轻罪徒移居于此。其中除西海、河源两郡地在今日环湖地区和海南、黄南等地外，鄯善郡所辖显武、济远两县中的某一县，辖地包括今青海西部茫崖地区。

隋炀帝一行经大斗拔谷（今甘肃民乐县扁都口）前往张掖，又登燕支山（今甘肃山丹县大黄山），接见高昌、伊吾等西域27王及使者。七月八日，令置马牧于青海湖岛上以求龙种良马，后因无效而止。九月二十五日，车驾入长安，西巡结束。

隋灭吐谷浑国后，将留质在长安的伏允子慕容顺立为吐谷浑王，以降服的吐谷浑大宝王尼洛周为辅，派人送至玉门，令统吐谷浑余众。当慕容顺一行抵达西平时，尼洛周为部下所杀，慕容顺又退返长安。隋末，伏允又尽复故地，但其实力远非昔日强盛时可比。

隋炀帝西巡，成功地实现了征服吐谷浑，疏通丝绸之路，发展中西贸易的目的。隋炀帝继王莽在青海湖地区设西海郡之后在吐谷浑故地设置郡县，使中原封建王朝直接统辖地区伸向整个青海北半部，这对推进青海历史的发展也有重要意义。

第二节 唐在青海的军政建置及唐与吐谷浑的关系

一、唐在青海的行政与军事建置

隋末大乱，群雄逐鹿，河西陇右地区先后为地方割据势力薛举和李轨所占有。大业十三年（617年）四月，金城人薛举自称西秦霸王于兰州，建元“秦兴”，据有包括今青海东北部地区在内的陇右各地。七月，李轨自称凉王于凉州，建元“安乐”。九十月间，薛、李交战，李轨攻占甘、凉、鄯、廓等9州。武德二年（619年）五月，唐军平定李轨，甘凉九州入唐版图。

唐代政区制度大体沿隋而略有变化。太宗贞观元年（627年），按山川形势划检察区10道，青海东部地区属陇右道。陇右道初设时治鄯州（今乐都），景云二年（711年）析置河西道后，移治秦州（今甘肃天水西）。

武德二年（619年），唐在青海东部设鄯、廓二州。鄯州治今乐都，辖境基本上包括了整个湟水流域，初设时只辖二县，即湟水县和龙支县，高宗仪凤三年（678年）从湟水县中析置鄯城县。天宝初鄯州共有5 794户28 069口。湟水县治今乐都，辖区约为今平安、互助、乐都等县地区。鄯城县治今西宁市，辖区约为今西宁市及湟中、湟源和大通等县地。[①]龙支县治今民和县古鄯镇北古城，辖境大致为今民和县和甘肃永靖县西部地区。鄯州在玄宗天宝元年至肃宗至德二年（742~757年）间曾称西平郡，肃宗上元二年（761年）鄯州地陷吐蕃，龙支、鄯城二县隶河州。后于宣宗大中二至五年间（848~851年）收复。

廓州治今化隆县群科古城，辖境包括今拉脊山脉以南黄河两岸地区，领广威、达化、米川三县，天宝初有4 170户，29 722口。广威县在武德二年至景云

① 约天宝十三年，哥舒翰曾将鄯城县升为鄯城郡，辖临蕃（今湟中县多巴镇）等县。旋因安史之乱废。参见《全唐文》卷四二九，于邵《田司马传》。

二年（619~711 年）的 90 余年间沿隋旧置，称为化隆县，玄宗李隆基在位时，为避“隆”字讳，于先天元年（712 年）改为化成县。天宝元年（742 年）又改为广威县，辖境大致为今贵德县黄河以北部分和今化隆县的大部地区。达化县辖今贵德县河南部分、贵南县、尖扎县及同仁县的西部地区。米川县始设于贞观五年（631 年），隶属于米州，共五年（631~636 年），米州废，米川县改隶河州，共 19 年（636~655 年），治在今甘肃积石山县。永徽六年（655 年），西迁到今化隆县甘都，从此归廓州管辖。米川县辖区大致为今甘肃积石山县、青海尖扎县东部、化隆县东南部及循化地区。廓州在天宝元年至至德二年（742~757 年）间曾称宁塞郡，广德元年（763 年）地陷吐蕃，后于大中二至五年（848~851 年）间收复。

天宝十二年（753 年），哥舒翰收复黄河九曲之地，次年七月，置洮阳、浇河二郡。洮阳郡治今甘肃碌曲县一带，辖今青海黄南州部分地区。浇河郡辖今海南州东部地区。至德元年（756 年）地入吐蕃。

西石峡烽燧

青海东部多民族杂居，经济、文化相对落后，但作为唐帝国的西陲边地，先后直接与吐谷浑和吐蕃接壤，战略地位十分重要，因此，朝廷重视对河湟地区的统治，除了设立行政建置，选派内地有经验的官吏充任鄯、廓等州及各县的行政官员，以加强对当地的封建统治外，还十分重视在这一地区的军事建设。

唐初，鄯、廓二州在军事上隶兰州都督府管。高宗显庆元年（656 年），兰州都督府辖鄯、廓、兰、河四州军事。开元二年（714 年）置陇右节度使，驻节鄯州，额设驻军 7.5 万人，备御吐蕃。陆续增设或改置了一些军事单位，其中主要的有：临洮军（在今乐都）、河源军（在今西宁）、镇西军（在今循化县东）、安人军（在今海晏县，一说在今大通县或湟源县西）、积石军（在今贵德县）、白水军（在今湟源县）、振武军（在今湟源县日月乡）、威戎军（在今门源县）、绥和守捉（在今贵德县尕让乡）、合川守捉（在今化隆县甘都）、宁塞军（在今化隆县群科镇）、临蕃城（在今湟中县多巴镇）等。

二、唐与吐谷浑的关系和吐谷浑的灭亡

隋大业末，吐谷浑复兴。唐武德二年（619 年），为了灭李轨，取河西，高祖李渊遣使约吐谷浑夹击李轨。伏允出兵击李轨于库门，事后多次遣使请遣隋时

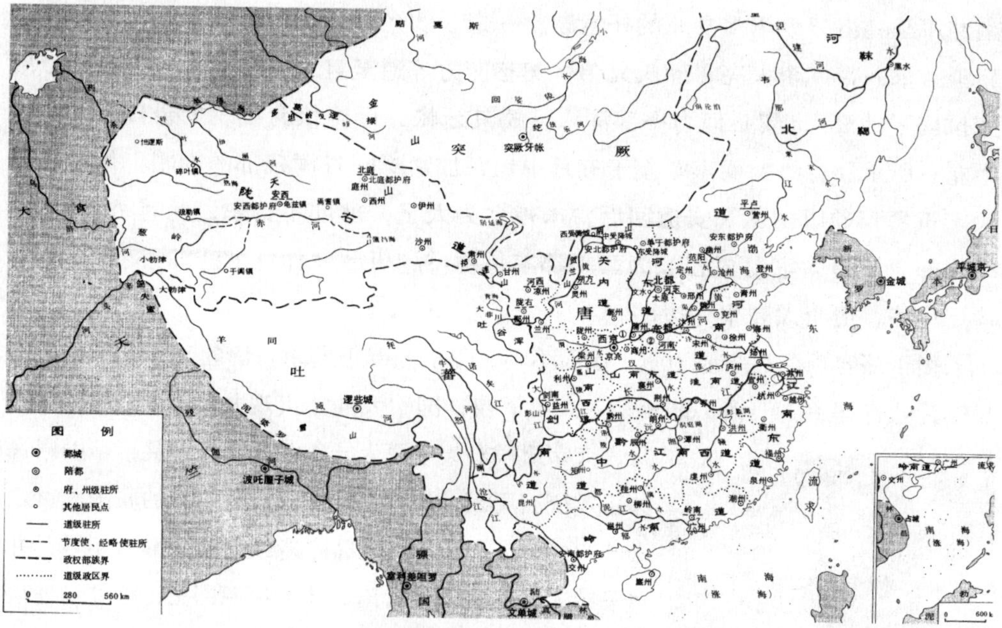

唐时期形势图(开元二十九年)

留质长安的慕容顺回归，高祖即放慕容顺返回吐谷浑。此后至太宗贞观八年(634 年)，吐谷浑一方面不断遣使至唐，建立互市关系，另一方面频繁侵扰唐西部边境，阻碍西域通道。贞观元年（627 年），吐谷浑王伏允遣使向唐朝贡，使者尚未返回，吐谷浑又大掠鄯州。唐太宗李世民遣使责问伏允，并召其入朝，伏允称疾未去，却派人为其子尊王请婚。唐太宗许婚，要求其子亲至京师迎娶，尊王又称疾不肯入朝。贞观八年，吐谷浑攻掠凉州，鄯州刺史李玄运提出袭击吐谷浑环湖地区，夺取吐谷浑良马的主张，唐太宗便派左骁卫大将军段志玄等率军进击，伏允尽驱牧马逃遁，段志玄亚将李君羡从另道追吐谷浑于青海南悬水镇（今共和县境），虏牛羊 2 万余头而还。贞观初年以来，吐谷浑不断寇掠唐边，唐朝处于被动防御地位。随着唐朝生产的恢复与发展，国力日渐强盛，具备了讨伐吐谷浑，扫除中西陆路交通障碍的条件。贞观八年（634 年）十一月，适逢吐谷浑又寇凉州，并拘唐行人鸿胪丞赵德楷、安侯等，太宗遣使十余次，伏允仍不放还。这一事件成了唐朝发动对吐谷浑战争的导火线。十二月，唐派检校特进李靖为西海道行军大总管，兵部尚书侯君集为积石道行军总管，任城王李道宗为鄯善道行军总管，胶东郡公李道彦为赤水道行军总管，凉州都督李大亮为且末道行军总管，利州刺史高甑生为盐泽道行军总管，对吐谷浑大张挞伐。贞观九年（635 年）闰四月，唐军在青海湖东南一带发动了进攻，吐谷浑败遁，唐军兵分两路：李靖率李大亮，薛万均、薛万彻兄弟，契苾何力等由北路，出其右；侯君集、李道宗等由南路，出其左，追击吐谷浑。北路军至河源地区（今海南州西南部），南路军至乌海（今玛多县北的托索湖）一带。伏允又西遁，经柴达木盆地前往今新疆且末一带。李大亮、薛氏兄弟、契苾何力等追至且末，伏允逃入突伦碛（塔克拉玛干沙漠），契苾何力率部深入，捣其牙帐，俘虏伏允妻。十余日后，伏允为左右所杀。青海方面李靖军于五月中旬，加紧对吐谷浑残部的围剿。伏允长子大宁王慕容顺唐初从长安遣回后，未被立为太子，郁郁不得志，此时杀天柱王，举国降唐。唐太宗封慕容顺为西平郡王，称“趉胡吕乌甘豆可汗”。又恐其不能稳定局势，遣李大亮率兵援助。

由于慕容顺久在中原为质，国人不附，很快被部下所杀。唐朝又立其子燕王诺曷钵为吐谷浑主。但诺曷钵年幼，大臣争权，国中大乱。贞观九年（635 年）十二月，太宗遣侯君集率军入吐谷浑，平息动乱，帮助诺曷钵稳定统治局面。从此，吐谷浑成为唐朝的属国。贞观十年（636 年）三月，诺曷钵请颁唐历，奉唐年号，并遣子弟入侍。唐太宗封诺曷钵为河源郡王，称“乌地也拔勒豆可汗”。十二月，诺曷钵亲自到长安觐见，并请婚，唐太宗以宗室女弘化公主许之。次年，吐谷浑又献大批马牛羊。贞观十三年（639 年）十二月，诺曷钵至京师，迎公主。十四年（640 年）二月，太宗陪送大量珍贵妆奁，遣左骁卫将军、淮阳王李道明送亲。从此，吐谷浑与唐朝的关系日益亲密。

唐弘化公主像

贞观十五年（641 年），吐谷浑丞相宣王专权跋扈，阴谋夺权，企图以祭山神为名，袭击弘化公主，挟持诺曷钵投降吐蕃。诺曷钵得知宣王阴谋后与弘化公主奔鄯城（今西宁），由其威信王率部迎护。唐鄯州刺史杜凤举遣果毅都尉席君买，与吐谷浑威信王联合击败宣王，杀其兄弟 3 人。这一事件引起吐谷浑国内纷乱，唐廷又派吏部尚书唐俭、中书舍人马周持节抚慰。

唐西平公主墓志

高宗李治继位后，封诺曷钵为驸马都尉。永徽二年（651 年），诺曷钵遣使献骏马。三年，弘化公主请求入朝，高宗遣左骁卫将军鲜于匡济迎公主，十一月，公主与诺曷钵同到长安谒见高宗，这是唐朝远嫁边疆少数民族地区的 10 多位公主中，唯一回过长安的一位，高宗优礼相待，又以宗室女金城县主嫁诺曷钵长子慕容忠（苏度摸末），并封慕容忠为左领军卫大将军。

当时，吐蕃正处在向外扩张时期，其向东北发展的矛头便指向吐谷浑。显庆五年（660 年），吐蕃开始大举进攻吐谷浑。吐谷浑向唐求救，但高宗并没有派军支援。到龙朔三年（663 年），吐蕃大论（丞相）禄东赞率大军进攻吐谷浑，吐谷浑内部亲吐蕃的大臣素和贵投奔吐蕃，吐蕃军队击溃了吐谷浑。诺曷钵及弘化公主等数千帐，逃至凉州求救。高宗命凉州都督郑仁泰为青海道行军大总管，率将军独孤卿云等屯驻凉州、鄯州一带，以左武侯大将军苏定方为安集大使，节度诸将。当年十一月，郑仁泰病死，苏定方按照高宗的方针进行调解，试图使蕃、浑两族和睦相处，没有采取有效措施及时救助吐谷浑，结果，立国 350 多年的吐谷浑终于被吐蕃攻灭。

吐蕃占领吐谷浑属地后，于麟德二年（665 年）遣使向唐表示要与吐谷浑和好，但却要求在赤水（今兴海县境）畜牧。这种迫唐承认其兼并吐谷浑领土的要求，遭到了唐朝的拒绝。咸亨元年（670 年），吐蕃军队进攻今新疆地区的焉耆、龟兹、疏勒、于阗四镇，于是安西四镇并废，唐在西域的统治发生动摇。在这样的情况下，唐朝决定对吐蕃的进攻进行大规模的反击。遂以右威卫大将军薛仁贵为逻娑道行军大总管，左卫员外大将军阿史那道真、左卫将军郭待封为副，讨伐吐蕃，企图一举击败吐蕃，并帮助吐谷浑王重返青海。薛仁贵率军 10 万，至大非川（今海南州兴海县大河坝地区），留郭待封守辎重，嘱其不可轻离，自率主力进攻乌海（今托索湖）。兵至河口，突袭吐蕃获胜。郭待封违令率辎重随后继进，遭吐蕃围攻，军粮辎重全部丧失。薛仁贵退军屯于大非川，在吐蕃号称四十万大军的围攻下，唐军败覆。薛仁贵与吐蕃将领钦陵约和，将士放还。著名的大非川之战以唐军惨败而告终，从此吐蕃进一步巩固了对吐谷浑辖地的占领。吐谷浑依靠唐朝力量复国的希望破灭。

吐谷浑亡国后，唐朝对吐谷浑王室及部众作了安置。咸亨三年（672 年），将吐谷浑王室及其部分部族迁至浩亹水（今大通河）南。诺曷钵因吐蕃势力强盛，鄯州地方狭小，不能安居，请求内迁。于是唐又将诺曷钵部迁至灵州（治今宁夏灵武南）境，置安乐州（在今宁夏中卫县境），以诺曷钵为刺史，后来又增置长乐州（在今宁夏同心县境）。吐谷浑虽然离开了青海，但其王族从诺曷钵起代代被唐封为“青海王”，唐德宗贞元十四年（798 年）仍封慕容复为青海国王、可汗，直到慕容复死后才停封。

吐谷浑除王族和一部分部落被唐东迁外，还有一部分被安置在河西走廊靠近祁连山的地方以及祁连山南的大通河流域。唐朝为此还专门设置了一个羁縻府，即阁门府，隶于凉州都督府。

第三节　唐蕃关系与吐蕃对青海的占领

一、唐公主途经青海入蕃联姻

早在6世纪末，西藏山南地区雅隆鹘提悉补野部就已建立了一个早期的奴隶制政权，汉文史料一般称其为“吐蕃”。7世纪初，吐蕃赞普囊日论赞次第兼并了周围的部落。公元629年（唐贞观三年），囊日论赞被叛臣置毒暗害，吐蕃发生内乱。囊日论赞的儿子松赞干布继位后，平定了叛乱，随后迁都逻些（拉萨）。在稳定了内部以后，又征服了北方的苏毗、羊同和西方的象雄等部，逐步统一了西藏高原，并采取加强王权、制定刑律、建立军队、确定官制等一系列措施，使吐蕃成为强盛的奴隶制国家。

贞观八年（634年），松赞干布首次遣使入唐通好。唐派行人冯德遐回访。到贞观十年（636年），唐帝国已先后击破东突厥和吐谷浑，声威远播。突厥、吐谷浑等均与唐修好通婚，松赞干布也提出同样的请求。唐太宗对吐蕃的通婚要求婉言谢绝。吐蕃认为请婚不成是吐谷浑离间所致，并以此为借口，袭击吐谷浑，吐谷浑一度退避于青海湖北。贞观十二年（638年），吐蕃占领党项故地后，东侵唐边防重镇松州（今四川松潘），遭到唐军坚决反击，于是，在撤军的同时遣使请婚。唐太宗决定将宗室女文成公主嫁松赞干布。贞观十四年（640年），吐蕃大论禄东赞到长安迎亲。次年正月，唐派礼部尚书江夏王李道宗持节护送文成公主前往吐蕃。文成公主一行途经赤岭（今日月山）作过短暂停留。民间流传着这样一个故事：文成公主行至赤岭，知将出境，留恋故土，拿出皇后所赐的“日月宝镜”，照看长安景色，不觉伤心流泪。但想到身负联姻通好的重任，便果断地把日月宝镜甩下赤岭东坡，前往逻些。从此赤岭改名为日月山。

当文成公主一行经过吐谷浑地时，受到吐谷浑王和弘化公主的热烈欢迎。文成公主在今共和县境内住过的行馆，当地人民长期称之为“公主佛堂”。吐蕃赞普松赞干布率兵亲至柏海（今扎陵湖、鄂陵湖）迎候文成公主。公主到达逻些，受到吐蕃臣民的隆重欢迎。松赞干布还为公主专门修筑了宫室。从此唐蕃往来频繁，和好不绝。文成公主入蕃，带去不少医药、生产技术等方面的书籍，还有谷物和

文成公主入藏图

蔬菜籽种以及精致的手工业品等。随文成公主入蕃的汉族工匠，不但带去了酿酒、制磨和造纸等工艺，而且也带去了冶金、农具制造、纺织、建筑、制陶等技术。养蚕的方法也传到吐蕃。这些先进的生产技术，不仅对西藏，而且对当时青海南部地区生产的发展，也起了推动作用。据传，入蕃工匠沿途留连刻石，今玉树县南25公里巴塘山的白满都沟石岩峭壁上，尚存当时所凿的佛像。当地有文成公主途经此地教导人们种植农作物的传说。文成公主是汉藏民族团结友好的先驱，多年来，藏区广泛流传着有关文成公主的优美传说。人们为了纪念这位为汉藏两大民族友好团结做出过重要贡献的公主，将她的事迹搬上了舞台。作为八大藏戏之一的《文成公主》在藏族地区可以说是家喻户晓，人人皆知。

文成公主庙

景龙三年（709年），唐朝又将宗室雍王李守礼的女儿封为金城公主，许嫁吐蕃赞普墀德祖赞。当年，吐蕃派尚赞咄、名悉腊等前往长安迎接公主。景龙四年（710年）正月，唐朝派左骁卫大将军杨矩为送亲专使，护送金城公主，取道青海，前往逻些。随金城公主入蕃的人员中包括各种技艺工匠，金城公主还带去各种锦缯数万匹，以及龟兹乐等。金城公主继文成公主之后入蕃和亲，对于促进唐蕃经济和文化的交流，具有同样重要的意义。与此同时，吐蕃文化对唐也产生了一些影响，如马球传入长安，丰富了唐宫廷的文化生活，也为中原地区的体育运动增添了一个新的项目。

二、唐军抗击吐蕃北进

唐蕃和亲，为汉藏两族人民的友好往来奠定了基础。自公元634年（唐太宗贞观八年）到公元846年（唐武宗会昌六年）的两个多世纪中，据不完全统计，唐朝出使吐蕃66次，吐蕃出使唐朝125次。说明唐蕃双方的关系基本是以和好为主的。但也无须否认，由于唐蕃为了各自的利益和需要，双方的战争也是频繁的。其中，许多次就发生在今青海境内。

松赞干布时期，吐蕃已渐强盛，松赞干布之后，继任赞普年幼，大相禄东赞专掌国政，推动吐蕃进入更加强盛的阶段。为了取得新的土地、奴隶和财富，吐蕃政权开始向外大肆扩张。唐仪凤元年（676年），吐蕃进攻鄯、廓等州，当时唐在青海境内尚未设置军镇，驻兵有限。仪凤三年（678年），唐朝任命中书令李敬玄为洮河道行军大总管讨伐吐蕃，先战于龙支，击败吐蕃。再战于青海湖北，唐军大败，工部尚书刘审礼被俘，李敬玄在左领军将军黑齿常之的奋力救护下，幸免于难。调露元年（679 年）吐蕃赞普死，器弩悉弄 8 岁继位，论钦陵（禄东赞长子）代摄国政，使诸弟居外将兵，分据方面。永隆元年（680 年），论赞婆率兵 3 万攻河源军（今西宁），李敬玄迎战湟川，又遭失败。黑齿常之以精骑 3 000 人夜捣论赞婆营寨，论赞婆惊惧，蕃兵退去。唐朝擢黑齿常之为河源军经略大使，并加强防守，广开屯田，论赞婆多次进攻都被击败，吐蕃锐气稍挫。

武则天圣历元年（698 年）冬，吐蕃赞普除去专擅国政连年用兵的论钦陵，次年夏，赞婆率千余人和论钦陵子论弓仁率吐谷浑 7 000 帐降唐。武则天封论赞婆为特进、归德王，封论弓仁为郡公，使率众为唐守边。论赞婆领所部兵戍守河源。中宗时，金城公主嫁往吐蕃，鄯州都督杨矩接受吐蕃厚赂，上表请将九曲之地（今海南州和黄南州部分地区）作为金城公主的汤沐邑，得到允许。吐蕃取得九曲之地后，在黄河上架桥，并在今海南州境内置独山、九曲两军。开元二年（714 年），吐蕃要求会盟，商定国界，唐玄宗派左散骑常侍解琬莅盟。未及商谈，吐蕃相坌达延率兵 10 万又掠临洮，攻兰、渭。唐朝派兵反击，拔去独山、九曲两军，撤除黄河桥，唐蕃对峙大体以黄河为界。

此后，吐蕃又进一步向北扩张，占领了青海环湖地区，唐军退守日月山一线，双方关系又趋紧张。开元十八年（730 年），唐玄宗派皇甫维明前往吐蕃，申明愿修旧好。吐蕃赞普亦派使者名悉腊前往长安，表达赞普的诚意。开元十九年（731 年），吐蕃请求以赤岭为界，互市于甘松岭（今四川松潘西北），唐朝应允以赤岭为界，并在赤岭就地互市。开元二十二年（734 年），唐派金吾将军李佺前往赤岭监督划界树碑。赤岭碑文或日月山口碑文明确提到：“舅甥修其旧好，同为一家”。双方除以赤岭为界外，其他地方依旧界，并规定设置哨所和通

日月山口

道。吐蕃表示不侵河、湟，不掠牛马不践踏庄稼，唐表示不袭击吐蕃的城塞和部落，不阻断吐蕃的通路。双方保证“不以兵强而害义，不以为利而弃言”①。但好景不长，赤岭竖碑后两年，吐蕃不顾唐廷的劝阻，于开元二十四年（736年），西攻小勃律。开元二十五年（737年）唐傔史孙诲和宦官赵惠琮至凉州，乘吐蕃无备，矫诏河西节度使崔希逸突袭吐蕃于青海湖滨，吐蕃损失惨重，次年吐蕃便发兵攻河西，双方又开战端，赤岭界碑遂毁。

唐蕃分界碑(残)

开元二十九年（741年），金城公主去世，吐蕃遣使告丧，同时请求恢复和好。唐朝未予答应。此后，吐蕃出动重兵攻唐承风堡（今拉脊山脉）一线，深入今西宁、湟源、海晏县境一带，被唐军击退。吐蕃又袭击廓州，并攻破振武军（在今湟源县西南）。振武军是唐帝国西部边防前哨，其西赤岭东侧重要阵地石堡城，三面悬崖绝壁，仅一面有盘旋石路可上。石堡城失陷，吐蕃进入“塞内”，从此每年麦熟季节，总要到唐积石军（今贵德县）等屯区夺麦，唐军难以阻止。天宝六年（747年），陇右节度副使、河源军使哥舒翰设伏全歼了吐蕃夺麦士兵5000余骑，此后，吐蕃夺麦之举方有收敛。次年，哥舒翰在青海湖北增设神威军，又在青海湖区筑应龙城，吐蕃屏迹不敢近青海。天宝八年（749年），唐玄宗命陇右节度使哥舒翰强攻石堡城，唐兵死亡数万，付出沉重的代价后攻占该城，更名神武军（后又改为天威军）。②石堡城战役之后，在唐蕃长期对峙的战略态势中，唐方由原来的守势渐渐变为军事上的攻势。天宝九年（750年），关西游弈使王难得破吐蕃，收其五桥，又破树敦城。天宝十二年（753年），哥舒翰拔吐蕃洪济城（今龙羊峡口），大漠门城（今共和县东南），次年置洮阳郡和浇河郡，并增置宁边军（今贵德县境）、威胜军（今贵南县境）、金天军（今共和县东）、曜武军（今同仁县境）、武宁军（今贵

唐石堡城位置——大小方台

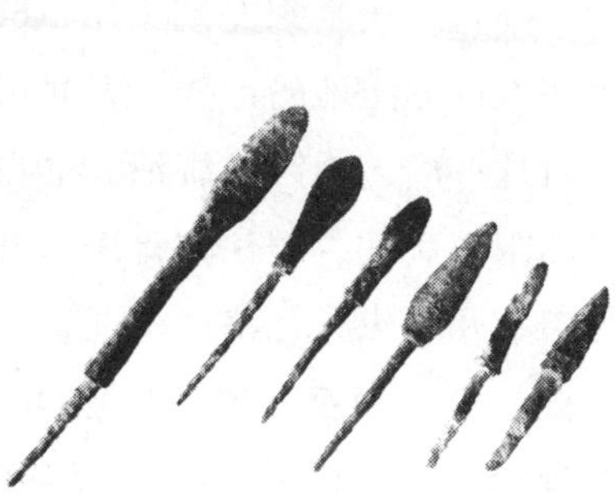

石堡城出土的箭镞

① 《册府元龟》卷九十九《外臣部·和亲》注。

② 参见王昱：《石堡城唐蕃争夺战及其方位》，《青海社会科学》2010年第6期。

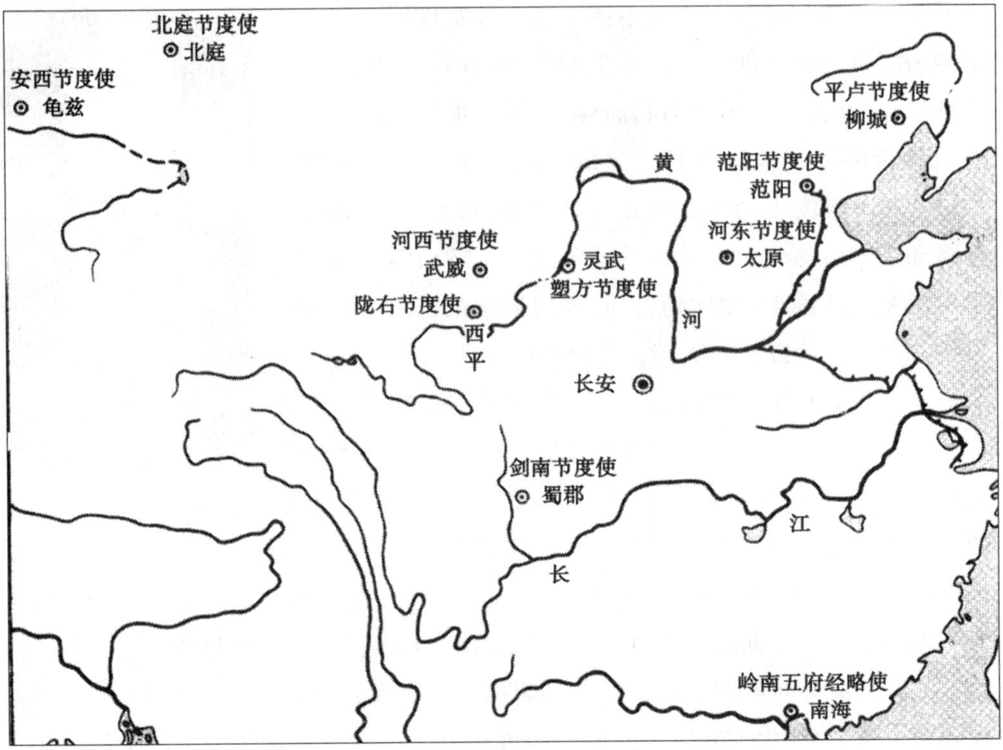

唐节度使图

南县境）、振威军（今同仁县境）。天宝十四年（755 年），安史之乱发生，哥舒翰率河西陇右两镇精兵东守潼关，西部边境因此空虚。吐蕃乘机攻取了今青海东部、甘肃大部及剑南西川边境的大片土地，不到一年，自凤翔以西，邠州以北，均被吐蕃占领。代宗广德元年（763 年），吐蕃军队还曾攻占长安达 15 天。

三、吐蕃占领后的青海

吐蕃从唐高宗龙朔三年（663 年）攻灭吐谷浑起，就开始了对河湟地区以外青海大部分土地的占领。大非川之役后，唐军失去了反攻能力，吐蕃进一步巩固了对这一广大地区的统治。早在贞观初，居住在今四川西北地区的党项羌细封等部归附了唐朝，居住在青海东南部的党项拓跋部首领拓跋赤辞依附于吐谷浑，后为唐廓州刺史久且洛生击溃，拓跋赤辞被迫降唐。唐授赤辞为西戎州都督，赐姓李氏，自此职贡不绝。后遭吐蕃侵扰，党项请迁内地，唐在庆州（今甘肃庆阳）置静边等州予以安置。此后党项又被转移到今陕北和宁夏等地，10 世纪末，党项发展壮大，建立了西夏。而留居故地者成了吐蕃部属，吐蕃称其为“弭药”。青海境内还有黑党项，居赤水之西；雪山党项，居今阿尼玛卿雪山之下，他们与春桑、白狗、白兰等羌，自龙朔（661~663 年）以后，全都隶属于吐蕃。吐蕃作为青海广大牧区新的统治者，定期向被奴役的吐谷浑人和党项等羌人部落索取贡赋，征集粮草、马匹，并征调他们服兵役，为吐蕃打仗。对吐谷浑贵族则极力笼络，委任以将帅甚至大论的职位，使其为吐蕃贵族服务。

面对唐朝方面在沿边设置的军镇设施，吐蕃方面也设置了不少军事单位，与唐军对峙。见于汉文记载的如在今青海贵南等县设置的独山军、九曲军，在青海湖北设置的渔海军、游奕军，其他还有大岭军、青海军等。此外，还设有若干城，如铁仞城（即石堡城）、新城（今门源县金巴台古城，被唐夺取后置威戎军）、雕窠城（唐夺取后置振威军）、洪济城、大漠门城等。安史之乱后，吐蕃攻取唐朝河陇地区，也仿唐制设立节度使进行统治。其名称见于记载的如鄯州节度使（治今乐都）、青海节度使、腊（一作猎）城节度使等。还仿唐屯田之制，在占领区屯耕屯牧。

吐蕃将河陇地区50万唐人"以为非族类也，无贤愚，莫敢任者，悉以为婢仆"[①]。这些汉族奴仆在吐蕃驱迫监督之下放牧或耕作，处境十分悲惨。吐蕃统治者强迫汉人改着吐蕃服装，每年正月初一祭祖，才允许换着唐服一次。从德宗贞元四年（788年）以后，吐蕃进攻今陕甘地区唐境时，驱迫统治区内汉族壮丁在前作战，留其眷属于后方作为人质，参加农牧业生产。安史之乱前，河西陇右地区曾是唐朝经济发达地区之一，吐蕃占领初期，这里的生产还能继续维持，后来由于战争频繁，生产遭到极大破坏，使这一带地旷人稀，呈现出一派荒败景象。

9世纪初，吐蕃内部趋于分裂，加上藏传佛教在吐蕃兴起，社会矛盾加深，导致国力衰弱。唐穆宗长庆元年（821年），吐蕃接连遣使请和，于是穆宗命宰相及大臣17人与吐蕃使论纳罗在长安西郊会盟，唐承认吐蕃占有河陇，吐蕃承诺不再扰唐边境。次年，唐派大理卿刘元鼎为会盟使，前往逻些参加隆重的会盟仪式，树立了著名的"长庆会盟碑"（现存拉萨大昭寺）。这次会盟反映了唐蕃民众希望和好、厌恶战争的共同愿望。但是，留在河陇的数十万唐人仍然盼望唐军收复河湟，将他们从被奴役中解脱出来。而此时的唐王朝已经无力收复失地。唐武宗会

唐蕃"长庆会盟碑"

① 《资治通鉴》卷二二六，建中元年四月条《考异》引《建中实录》。

昌二年（842年），吐蕃赞普达磨被杀，王室分裂，贵族权臣自相火并，河陇诸将开始内讧。占领今甘肃中南部地区的吐蕃洛门川讨击使论恐热与吐蕃鄯州节度使尚婢婢为争夺河陇地区统治权而展开了激烈的斗争。会昌四年（844年），恐热发兵袭击尚婢婢，尚婢婢分兵五路击败论恐热，论恐热率百余骑突围走保薄寒山，余众投降尚婢婢。此后，论恐热又起，焚掠河西鄯、廓等八州，"杀其丁壮，劓刖其羸老及妇人，以槊贯婴儿为戏，焚其室庐，五千里间，赤地殆尽"[①]。吐蕃将领互相混战，对河陇地区造成极大破坏，吐蕃人力财力也有很大损耗，河陇民众乘机发动了起义。大中二年（848年），张议潮在沙州首先揭竿，包括河湟地区在内的各族人民纷起响应，三年来陆续收复沙、瓜、伊、西、甘、肃、兰、鄯、河、岷、廓十一州，大中五年（851年），遣使奉十一州图籍入唐向宣宗报捷，河湟地区复归唐有。但论恐热仍盘踞于廓州一带，咸通七年（866年），鄯州城使张季颙曾击败论恐热。不久回鹘首领与论恐热大战，十月，拓跋怀光入廓州杀论恐热，至此，吐蕃对青海东北部地区的统治方告结束。

张议潮被唐任命为归义军节度使，管辖瓜、沙等十一州地区。依靠汉、蕃两族民众，曾进行了长期的守土斗争。但张氏政权对河湟地区的控制比较薄弱。咸通十三年（872年）张议潮死，其侄、婿、女、孙争夺权位，互相混战20余年，管辖范围日益缩小，终于失去了对青海东部地区的控制。

吐蕃出军打仗，富家豪族都带有随军奴隶，这些奴隶平时散处耕牧，战时随主征战。论恐热等吐蕃将领混战时，奴仆与主相失者很多，他们自相啸聚为部落，散处在甘、肃、瓜、沙、廓、河、渭、岷、叠、宕等州，号为"嗢末"或"浑末"，吐蕃平民也有加入这种部落的。到大中十一年（857年）时，有的嗢末部已聚有万帐之众。咸通三年（862年），嗢末首次向唐入贡。咸通十年（869年），吐蕃全境爆发了一次大规模的"平民奴隶大暴动"，甘青地区的嗢末也乘机暴动，从此，河湟地区在很长一段时间中处于嗢末的控制之下。

吐蕃占领青海后，这里原有的汉、羌、鲜卑等族人民在同吐蕃人民长期杂居交往中，互相吸收，互相影响，逐渐融入蕃族。"去年中国养子孙，今著毡裘学胡语"[②]，"蕃人旧日不耕犁，相学如今种禾黍"[③]。这些唐人的诗句如实反映了晚唐时期河湟地区民族交流和融合的历史现象。

唐末五代，青海地区处在分散的地方割据势力和大小宗教首领的统治下，与

① 《资治通鉴》卷二四九，宣宗大中四年秋八月。

② 张籍：《陇头行》。

③ 王建：《凉州行》。

中原地区接触很少。《宋史·吐蕃传》载："其国自衰弱，种族分散，大者数千家，小者数百家，无复统一矣。"五代时见于记载的出使后梁、后唐、后汉等政权的"吐蕃"，如后唐明宗长兴三年（932年）吐蕃遣使至洛阳朝贡，后汉隐帝乾祐元年（948年），吐蕃遣使至大梁献方物，俱系割据某一地区的部落或部落联盟。统一的吐蕃政权，已不复存在。

第四节　隋唐时期青海的经济与文化

一、隋唐在青海重开屯田

隋初，因突厥犯塞，吐谷浑寇边，隋朝在长城以北大兴屯田的同时，又在包括河湟地区在内的整个河西地区"勒百姓立堡，营田积谷"。由于当时边境不宁，屯田成效不大，渐次罢废。[①]大业五年（609年），隋炀帝令刘权在积石镇大开屯田，并遣天下罪人配为戍卒。据靳玄生在20世纪30年代考察，今共和县境黄河沿岸、沙珠玉、切吉和兴海县大河坝河流域以及贵南、同德等县的黄河两岸一带，均有古代屯田遗迹，"田亩隐隐，一望皆是"[②]。其中有些地方返农为牧的年代已久，但古代农田痕迹至今依稀可辨。河源郡建立之前，这里依次为羌人、吐谷浑属地，经营农业的规模十分有限。隋代在黄河上游实行屯田约六七年，其结果使这一地区的农业生产资源在短时期内得到了大规模的开发。屯卒将不少荒坡、榛莽之区辟为农田，还凿山修渠，其工程之大，"惊绝后人"。其中一些农田及渠道一直沿用至今。

唐代湟水流域的屯田，是在吐蕃咄咄逼人的攻势面前，为了增加兵力，省转输之劳而兴办的。永隆元年（680年），黑齿常之任河源军经略大使，在湟水流域开屯田5 000余顷，每年产量高达100余万石，平均亩产两石（约合182市斤），规模和效益都相当可观。"由是食衍士精，戍逻有备"[③]。武后天授初，当河源军、积石军屯田丰收时，武则天曾下书慰劳河源军司马并知营田事娄师德。玄宗开元二十一年（733年）左右，青海境内屯田分布情况是：临洮军30屯，

① 《隋书》卷五十三《贺娄子干传》。

② 靳玄生：《青海的历史古迹》，《西北论衡》6卷6期，1938年。

③ 《新唐书》卷一一〇《黑齿常之传》。

河源军28屯，安人军11屯，白水军10屯，积石军12屯，绥和守捉3屯，鄯州6屯，廓州4屯。[①]屯田遍布今海东农业区各县。每屯以50顷计，屯田面积大体上仍保持5 000余顷之数。有唐一代，河湟地区屯田前后延续约60年，其发展也是不平衡的。屯田初兴时产量很高，但后来屯田面积和产量都有下降。天宝八年（749年），陇右道屯田收入只有440 902石。[②]

唐初屯田有一套较为严密的管理制度，从中央到基层都有专人管理督察。屯田基本单位是“屯”，设有屯官、屯副，各边军屯由节度使总领。唐边兵在戍守的同时，在驻地附近耕种10亩或略多于此数的土地，官府依据他们屯种的产量所达到的等级，分别予以奖惩。黑齿常之所主持的屯田居然达到平均亩产两石，这在当时中原地区也算中高水平。当是修浚渠道，改善农业生产条件，采用先进技术耕作的结果。由于实行屯田和其他措施，带动了社会经济的迅速发展，使河陇地区一跃成为天下富庶的地区之一。《资治通鉴》卷二一六载，天宝十二年，“是时中国强盛，自安远门西尽唐境万二千里，闾阎相望，桑麻翳野，天下称富庶者无如陇右”。这对唐帝国在青海境内构成抵御吐蕃的坚固防线，屏障关陇，巩固西域通道起了重要作用。

二、隋唐与吐谷浑、吐蕃互市

隋唐时期，河湟地区以农业经济为主，吐谷浑、党项诸羌（后来归吐蕃所辖）地区以畜牧业经济为主。吐谷浑游牧经济中，养马业最发达，著名的骏异良马“青海骢”，是吐谷浑的主要贡物。除马以外，还有牦牛、羊、骆驼、骡等。牧业经济与农业经济有着互相依存的关系，二者互通有无的交换势在必行。河湟地区盛产的粮食以及中原的丝绸、布帛、手工业品等，历来是牧区所需之物；牧区的畜产品也素为青海东部和中原所欢迎。吐谷浑与隋、唐都曾有过长期的互市关系，承风戍（今贵德县尕让乡千户庄一带）曾是隋代互市之地。[③]武德八年（625年），吐谷浑请求与唐朝在承风戍互市，受到唐朝欢迎。由于同突厥、吐谷浑开展互市，解决了唐初由于战乱中原农民缺乏耕畜的问题，中原地区“杂畜被野”，促进了唐初社会经济的恢复与发展。[④]

吐谷浑故地陷于吐蕃后，唐与吐蕃在开元二十年（732年）开赤岭为互市地

① 转引自（日）玉井是博《南宋本大唐六典校刊记》，载《支那社会经济史研究》（岩波书店，昭和17年版，第512页）。

② 《通典》卷二《食货》。

③ 唐道宣所撰《释迦方志·遗迹篇》第四载，自鄯城县（西宁）“又西南减百里至故承风戍，是隋互市地也”。

④ 《唐会要》卷九四。

都兰热水大墓发掘前远景

都兰热水大墓发掘现场

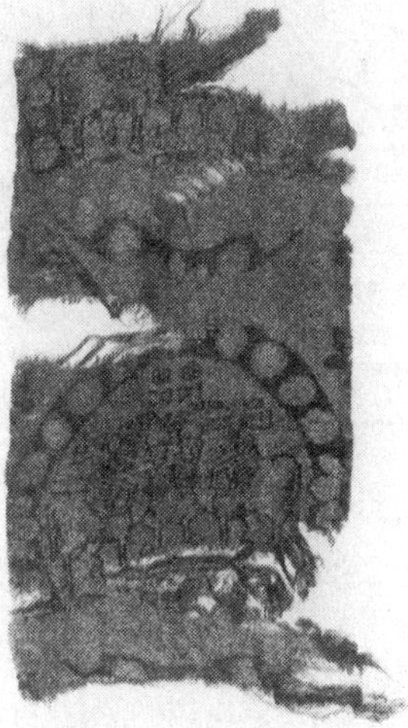
都兰出土黄地簇四联珠对马锦

点，唐用丝织品、茶叶等物与吐蕃交换马匹及其他畜产品。元和十年（815年）讨伐吴元济，唐朝曾命中使以绢两万匹在河曲地区与吐蕃交换马匹，以供军需。①海西都兰县热水大墓出土的一批绚丽多彩的丝绸遗物，图案清晰，色泽鲜明，有些堪称国内稀有的珍品。这些发现于青海柴达木盆地的唐代丝绸，当是唐在青海境内与吐蕃或吐谷浑人互市的佐证，更是丝绸之路青海道一度兴盛的佐证。

三、隋唐时期青海的交通

正面　　背面

乌兰出土罗马金币

南北朝时期吐谷浑人一度充当了沟通中西、联络南北的媒介，青海境内的丝绸之路南线一度兴盛。大业五年（609年），隋炀帝西巡，其结果使丝绸之路河西道畅通，然而，横贯青海高原的中西通道并没有因此而中衰。吐谷浑复国后，与西域仍保持着较密切

① 《唐会要》卷七二。

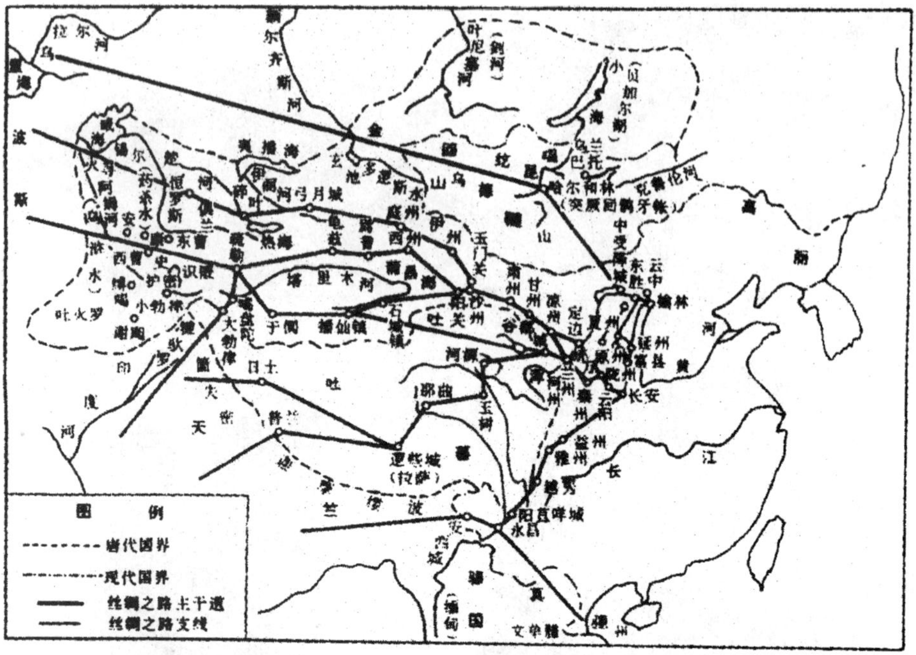

唐代丝绸之路示意图

的关系。吐蕃占领吐谷浑后，继续频繁地同中原和西域开展商业贸易。20世纪八九十年代，都兰县出土的唐代丝绸残片达350件，大多为中原织造，少量为中、西亚织品。除丝织品外，还有中原的钱币、铜镜、漆器，西域的金银器、钱币、玻璃珠、玛瑙珠等。唐代墓葬集中的都兰地区应该是当时青海道的一个枢纽和东西商贸的中继站。与青海地区经济发展兴盛相适应，这一时期青海交通邮驿事业也处于全面发展时期。隋炀帝灭吐谷浑国后，新设西海等四郡，随之而来的是开辟了与新设四郡相联系的驿道，凭借新道，征发陇右民户为四郡戍卒运送物资。

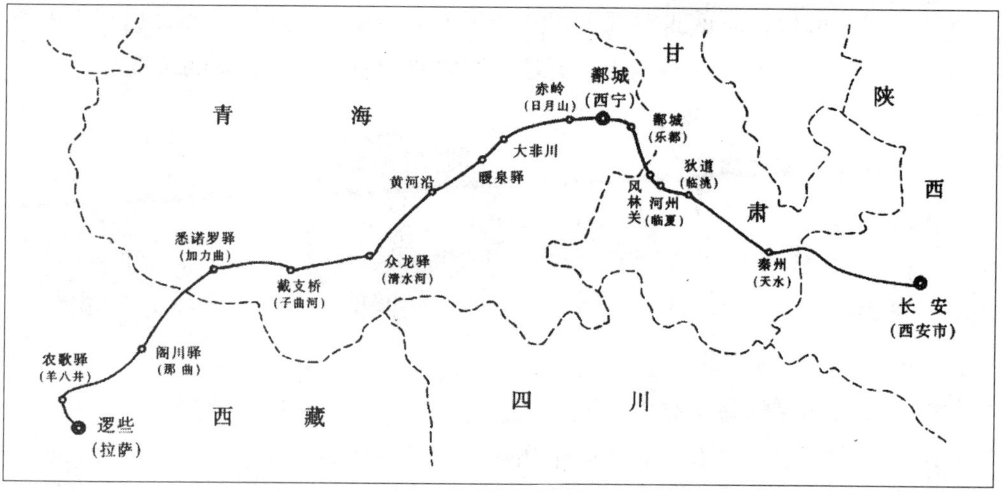

唐蕃古道示意图

唐初陇右道治鄯州（今乐都），鄯州一度曾是唐帝国陇右地区的政治中心，当时长安通西域的驿路干线即经泾、原、会、兰到鄯州，再转凉、甘、肃、瓜等州到北庭都护府（今新疆吉木萨尔北）。鄯州是西北地区驿道的中心枢纽。开元二年（714年）鄯州又成为陇右节度使驻地，星罗棋布于唐蕃交界一带的军、守捉、城等军事单位与节度使衙之间设有畅通的交通驿递设施，以保证文书往还和物资转输。吐蕃王国兴起后，战时青海地区为唐蕃双方争夺的主要战场，和时则为双方交往的必经之道。为了唐蕃经济文化交流之需要而开创的唐蕃大道，被誉为沟通藏汉两族联系的“黄金桥”。其线路，经今青海民和古鄯、乐都、西宁、湟源，过日月山，经共和恰卜恰、兴海大河坝、苦海过黄河，又经玉树县、杂多县至拉萨。沿唐蕃古道，唐蕃双方置有驿传，各自支应境内驿站的交通工具和食宿等。

唐蕃古道日月山垭壑

唐蕃古道上的莫离驿遗址

青海境内唐蕃之间的驿道除唐蕃大道外，还有逻些沙州道。它由今拉萨经藏北草原，从玉树西部跨昆仑山，越柴达木盆地至敦煌，这是吐蕃控制河西的一条管理完善的驿道，在吐蕃北方军事行动中，曾经发挥过重要作用。

四、隋唐时期青海的文化

佛教自西汉末年传入中国以后，到隋唐时进入鼎盛时期，寺院遍于全国。隋、唐两代都设专职官员管理地方的寺院，唐代青海地区佛教盛行，许多地方建有佛塔。积石军（今贵德县河阴镇）也曾建有七级佛塔。唐代诗人高适于天宝十二年（753年）所作《同吕判官从哥舒大夫破洪济城回登积石军多福七级浮图》一诗便是明证。

今西宁市北郊的北禅寺，又名土楼观，半山腰红砂板岩上有洞窟群，开凿年代较早，可能始于东汉末年，北魏时，祠、观等已有一定规模。土楼山上有依山形而雕成的数十米高的两尊露天金刚（当地群众称为“闪佛”），一般认为雕成于唐代，其中一尊，如今仍然依稀可

西宁北山唐代“闪佛”

辨。金刚东部的三座洞窟中，中窟佛像壁画，色调以石绿为主，颇具隋代风格。东窟保存具有以丹青为主色的唐和五代的壁画，内容为三世佛、千佛、比丘等，风格独特。①

吐蕃王朝时代的藏传佛教对青海影响极微，朗达玛禁佛后，吐蕃本部佛教遭到严重破坏。部分僧人逃到青海，使藏传佛教在青海各地逐渐兴盛起来。五代初，循化黄河北岸地方的吐蕃族人穆苏赛拔出家为僧，在安多地区从事佛教活动，晚年在今化隆县丹斗地方授徒宏教，使丹斗一时成了藏传佛教的中心。后来西藏吐蕃王室后裔派人前来学习佛法，使藏传佛教在西藏得到复兴。穆苏赛拔成了藏传佛教后宏期的著名人物，被尊称为喇钦·贡巴饶赛（意为明白佛教理义的大师）。

舍布奇岩画

20 世纪 80 年代，青海省考古部门在刚察、天峻、格尔木、都兰、共和、玉树等地陆续发现了 10 余处岩画，其时代大多属隋唐时期。岩画制作技术以凿刻为主，少量为磨制。岩画内容主要是牦牛、马、羊、狐狸、狼等动物形象，也有少量狩猎、生殖图象以及宗教图案等。其中牦牛图像最多，形象生动，姿态各异。

唐狮纹画像砖

唐代墓葬中出土的珍贵文物也不少，除前文提到的大量丝织品、金银器外，还有铜镜、铜钱、瓦当、画像砖等。兴海县出土的画像砖塑有卷叶缠枝和狻猊，造型生动。

唐代是我国古典诗歌的黄金时代，诗人辈出，流派众多。唐“边塞诗”中提到青海、湟中、河湟等字眼的为数不少，如唐著名诗人李白《关山月》中有“汉下白登道，胡窥青海湾。由来征战地，不见有人还。”杜甫《兵车行》中有：“君不见青海头，古来白骨无人收。新鬼烦冤旧鬼哭，天阴雨湿声啾啾。”王昌龄《从军行》中有：“青海长云暗雪山，孤城遥望玉门关。黄沙百战穿金甲，不破楼兰终不还。”柳中庸《凉州曲》

① 赵生琛、谢端琚、赵信：《青海古代文化》，青海人民出版社 1985 年版，第 158 页。

中有："关山万里远征人，一望关山泪满巾，青海城头空有月，黄沙碛里本无春。"这些流传千古的名篇佳句，至今仍传诵不衰。还有一些亲自到过青海的诗人，在诗坛上留下了兼具文学和史学价值的诗篇。如高适（720~765年）天宝年间曾作为哥舒翰的幕僚，在青海度过了一个时期的戎马生涯，写下了不少反映当时青海社会风貌的脍炙人口的诗作。其中《哥舒歌》云："北斗七星高，哥舒夜带刀。至今窥牧马，不敢过临洮。"高适《九曲词》中有："铁骑横行铁岭头，西看逻逤取封侯。青海只今将饮马，黄河不用更防秋。"高适的另一首《同李员外贺哥舒大夫破九曲之作》有："石城与岩险，铁骑皆云屯。长策一言决，高踪百代存。"唐德宗时一位佚名诗人，被吐蕃从河西押送青海，途经柴达木盆地、青海湖、赤岭，后被囚禁于临蕃城（今湟中县多巴），他以亲身所见和感受写下了有关青海的史诗50余首，有《夜度赤岭怀诸知己》、《晚次白水古戍见枯骨之作》、《晚秋至临蕃被禁之作》等。这些诗都是作者亲临青海，有感而作的，具有很高的文学水平和史料价值。

第五章　宋元时期的青海

第五章 [illegible]

第一节　河湟吐蕃唃厮啰政权

一、唃厮啰的兴起

河湟地区的分裂局面从唐末、五代一直持续到宋初。互不统属的吐蕃各部之间为争夺人口、牲畜和草场时常发生械斗，部民的生命和财产遭到侵害。乱世中的河湟吐蕃希望有一个统一的政权组织，以便结束这种局面。10 世纪下半叶至 11 世纪初，河湟吐蕃中逐渐出现了几个较大的部落集团，如河州的耸昌厮筠、宗哥（今乐都）的李立遵、邈川（今民和境）一带的温逋奇等。但他们各霸一方，未能形成统一的力量。而北部近邻的西夏，此时羽翼渐丰，南侵宋边，西略回鹘和凉州吐蕃，大有统一西北之势。面临外来强敌的严重威胁，河湟吐蕃大首领们深感有联合对敌之必要。唃厮啰便在这种背景下登上了历史舞台。

唃厮啰（997~1065 年），本名欺南陵温，号瑕萨，是雅隆觉阿王系后裔。唃厮啰 12 岁时，河州商人何郎业贤前往西域经商，发现欺南陵温乃吐蕃赞普后裔，将其由高昌带回河州，安置在剟心城（今甘肃临夏县境）。人们尊称为"唃厮啰"，意为"佛子"。吐蕃赞普后人的出现，很快引起了河湟吐蕃首领们的关注，纷纷谋划挟唃厮啰以令诸部。他先被河州大豪耸昌厮筠挈至移公城（今甘肃夏河县境）。不久，宗哥大首领李立遵和邈川大首领温逋奇二人协力强将唃厮啰劫持到廓州（今青海化隆），遂"立文法"，尊唃厮啰为"赞普"。后来李立遵又把唃厮啰带到其经营了多年的"大本营"——宗哥城，并自立为"论逋"（相）。为了控制唃厮啰，还把自己的女儿嫁与他。李立遵利用唃厮啰这面旗帜招附众人，成为"族帐甚盛，胜兵六七万"[①]的大族。宗哥势力的迅速发展，引起了北宋朝

① [宋]马端临：《文献通考》卷三三五《四裔考·吐蕃》。

廷的重视。大中祥符八年（1015年）冬，宋朝特派侍禁杨承吉等人出使宗哥进行“安抚”，沟通了宋与唃厮啰之间的关系。

李立遵为了进一步扩大势力范围，充实本部经济势力，把扩张的视线落在了宗哥东南的秦渭地区。秦渭一带气候温和，土地肥沃，农牧业经济发达，而且交通便利。唐朝后期被吐蕃人占领。大中祥符九年（1016年）三月，李立遵密使在秦州的唃厮啰舅等人谋叛宋朝，被宋秦州守将曹玮察知。继而李立遵又上言宋朝求封“赞普”，宋未满足其要求，而授以“保顺军节度使”，因此，李立遵对宋不满。同年九月，联合洮、河等地部族约3万余人，进攻秦、渭，与宋军战于三都谷（今甘肃甘谷县境），此役双方都投入了相当的兵力。宋军重创李立遵部，李立遵在宗哥族人中的威望大减。此时唃厮啰已经长成，有了自己的政治见解，不满受人摆布的傀儡处境，于是在天圣元年至二年（1023~1024年）间率其属下离开宗哥前往邈川。邈川首领温逋奇拥立唃厮啰为主，自立为相。然而温逋奇同李立遵一样野心勃勃，经过密谋策划后发动了叛乱，乘唃厮啰不备，将其囚禁在一口井里，然后捕杀唃厮啰亲党。唃厮啰在看守士兵的同情与支持下，悄然逃出，利用赞普名号，集结兵马击杀了温逋奇及其党羽，迅速平息了叛乱，然后迁居青唐城（今西宁市）。

唃厮啰到达青唐后，得到了妻族乔氏家族和青唐其他大首领在政治和经济上的大力支持。他充分利用青唐一带土地肥沃、水利资源丰富的优越条件，积极发展农业和畜牧业生产，增强了实力。由于推行了一系列适合当地情况的政治措施，越来越多的部落前来归服，新生的青唐政权呈现出一派生机勃勃的景象。然而唃厮啰政权面临的困难和问题还是很多的。首先是来自西夏的武力威胁。宋景祐二年（1035年），夏主元昊遣其大将苏奴儿率兵25 000人攻唃厮啰，猫（牦）牛城（在今西宁北川一带）一战，夏人惨败，苏奴儿被俘。元昊惊悉夏军大败，亲率大军攻打猫牛城，唃厮啰将兵坚守城池达一月之久，后因中计，城遂陷落。元昊又攻青唐、宗哥诸城，唃厮啰坚守城池，不与夏人正面交锋。后来唃厮啰派人侦察夏人虚实，得知夏人欲渡宗哥河（今湟水），“插帜志其浅”，[①]唃厮啰遣人将水中旗帜移向深处，双方交战，西夏兵溃，纷纷照旗所示下水渡河，结果十之八九溺毙，元昊败后退回西夏。

宗哥河之役，唃厮啰击退了西夏，成功地保卫了青唐政权和河湟吐蕃的生命财产，极大地提高了他在河湟吐蕃人中的威望。祁连山以北的河西吐蕃和数万回纥人都归服唃厮啰。从此，唃厮啰政权日渐强盛，成为西夏之劲敌。唃厮啰在青唐兴修宫殿，建立办事机构，设立仪仗，颁行规章制度；因俗而治，以传统的带

① 《宋史》卷四九二《外国八·吐蕃》。

宋青唐城残段

有宗教色彩的盟誓形式保持大小首领之间的联系，达到控制诸部的目的。盟誓手段的实行，增强了河湟吐蕃社会的凝聚力。唃厮啰执政时期，河湟吐蕃社会安定，经济迅速发展。在对外关系上，唃厮啰同宋朝保持通好，以取得宋朝在政治和经济上的支持，从而发展自己的实力，抗击西夏的侵略。同时利用对外战争的机会，征服四邻部落，扩大了统治区域，史载其“幅员三千余里”，势力扩及鄯、廓、洮、渭、岷、叠、宕等州，直接与北宋、西夏、回纥相连，遥通于阗、卢甘等国。境内有吐蕃人、汉人、党项人、回纥人等。人口达百万之众，成了继以西藏地区为中心的吐蕃王朝以后，青藏高原出现的又一个强盛的吐蕃政权。

二、唃厮啰与北宋的关系

北宋王朝立国之初，首先集中主要军事力量征伐南方诸国，北方契丹得以乘机发展，宋太宗虽两次伐辽，均以失败告终，造成宋王朝始终处于契丹威胁之下的不利形势。与此同时，地处西北的党项族拓跋思恭之后继捧、继迁，表面上臣属宋朝，被赐姓赵，但却不时侵扰宋边。宝元元年（1038 年），赵元昊自称皇帝，建立夏国，建都兴庆（今银川），击败河西吐蕃和甘州回鹘，成为宋在西北之劲敌。此时的北宋受辽和夏的进攻，疲于应战，不得不采取联蕃抗夏的政策。因此，与夏交界的吐蕃唃厮啰政权便成了宋王朝极力扶持和拉拢的对象。另一方面，由于西夏的兴起与壮大，对唃厮啰造成了威胁，为了对抗西夏的侵略，唃厮啰政权也不得不采取联宋抗夏的

西夏武士图

政策。因此，可以说，唃厮啰与北宋王朝的关系，一开始便建立在共同对敌的战略基础上。唃厮啰地处西夏肘腋，它的向背，对改变宋、夏力量对比至关重要，因此，宋朝十分重视同唃厮啰发展友好关系，唃厮啰及其子孙也同宋王朝保持通好交往，历代首领都接受宋朝的册封与赏赐。

大中祥符七年（1014 年），唃厮啰政权正值初建时期，就利用各种形式争取宋王朝的支持，表示要“与赵德明抗敌”，请求“朝廷爵命”，封官给俸。①次年二月，唃厮啰和李立遵、温逋奇等大首领向宋廷贡马，“估其值约钱七百六十万”。宋真宗下诏赐唃厮啰等锦袍、金带、供帐什物、茶叶等物，“凡中金七千两”。②天圣九年（1031 年）十二月，唃厮啰遣使携带礼物前往秦州联络，宋朝对唃厮啰使者以礼相待，并赐唃厮啰、温逋奇对衣、金束带、银器、衣著等物。③后来唃厮啰、温逋奇等又派人贡马，双方关系逐渐密切。

景祐二年（1035 年）十二月，宋授唃厮啰为“保顺军节度观察留后”，月支大彩 30 匹，角茶 30 斤，散茶 100 斤。同年，夏主元昊进攻湟水流域，战争持续 200 多日，终被唃厮啰击败。宋朝加封唃厮啰为“保顺军节度使”，岁给丝绢千匹，角茶千斤，散茶 1 500 斤。次年，宋在环、庆、泾、渭诸州对西夏发动军事进攻，派鲁经出使青唐，赐帛 2 万匹，希望唃厮啰出兵，唃厮啰表示愿意报效朝廷，准备对夏作战。宝元三年（1040 年）八月，宋朝又派刘涣出使邈川，受到热情接待。唃厮啰表示“誓死捍边”。九月，宋又派杜斌出使河州，联合唃厮啰子瞎毡，配合宋军出击西夏。在宋朝不断的要求下，唃厮啰发动了对夏属凉州的进攻，但未取得预想的战绩。

治平二年（1065 年），唃厮啰死，其子董毡承袭王位，继续与宋朝通贡修好，“助宋攻夏”。熙宁三年（1070 年）夏国相梁乙埋出兵寇宋环、庆二州，接着又攻大顺城，夏人兵多势众，宋军死伤惨重。董毡举兵援宋，乘夏西线空虚，沿边虏获甚多，梁乙埋恐董毡深入夏境，遂率兵回撤，使宋军将士大部得以生还。宋神宗“赐诏奖谕”董毡。元丰四年（1081 年），宋朝乘夏国政权发生危机，国主秉常被囚之机，发五路大兵进攻西夏，董毡配合宋朝的这次重大军事行动，派首领洛施军笃乔阿公及亲兵首领抹征尊等，于同年七月率 3 万余人与夏人作战，牵制了西夏西部的部分兵力，有力地配合宋军熙河路将军李宪攻取了兰州。宋神宗下诏以董毡协济军威，事功可纪，由常乐郡公进封为武威郡王。

唃厮啰人与宋朝联合共同打击西夏，遏制了西夏侵吞河湟地区的野心，既使

① [宋]李焘：《续资治通鉴长编》卷八三，大中祥符七年十二月甲戌记事。

② 《宋史》卷四九二《外国八·吐蕃》。

③ [宋]张方平：《乐全集》卷二二。

河湟吐蕃有了一个安定的生活、生产环境，也使宋朝减少了战争给西部边境社会带来的损失。

唃厮啰统治者在宋朝的通贡修好中不断得到宋朝的加官进爵和优厚的物质赏赐。宋朝曾封唃厮啰本人为西蕃邈川大首领、保顺河西等军节度使、洮州凉州管内观察处置押蕃落等使、洮州凉州刺史兼御史大夫上柱国、武威郡开国公等。“食邑九千户，实封两千四百户”。[①]尔后，宋朝历代皇帝对唃厮啰政权的继承者也大都照此对待。唃厮啰本人及其诸部大首领还经常得到宋朝的赏赐。这种政治上和经济上的支持，增强了唃厮啰对吐蕃诸部的号召力，也增强了唃厮啰抗击西夏、保卫河湟的信心。

在唃厮啰及其子孙执政百年间，和宋王朝之间虽然也偶有边事纠纷与战争，但总的来说，相互之间的友好交往是双方关系的主流。

三、唃厮啰的经济

唃厮啰的经济有畜牧业、农业、手工业、商业等。畜牧业是吐蕃人传统的主要生产行业。唃厮啰境内有面积广阔的草原，水草丰茂，适宜发展畜牧业。唃厮啰人以牧养马、牛、羊等牲畜为主，还有骆驼等。辖区内的祁连山麓和青海湖畔历来就是出产名马的地方。吐蕃人世代养马，有丰富的经验，所以他们饲养的良马远近闻名，宋朝的战马不少即来自此地。大中祥符八年（1015年），唃厮啰、李立遵等4个部落向宋朝贡马5万余匹，[②]大体上平均每个部落进贡了12 500匹，足见其地牧业之盛，产马之多。

唃厮啰社会经济的另一个重要方面是农业。其辖境内的湟水和黄河谷地气候温暖，土地肥沃，水利资源丰富，秦汉以来一直是农垦地带。宋时“汉唐故渠尚可考”。[③]唃厮啰人在前人的基础上继续发展农业，开垦荒地，整治水利，从王室到百姓都占有数量不等的土地。[④]农业生产已达到较高的水平。

唃厮啰的手工业主要是畜产品、农产品的加工和简单的农牧业生产工具与兵器的制造，其中最负盛名的铁器制造是锻甲。当年曾在陕西任职的沈括说：“青唐羌善锻甲，铁色青黑，莹彻可鉴毛发。以麝皮为绁旅之，柔薄而韧。镇戎军有一铠甲，匮藏之，相传以为宝器。韩公（琦）帅泾原，曾取试之，去之五十步，强弩射之不能入，尝有一矢贯札，乃是中其钻空，为钻空所刮，铁皆反卷，其坚

---

① [宋]张方平：《乐全集》卷二二。

② 《宋会要辑稿》一九七册《蕃夷六·吐蕃》。

③ 《宋史》卷三五七《何灌传》。

④ [宋]杨仲良：《续通鉴长编纪事本末》卷一四〇，崇宁三年五月乙酉。

古代铁甲

如此。”“凡锻甲之法，其始甚厚，不用火，冷锻之。比元厚三分减二乃成。其末留筋头许不锻，隐然如瘊子。欲以验锻时厚薄，如浚河留土笋也，谓之瘊子甲。”①其锻造技术之精，制出铠甲之良，闻名遐迩。

随着牧业、农业以及手工业的发展，唃厮啰的商业也蓬勃发展起来。咸平五年（1002年）以前，往来中西的商人多走灵州路，此线道宽路平，行走便利。天圣六年（1028年），西夏攻破甘州回鹘，降附瓜州，夺取凉州，奄有河西走廊的大部，商人经过西夏境内，沿途“夏国将吏率十中取一，择其上品，商人苦之。”②夏人还经常掠夺商队人畜，使过境商人的生命财产受到侵害。因此，来往于宋朝与西域各国的商队，绕道改行青唐。唃厮啰地区成为西域各国贡使、商旅往来的必经之路。唃厮啰人利用这一有利时机，发展商品经济，他们对过境商人和贡使友好相待，提供方便，对大批过境货物，派人送出“蕃境”，故西域各国商旅多云集于此。青唐城内有“于阗、回纥往来贸贩之人数百家居之。”③在商品交换中，唃厮啰人采用以物易物的形式，用五谷、乳香、硇砂、罽毡、马牛代替钱帛。④商业贸易的发展，对唃厮啰社会经济的发展起了积极的作用，《宋史》载：“厮啰居鄯州，西有临谷通青海，高昌诸国商人皆趋鄯州贸易，以故富强。”

唃厮啰的商业还存在着一种特殊的贸易形式，即与宋朝的进贡与回赐。唃厮啰家族（包括唃厮啰子董毡、磨毡角、瞎毡，孙阿里骨，曾孙瞎征），从大中祥符元年（1008年）至元符元年（1098年）的90年间，向宋朝进贡39次，平均每两年多朝贡1次。贡品有马、金、珍珠、玉石、象牙、犏牛、乳香、硇砂、银枪铁甲、铜印、银装交椅等。其中数量最大的贡品是宋朝急需的战马。宋对唃厮啰的贡品，以相当估值或超过贡品估值“赏赐”钱物。这种朝贡既是一种政治交往，又是一种变相的官方贸易，是汉族与吐蕃人民进行经济交流的重要渠道之一。此外，唃厮啰人与宋朝边境的民间贸易也很活跃，唃厮啰首府青唐城成为东西方贸易中心之后，宋王朝在熙河路也相应配置了市易机构。元丰二年（1079年），宋朝特别通知董毡，凡唃厮啰商人均可随时入境，任便交易。⑤绍圣四年

① [宋]沈括：《梦溪笔谈》。

② [清]吴广成撰，龚世俊等校：《西夏书事校证》卷十五。

③ [宋]李远：《青唐录》。

④ 《宋史》卷四九二《外国八·吐蕃》。

⑤ [宋]杨仲良：《续通鉴长编纪事本末》卷二九八，元丰二年六月甲寅记事。

(1097年)，北宋还在邈川及今循化、化隆县境内的斫龙、讲朱设市易场。这些措施对唃厮啰商业的发展起了推动作用。

四、唃厮啰的文化

吐蕃是一个信仰佛教的民族，唃厮啰政权的历辈执政者都十分重视支持和发展佛教，以此维护和巩固自己的统治地位。执政者处理军政大事的殿堂旁，就供有“金冶佛像，高数十尺，饰以真珠，覆以羽盖”。当权者如董毡、木征等多与僧人为密友，阿里骨曾习读佛书。他们从经济上给佛教徒以大力支持，在青唐等地大建佛寺。李远《青唐录》说：青唐“城之西有青唐水（今西宁市南川河）注宗河，水西平远，建佛祠，广五六里，缭以周垣，屋至千余楹……”在河州建有积庆寺，岷州有广仁禅院，熙州有大威德禅院等，境内寺院遍布。在唃厮啰社会中，僧人享有许多政治特权，可以干预部落的军政事务，享有裁决诉讼、审判案件的权利，还可充当贡使或接受宋朝封职，如蕃僧景遵在天禧三年（1019年）二月就曾奉唃厮啰之命前往宋朝朝贡。寺院上层也掌握着一定的经济大权，一般都占有土地、牧场、牲畜以及其他财产。在唃厮啰境内本教与佛教并存，河湟吐蕃仍有很多人信奉本教。

唃厮啰人使用藏文，向宋朝上表用“蕃字”，时人称为“蕃书”或“旁行书”。其俗“贵虎豹皮，用缘饰衣裘。妇人衣锦，服绯紫青缘。尊释氏。不知医药，疾病召巫觋视之，焚柴声鼓，谓之‘逐鬼’。信咒诅，或以决事，讼有疑，使诅之。……人善啖生物，无蔬茹醯酱，独知用盐为滋味，而嗜酒及茶。居板屋，富姓以毡为幕。多并水为秋千戏。”①唃厮啰人纪年“无正朔”，道旧事则数十二辰属，与唐代吐蕃相同。

第二节　北宋对青海东部的统治

一、北宋在湟水流域设置州、军

宋朝建立后，结束了自中唐以来200多年分裂割据的局面，重新建立了统一的中央集权国家。宋初，北边与辽对峙，西北有来自日益强大的西夏的威胁，宋

① 《宋史》卷四九二《外国八·吐蕃》。

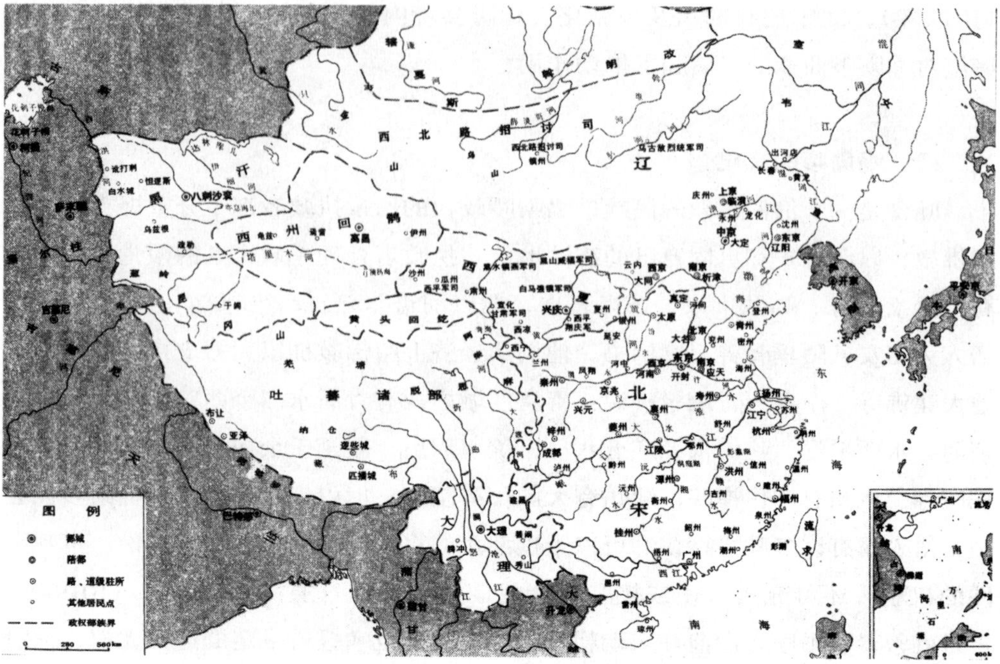

北宋、西夏、辽时期形势图（北宋政和元年）

王朝一时还无力顾及河湟地区。至熙宁三年（1070 年）前后，时值宋神宗统治初期，实行各项改革政策，积极为统一全国创造条件。熙宁四至六年（1071~1073 年）间宋廷规复了熙、河、叠、宕等州，向西拓地千里。这一时期唃厮啰子董毡继承其父“联宋抗夏”的政策，不断助宋攻夏，故宋廷仍与青唐政权和平通好，使董毡自治其地。

绍圣三年（1096 年），青唐主阿里骨死，子瞎征继位。不久，唃厮啰政权发生内讧，瞎征杀其叔父苏南党征。苏南党征之子钱罗结出逃，辗转投奔至宋洮西安抚使王赡门下，说王赡以取青唐之策。王赡上书宋廷，建议恢复河湟。宋廷采纳了王赡的意见，于元符二年（1099 年）命总管王愍为统军，王赡为副统军进军湟水流域。七月二十五日宋军取邈川，八月宗哥城大首领舍钦脚降。青唐主瞎征弃城出逃，吐蕃大首领迎立唃氏疏族溪巴温之子陇拶为青唐主。九月二十日王赡入青唐，陇拶与诸首领及契丹、夏国、回鹘公主皆出降。这是河湟地区自中唐陷没吐蕃后 300 多年来第一次为中央王朝所收复。

王赡占领湟水流域后，对当地吐蕃首领采取友好团结政策，组织他们分批到京师朝觐，如元符二年十一月，陇拶、溪巴温、心牟钦毡、青论归证结等由宋朝将领率骑千人护送赴汴京朝觐。次年三月，宋徽宗廷见，视为上宾，封赐丰厚。宋朝为了直接统治湟水流域，在占领地恢复了郡县制，设州立县，建立起维持地方的统治机构。元符二年九月间，先后在青唐建鄯州，在邈川建湟州，又改宗哥城为龙支城，廓州为宁塞城，命王赡知鄯州，兼陇右沿边安抚使、都巡检使；王厚知湟州，兼陇右沿边同都巡检使。同时任命陇拶为河西节度使知鄯州，充西蕃都护，封武威郡公，世代承袭。①

宋武士图

宋军占领湟水流域后，面临孤军深入、战线过长、粮草运输困难的局面，官员王愍、李远曾提出宋军撤出河湟的建议，未被朝廷采纳。不久，河湟吐蕃掀起了反抗宋军占领的斗争。吐蕃数千人围攻邈川宋军，战斗十分激烈，王愍率士卒昼夜备御，殊死血战，后遇援军，始得解围。青唐城一带吐蕃亦占据险要，攻击宋军。宋军虽然组织力量进行了镇压，但仍未使吐蕃诸部屈服，他们重新集结族众，控制交通要道，重创宋军有生力量。

鉴于吐蕃人的强烈反抗和宋军粮饷供应紧张，宋廷决定将湟水流域的军队分期分批撤出。元符三年（1100年），宋朝召回陇拶，仍以其为"河西军节度使，知鄯州"。宋除留少数兵马分守交通要道外，将大部兵马撤回熙河。建中靖国元年（1101年），宋委托陇拶招纳流亡吐蕃人员，愿住鄯、湟两州者悉听自便，宋军最后一批撤出湟州，宋朝在湟水流域的统治告一段落。

宋徽宗即位后，决心"绍述先志"，经营河湟地区，任命熟悉河湟地理风情的王厚为"洮西安抚使"，童贯为监军，再度进军湟鄯。崇宁二年（1103年）六月，宋军兵分两路，一路由高永年为统制官，率两万兵马出京玉关（兰州西固西），走北道向湟州进发；一路由王厚、童贯率主力自安乡关渡黄河，从南道向湟州进军。湟州一带吐蕃进行了顽强的抵抗，宋军且战且进，六月二十二日至湟州城下，吐蕃大首领丹波秃令结率众坚守城池，激战3日，弃城出走。二十四日宋军占领湟州。王厚在向朝廷报功的奏章中列举了湟州之役的功绩，一是收复湟州及其管下城寨周围地面共约1 500余里，城寨10所；二是招纳湟州部族共21族，户口约10万余。②

同年九月，王厚曾奉命回师河州。第二年（1104年）三月，王厚、童贯奉命从熙州出发进军青唐。四月七日，各路大军相继到达湟州集结，然后兵分北、中、南三路向宗哥城进发。青唐主溪赊罗撒率兵千骑在宗哥城东20里的葛陂汤

① 《宋史》卷四九二《外国八·吐蕃》。

② [宋]杨仲良：《续通鉴长编纪事本末》卷一四〇《徽宗皇帝·收复湟州》。

据险抵抗，兵败，宗哥城公主前安化郡夫人瞎叱牟蔺毡率诸首领降宋。宋军兵临青唐城下后，龟兹公主青宜结牟、酋豪李阿温率诸部族大小首领开城降宋。四月十八日，宋军又占领廓州。从崇宁二年六月开始到崇宁三年四月底结束的河湟之役，共计招降吐蕃首领2 700余人，户口70余万。[①]崇宁三年（1104年）五月，宋改鄯州为西宁州，这便是今青海省会——“西宁”一名之始。

大观三年（1109年），宋收复地处黄河以南的溪哥城（今贵德），建积石军。政和五年（1115年），宋廷为了巩固湟州的地位，又派熙河经略使刘法出湟州北，击败夏人于古骨龙，宋在古骨龙筑城据守。第二年六月，赐古骨龙新筑城寨为震武城，七月，改为震武军。

二、北宋在河湟地区招募弓箭手

北宋王朝二次占据河湟地区，依然面临着四年前（元符二年）王赡攻占河湟后所遇到的困难，吐蕃人的反抗此起彼伏，宋西宁州知州高永年被杀，宋廷采用剿抚并举的手段才使政局逐渐平稳。但是，更大的困难是经济问题。自宋徽宗起用蔡京为相，拓土河湟，“费钱亿万，用大兵凡再”，使陕西府库储蓄耗费一空，熙河曹司屡申，以军粮不足为急。为解决粮运困难，北宋在河湟新边推行“和籴入粟”的购粮措施，即官府出钱，农民出粮，两相商量，然后交易。当时在湟、鄯购粮比在盛产农作物的河、兰等地困难，故政府以高于河、兰等地的粮价吸引蕃部卖粮。时鄯州每石粮收价70贯，湟州50余贯（河州、兰州粮价为30贯）。另外一项措施是向新附蕃民征税。崇宁五年（1106年）三月，右仆射赵挺之上书朝廷：复湟鄯以来，军费缺乏，湟鄯“其地滨河，多沃壤，其三国（注：鄯，湟、河南谓之三小国）分据，民之输于其国厚。……若以昔输于三国者百分之一入于县官，即湟州资费有余矣。”[②]宋徽宗令姚雄“括空闲地，召人耕垦出课”。但无多大进展。大观二年（1108年），陕西转运副使孙琦又提出：“西宁、湟、廊［廓］三州良田沃野并给族部，略无赋税，今进筑之初，宜召诸首领与族长开谕，令量立租课，责期限并委族长使之催输”的主张，[③]诏童贯以适宜的办法实行。但由于吐蕃人的反宋斗争连绵不绝，向蕃人课税的计划，直至北宋末也未能真正实施。

在粮价昂贵，运粮困难，征税又难以落实的情况下，地方官员又提出了一个招募弓箭手，在沿边一带且耕且守的办法，这样既可提供一支可以调用的军队，又可省朝廷长途运粮供饷之劳。早在元符二年（1099年）王赡已在蕃人中招募

① [宋]杨仲良：《续通鉴长编纪事本末》卷一四〇《徽宗皇帝·收复鄯廓州》。

② 《宋史》卷一九〇《兵志四》。

③ [清]徐松：《宋会要辑稿》《食货六》三六五。

过弓箭手，劝说蕃人刺臂入弓箭手队伍，但“无应者”。大观三年（1109年），朝廷又提出，落实招募弓箭手且耕且守的问题，认为“田既垦则谷自盈，募既充而兵益振”。但由于种种原因，或无人应募，或旋募旋散。政和五年（1115年），宋廷再次下诏要求西宁、湟、廓、洮州、积石军等处新边，招置弓箭手，以为边防篱落，委官督责，多方招刺弓箭手垦辟闲田，补助边计。[①]政和五年前后，熙河兰湟路一带汉置蕃田面积很广。政府首次丈量就获1 000余顷，提举熙河兰湟路弓箭手何灌在这些土地上置弓箭手，两顷以上刺一名，四顷以上刺两名。对新边蕃民的田土，国家承认其所有权，出钱或用茶綵收买，以补弓箭手所需土地之不足。

宋代青釉长颈瓶

由于长期的战乱和吐蕃以畜牧为主的生产经营方式，湟水流域许多田土荒旷日久，渠道淤塞，给招募耕垦造成了困难。湟州东原一带土地近千顷，“人悉置而不问”。时何灌知湟州，率众人开渠引邈川水灌溉闲田千顷，时人称为“广利渠”。灌溉后的土地因“悉为膏腴，人之占射者溢数。”[②]此地的招募耕垦工作有了很大的进展，半年左右时间熙河兰湟路就“得善田二万六千顷，募士七千四百人，为他路最。”[③]

宋廷在河湟地区招募弓箭手且耕且守的工作，在何灌等人的主持下有了较大的进展，使河湟地区的农业经济得到了恢复和发展，减少了北宋在军费上的开支，在一定程度上为北宋王朝巩固这一地区的统治创造了条件。

第三节　金、夏争夺河湟地区

金政权是女真族于公元12世纪初在我国东北地区建立的政权。随着国力的逐渐强盛，金天会三年（1125年），金灭近邻辽国，随后举兵南下进攻宋朝。次年（1126年），金兵重围北宋首都汴京。徽宗退位逃跑，钦宗继位。金天会五年

① 《宋史》卷一九〇《兵志四》。

② [清]徐松：《宋会要辑稿》《兵器》二二。

③ 《宋史》卷三五七《何灌传》。

(1127年)，即北宋靖康二年四月，金军俘获徽宗、钦宗，北宋王朝覆亡。五月，宋高宗（赵构）在南京（今河南省商丘）登基，后建都临安（今杭州），重建赵宋王朝，史称南宋。六月，宋廷议及陕西事务，命钱盖为“陕西经制使”，封唃厮啰后裔益麻党征为安化郡王，赐名赵怀恩，用其为宋守边。

金天会六年（1128年），金兵攻下陕西同、华等州及京兆等地，宋料河湟难保，便将“湟鄯事全交赵怀恩措置”，宋朝势力大部撤出了湟水流域。两年后(天会八年，公元1130年)，金将宗辅因南进失利而改变战略，集中兵力攻击宋军西线，连下泾、渭、原、熙等州。第二年，又攻下洮、河、兰等州。受宋委命措置河湟地区的赵怀恩，在金军的武力威逼下，携家带小，逃至阆州（今四川阆中），投附南宋。时金以大将宗弼（金兀术）经略熙、秦，命将军昂（即奔睹）与撒离喝领兵8 000攻取河西郡县，昂等攻破宁洮、安陇二寨，遂率兵向河州进发。河州通判带领士民迎降。昂领兵渡河，乐州都护及河州安抚使皆降，复进取3寨后，沿湟水西进至西宁州，都护许居简以城降。而后，昂率士卒4 000出西宁，西南行，攻积石军，降服其军及所部5寨官吏。追击吐蕃酋长钤辖等12人至廓州，以武力攻取之。至此，金人占领了青海东北大部地区。

金皇统二年（1142年），金宋双方和议，划淮河、大散关为界，其北为金属地。同年，金建五京十四总管府，共为十九路，下设（州）郡县。其西境出“临洮府、会州、积石之外”。[①]积石指金积石州。设刺史，管5 185户，领怀羌县、循化城、大通城、来羌城，以及通津、临滩、来同3堡。[②]金对西宁州、乐州等地的统治时间不长，这些地区即被夏人攻占。

早在金天会二年（1124年）时，慑于金的强大武力，为了保存自己的实力，西夏已向金称臣。金为了联合西夏共同对付宋朝，常以割地相许，以示笼络。但金夏双方或为扩张自己的势力范围，或为限制对方的发展而时常悔约，不断冲突。为此，西夏一方面以藩属的地位向金国朝贡，进行周旋；另一方面遇到有隙可乘，也不放过攻城略地的机会。金天会十四年、夏大德二年（1136年），夏军攻占金乐州，并破绥边关等寨，占领西宁州。翌年九月，夏崇宗遣使携重金请求金国将熙河路外各州割让夏国。金国为了集中兵力对付南宋，同意将乐、廓、积石等州割让给夏国。西夏得到积石州的次年（1138年），将积石州更名为祈安城，取祈求安定之意。[③]金将治所在溪哥城即今贵德县城的积石州割让给西夏后，又在河州西部今甘青交界地区新置积石军（1182年升为州），治所在今甘肃省积

① 《金史》卷二四《地理上》。

② 《金史》卷二六《地理下》。

③ [清]吴广成撰、龚世俊等校《西夏书事校证》卷三十五。

石山县大河家长宁驿故城。金北以黄河为界、西以隆务河为界与夏相邻。贞祐二至三年（1214～1215年），夏兵攻积石州，被金都统姜伯打败。[①]兴定六年（1222年），夏兵再攻河南，入据来羌（今甘肃临夏县境）、大通（今青海循化县境），旋被金人夺回。元光二年（1223年），积石州蕃族叛附于夏，攻占积石州，“羌界寺族多陷没”，金人组织反击，不久，重又占领积石州。

夏人占据河湟地区时，仍沿宋、金旧制，设西宁州（治今西宁市）、乐州（疑仍治今民和某地）、廓州（治今化隆）。蒙古势力进入河湟地区后，金、夏两国对青海东部地区的统治即告结束。

民和县发现的西夏文印

北宋灭亡，河湟地区分别被金、夏两国占领期间，青海南部的统治情况却有了新的变化。根据藏文《巴绒金鬘论》载，今玉树地区的封建势力珠氏家族与巴绒噶举派僧人勒巴噶布相互结合，于南宋孝宗淳熙二年（1175年）“归附”南宋，由黎州（今四川汉源）官员报请南宋王朝封官、厚赠，并敕建了根邦寺，成为南宋王朝的羁縻州。

门源县发现的西夏铜印

第四节　元朝对青海地区的统治

一、元代青海的建置

南宋宝庆三年（1227年），成吉思汗攻打西夏的同时，蒙古军南渡黄河攻积石州，二月破临洮，三月破西宁，六月灭西夏。七月，成吉思汗病逝时元军除占领今青海东部农业区外，尚未深入广大牧区。南宋淳祐十一年（1251年），成吉思汗孙蒙哥继大汗位，对广大吐蕃区域继续进行武力征讨，宝祐元年（1253年），蒙古人在河州置“吐蕃等处宣慰使司都元帅府”。[②]成吉思汗之孙忽必烈继汗位后，对整个吐蕃地区进行了全面治理。

① 《金史》卷一三四《外国上》。

② 慕寿祺：《甘宁青史略》卷首之二。

元朝统治整个中国后，其地方行政制度大体仿照宋、金旧制。中统二年（1261年），元设“西夏中兴行中书省”，治中兴府（今宁夏银川市），今青海东部地区西宁州属之。至元十年（1273年），撤销西夏中兴行省，合并于“陕西四川行中书省”。至元十八年（1281年），又重设甘肃行省，治甘州（今甘肃张掖）。以后省废，又于至元二十三年（1286年）复设，西宁州是该行省所辖七路二州中之一州。同年，元置“陕西等处行中书省”，治京兆（今西安市），河州路为该行省所辖之一路，贵德州（治今青海贵德县）、积石州（治今甘肃积石山县大河家）归河州路辖。

随着中央王朝的日益巩固和各种管理机构的逐步健全，元中央政府对吐蕃地区的管理也不断改善，其措施之一就是笼络有威望的佛教领袖，利用他们在社会上的地位进行有效统治。至元初年，元朝尊西藏佛教萨迦派领袖八思巴为“国师”，又在中央设立管理整个吐蕃地区事务的机构“总制院”，由国师八思巴总领其事。至元二十五年（1288年），元世祖忽必烈“以其地广而险远，民犷而好斗，思有以因其俗而柔其人，乃郡县吐蕃之地，设官分职，而领之于帝师，乃立宣政院”。[①]从此元在包括青海在内的广大牧区开始推行“政教合一”的政治制度。为了有效地统治青藏高原，除了中枢机构外，元朝又在地方上设置了“吐蕃等路宣慰使司都元帅府”，管辖今四川、云南藏区及西藏昌都地区；“乌思藏纳里速古鲁逊宣慰使司都元帅府”，管辖今西藏自治区大部地区；“吐蕃等处宣慰使司都元帅府”，管辖今甘青牧区。今青海东部地区属吐蕃等处宣慰使司都元帅府所属脱思麻路管理。当时西藏人称青海为“脱”或“朵”，“脱思麻”意为“下脱”。据《元史》有关记载，脱思麻路的辖区十分广大，除青海东部地区外，还包括现在甘肃省的定西、临潭、岷县、礼县等地。元朝还在边远地区设置了若干元帅府、招讨司、安抚司等机构，统归宣政院管辖。

蒙古武士图

贵德州在至元二十三年（1286年）时，曾隶属“陕西等处行中书省”河州路所辖，至元二十五年（1288年）后改隶吐蕃等处招讨司。州设达鲁花赤、知州各一员，同知、州判各一员，脱脱禾孙一员，捕盗官一员。州辖今青海贵德、贵南等地。

积石州亦为“陕西等处行中书省”河州路所辖之一州。至元二十五年（1288年）后改为“积石州元帅府”。元朝凡设元帅府之地均为军事要地，即《元史》

① 《元史》卷二〇二《释老传》。

所谓“关会之地”。今青海循化县一带北通湟水流域，东南可达四川，东与河、洮、秦、渭相连，西通青海牧区，战略地位十分重要。元时边地州郡的达鲁花赤、长官、副长官参用当地土人，[①]撒拉族始祖韩宝（旧名神宝）元时曾任积石州世袭达鲁花赤。

元王朝还在今青海柴达木盆地西部设“曲先答林元帅府”，在今黄河以南的海南州、黄南州地设“必里万户府”，加强对河南地区的军事防守。今青海南部果洛、玉树地区因其毗邻四川，则由“吐蕃等路宣慰使司都元帅府”管理。玉树地区又为帝师八思巴的领地。

湟水流域的西宁州（治今西宁市），至元时为章吉（《元史》又作“昌吉”）驸马分地。元朝将乐、廓二州“省入西宁”，故西宁州辖今湟水流域广大地区。元王朝的地方政权机构几乎遍布青海全境，形成了一套比较严密的统治网络。对地方官员的选用也严格加以控制。从吐蕃宣慰使到万户以上的重要官员，都要由宣政院或帝师提名，由皇帝直接委任。元朝推行“因其俗而柔其人”的民族政策；扶植和利用“喇嘛教”（即藏传佛教）为其统治服务，僧人常被任命为宣慰使、万户等重要官职，千户也任命当地上层僧、俗人物充当，准予世袭。

为巩固对占领地区的统治，元朝在军事上作了一系列防御部署。至元六年（1269年），元世祖封其第七子奥鲁赤为西平王，镇守吐蕃地区。至元二十四年（1287年），封章吉为宁濮郡王，镇守西宁州。之后有西宁王出伯（大德八年1304年封，后晋封邠王）、西宁王速来蛮（天历二年1329年封）等镇守西宁。奥鲁赤后裔镇西武靖王铁木儿不花（大德元年1297年封为镇西武靖王）及其子孙搠思班、卜刺纳等，元末还有宁王卜烟帖木儿等，先后镇守广大牧区和柴达木盆地。在地方上，元朝以万户、千户掌军队，分别设总管、总把、弹压执掌。州县地方兵有“鄂罗”（亦作“奥鲁”），“鄂罗”统“弓手”，由各地方官任“提控官”。离城远处，20户以上的村店设立“店余弓手”，负责维护治安，侦破缉捕等事。元代对整个青藏高原的统治，使青海南部地区和西藏一样，从此统一于一个中央政府的直接管理之下。

二、元代青海的民族与宗教

随着蒙古军队的南下，许多蒙古人进入青海境内，其中不少人随着诸王勋戚留驻封地，逐渐成为青海的居民。但其人数不多。元时青海的主体民族是藏族，也就是唐代的吐蕃族。

藏族作为青海古老的世居民族，分布在青海全境。元代的藏族大部分以部落为单位进行政治、经济活动。青海东部的藏族人民兼营农牧。分布在环湖地区和

① 《元史》卷九一《百官志七》。

手抄《古兰经》

撒拉族手抄《古兰经》

青南草原的藏族人民主要从事牧业生产，仍然过着逐水草而居的游牧生活。

元初，突厥族乌古斯部落中撒鲁尔部的一支在其首领尕勒莽兄弟的率领下，带着故乡的水土和一本手抄本《古兰经》，从中亚撒马尔罕（在今乌孜别克斯坦境内，一说从今土库曼斯坦的马雷州内迁）地方，经吐鲁番、肃州，一路辗转到达青海循化县一带定居下来，人称“撒鲁尔”或“撒拉”。其人身躯较高，眼窝较深，眸子黑色，鼻梁高，皮肤白晰，男子多须，与邻近的其他民族有明显的不同。撒拉人信仰伊斯兰教，其先民到循化定居后很快建立了宗教“尕最”制度，推选“尕最”为总掌教，执掌教法、教规和管理宗教事务。

远在唐代，青海就有回族先民活动，宋代青唐城（今西宁市）有侨居的中亚、西域各国商人，但是，回族大量入居青海则在元代，“元时回回遍天下，及是居甘肃者尚多。”[①]元时的甘肃，包括今青海东部农业区。他们有些是被蒙古人编入“探马赤军”的中亚细亚一带的穆斯林，俗称“西域亲军”。成吉思汗攻占洮、河、西宁等州后，部分“西域亲军”和随军工匠、商人、学者、传教士留驻河湟一带从事农牧业生产，史料有至元二十八年（1291年）元朝下令“以甘肃旷土赐昔宝赤合散等，俾耕之”[②]的记载；有些是随屯戍的回回官吏而来的部曲，在当地长期居住，成为当地居民。如民和县米拉沟、巴州一带冶姓回族即元朝甘肃省佥事薛都尔丁及其部众繁衍而来的。[③]元朝蒙古人统一了新疆及中亚在内的广大穆斯林地区，东西交通大开，方便了贸易往来，有许多回回商人也来到河湟经商，留居当地成为甘青地区回族先民。

据藏文《佑宁寺创建记》载：成吉思汗所部蒙古兵进入青海东部地区后，部将格日利特及其部属留居今互助县一带，与当地霍尔人（唐时吐蕃对青海境内黄河以北包括吐谷浑人在内的各部通称为霍尔人）通婚繁衍形成后来所谓的“土人”。当地人民中间至今还流传着他们的祖先是蒙古人以及蒙古人和霍尔人通婚形成土民的传说。

元时，在柴达木盆地一带，有大批撒里畏兀儿人驻牧。撒里畏兀儿人原在河

① 《明史》卷三三二《西域四》。

② 《元史》卷十六《世祖纪十三》。“昔宝赤”为鹰户之意。

③ 《清史稿》卷五一七《土司六·甘肃》。

西走廊甘州一带，约在北宋天圣六年（1028年）西夏攻破甘州，甘州回鹘数万人南下投奔唃厮啰政权，另有20余万人西去沙州，游牧于祁连山南北两侧，史称这些人为撒里畏兀儿，也称“黄头回纥”（即今甘肃河西地区裕固族之前身）。元末曾封宗室卜烟贴木儿为宁王，镇守青海西部撒里畏兀儿之地。

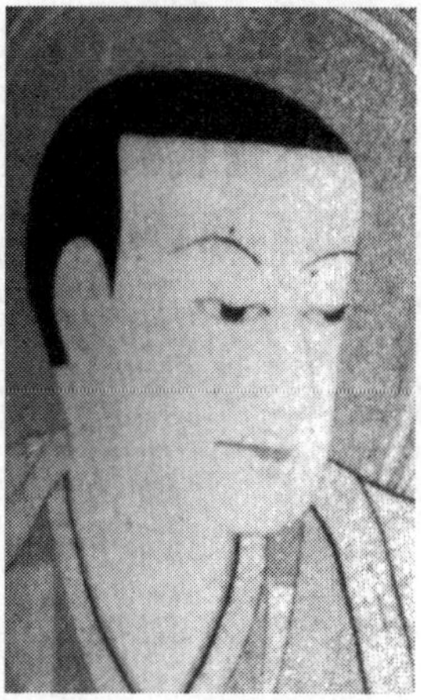
八思巴像

蒙古统一诸部进而西征南下后，其统治范围扩大，因各族人民的宗教信仰各有异同，为达到“因其俗而柔其人”的目的，蒙古统治者对各种宗教采取“兼容并包”的政策，利用宗教拢络众多的民族。窝阔台汗十一年（1239年），阔端写信邀请西藏佛教萨迦派大师萨迦·班智达·贡噶坚赞到凉州会面。贵由汗二年（1247年），阔端自蒙古返回，在凉州会见萨班。萨班代表西藏地方势力与蒙古王室建立了政治上的联系。蒙哥汗三年（1253年），忽必烈在向云南大理进军途中在甘青交界处，接见了萨迦派领袖八思巴。忽必烈汗元年（1260年），忽必烈即大汗位后，封八思巴为国师，至元七年（1270年）晋封为帝师。

在元中央政府的支持和地方上层势力的赞助下，青海地区的佛教势力得到迅速发展，藏传佛教的多种流派如萨迦派、宁玛派、噶举派和噶丹派在青海均有活动，他们修寺建院、广招门徒。许多寺院得到元朝的赏赐，高级僧侣得到特殊的礼遇。据《夏琼寺志》载，青海著名历史人物宗喀巴在佛学上的启蒙师傅——噶丹派僧人顿珠仁钦于顺帝至正元年（1341年）在今尖扎县境修建赛康寺，在今同仁县境内建夏卜浪寺，至正九年（1349年）又在今化隆县地创建了后来享有格鲁派发祥地盛名的夏琼寺。至正年间，萨迦派曾在今化隆县境内建“雄先静房”，在今尖扎县境内建“古哇静房”，后均发展成有一定规模的寺院。[1]青海境内有名的萨迦派寺院贵德珍珠寺，初建于至元元年（1264年），萨班·贡噶坚赞曾在贵德朝拜乜纳塔，以阔端所赠珍珠一驮为资建寺，是为珍珠寺。[2]元时，今尖扎县境内还有宁玛派寺

夏琼寺

藏传佛教古刹——元代西宁大佛寺

❶ [清]智贡巴·贡却乎丹马绕杰著、吴均等译：《安多政教史》多麦地区佛法传播情况总述。

❷ [清]智贡巴·贡却乎丹马绕杰著、吴均等译：《安多政教史》黄河下游贵德等部。

院“阿琼南宗寺”等。西宁大佛寺也约始建于元代（一说始建于宋淳化元年公元990年），寺内塑有藏传佛教“后弘期”“三贤哲”（藏饶赛、约格迥、马尔释迦牟尼）身像，故名“大佛寺”。

元朝政府除推崇藏传佛教（“喇嘛教”）外，对于色目人和伊斯兰教也给予优遇。中央设有“回回掌教哈得所”。各地所建清真寺和伊斯兰教活动受到保护。元朝初年，意大利旅行家马可·波罗曾到甘肃行省，在他的游记中说：“西宁境内管辖的城市和堡寨，同样划归唐古忒省疆界之内，属于大汗的版图。这个国家的居民大多数都是佛教徒，不过也有一些伊斯兰教徒和基督教徒。”①传说元时阿拉伯传教士览巴尼·尔卜都·来海曼从伊拉克到我国云南，后来又到青海地区传播伊斯兰教，13世纪末在西宁去世，西宁王速来蛮在今凤凰山为其修建拱北，以示纪念。当时，青海地区的伊斯兰教徒均遵奉“阁的木”教派，即“大依玛姆哈那斐派”。

自元代以来，佛教和伊斯兰教在青海地区盛行，对各族人民的思想、文化，乃至经济生活产生了深远的影响。特别是元代扶持藏传佛教，对青藏高原及蒙古草原后来几个世纪的政治产生了重大影响，为推行政教合一的制度创造了条件。

三、元代青海的经济

元时青海主要的经济生产行业依然是农业和畜牧业，以畜牧业为主。东部农业区旧有的田土得到利用和开发，原有的封建租佃关系得以保留。史载至元八年（1271年）时定西宁州的税粮标准为：旱地每亩输税3升，水地每亩5升，与僧、道种田应纳粮相同。②税粮除田赋外，还有历日、契本、山场、窑冶、房地、

元代纸币

① 《马可·波罗游记》，1981年福建科学技术出版社，第69页。

② 《元史》卷九三《食货一·税粮》。

门摊、煤炭柳、牙例、乳牛、柴、羊皮等32项额外课。[①]而且税率常增，课目渐多。中叶以后有些税目比世祖时代增加了20倍。至元二十三年（1286年），元朝设“西宁州等处拘榷课程所”，负责西宁一带的税收和财政转运工作。

青海广大牧区牧民同封建领主间具有人身依附关系。元朝法令一再声称牧民不得“擅离所部，违者斩”。牧民被固定在各个领地内进行生产，向领主交纳实物税，呈献贡物，支差、当兵，提供驿站所需的马、牛、羊等牲畜。元时交通发达，青海地区的商业贸易也较兴盛，货币在青海地区流通。1955年青海柴达木盆地出土过元代纸币，用毡包裹，计400余张，票面分一贯、二贯、五百文三种，盖有中书省、尚书省的朱红官印。这些实物资料从侧面反映了当时青海商业贸易的繁盛。

甘青一带自宋朝以来曾是茶马互市的主要市场。但到元代，由于元朝疆域广大，北方的战马、南方的茶叶可由政府征调，所以官营的茶马互市即行停止。元初，由政府统购茶叶，销售于藏区，由于加价过高，引起当地少数民族不满，以后政府停止经营，改由商人按引纳税，自行购运。

青海地区的交通状况在元时得到改善。忽必烈即位之初，就派员在藏区设置驿站，以加强对藏区的控制。1260年至1265年间，忽必烈派了一个叫达门的官员进藏，他先到朵思麻的丹斗寺（今青海化隆县境），从汉藏交界处起直到萨迦，总计设置了27个大驿站，其中青海、甘肃境内设置了7个大驿站。当时，青海是大都通往西藏的必经地区，青海各部族和西藏地区僧俗官吏经青海驿道至大都往来频繁，故有“西蕃僧佩金字圆符，络绎道路，驰骑累百，至传舍不能容”的记述。

道路的开通，驿站的设置，使元政府具备了遣使前往青藏高原探求河源的条件。至元十七年（1280年），忽必烈派都实以招讨使的官衔，佩金虎符，取道河州，往求河源。都实行程四月，到达河源附近（今果洛州玛多县之星宿海），见方圆七八十里以内“沮洳散涣”，分布着100多个泉井，登高下视，灿若列星，蔚为壮观。水从这里向东北流100余里，汇入名叫火敦脑儿（意为星宿）的大泽，都实从这里走了七八天的路程，见忽阑河、也里木河合流入赤滨河，水流变大，始称黄河。同年冬，都实奏报往探河源经过，绘有河源城传位置图。延祐二年（1315年），翰林学士潘昂霄根据都实的记载写成《河源志》，至此，人们对黄河之源有了进一步的认识，为以后勘探开发河源工作，奠定了基础。清代康熙四十三年（1704年）拉锡等人的探视河源，仍至星宿海。乾隆四十七年（1782年）阿弥达等人的二次探考河源，将河源西溯到了噶达素齐老峰。

① 《元史》卷九四《食货二·额外课》。

第六章　明代的青海

第一节　明朝对青海地区的统治

一、明朝在青海设置卫所

明太祖朱元璋在南京建立明王朝后，立即开始统一全国的行动。洪武二年（1369 年），遣使持谕招抚藏区僧俗头人。三年，明“征虏大将军”徐达在甘肃定西击败元河南王扩廓帖木儿，命左副将军邓愈西攻河州，五月，邓愈自临洮进军，攻克河州，再次遣使招谕“吐蕃诸酋”。故元“吐蕃等处宣慰使”何锁南普和故元镇西武靖王卜纳剌等降明。邓愈即率兵占领循化、贵德等地。次年，故元甘肃行省右丞朵尔只失结入贡归附，协助明军招抚叛亡，当地土人首领李南哥亦率部归附，于是青海东部不战而下。

河湟地区“北拒蒙古，南捍诸番”，具有重要的战略地位。明朝占领这一地区后，十分重视对它的经营，设置卫所，建立统治秩序。明代，在全国设置 15 个都指挥使司，在边境海疆则增置行都指挥使司，下设卫所。洪武六年（1373 年），改西宁州为西宁卫。在当时全国 5 个行都司中，陕西、四川领有实土卫所，西宁卫属实土卫。以朵尔只失结为卫指挥佥事，以李南哥为卫镇抚。卫下辖中、左、右、前、后 5 个千户所。洪武十一年（1378 年），在碾伯置庄浪分卫，半年后改为碾北（伯）卫，后废，移西宁卫右千户所于此，

明清西宁古城

明代碾伯古城

西宁城中又补中左千户所。成化中右千户所升为碾伯守御千户所，直隶于陕西行都司，约正德初，复为西宁卫右千户所。西宁卫初设时隶陕西都司，后隶陕西行都司，同时遥听治于分巡西宁道（驻甘州，今甘肃张掖）和分守西宁道（驻凉州，今甘肃武威）。宣德七年（1432年）升西宁卫为军民指挥使司，既管军又管民。卫下设有指挥使一员，指挥同知、指挥佥事各七员，属下有镇抚、经历、知事各一员。各所设有正千户、副千户、镇抚等职。

另外，隶于河州卫的积石州千户所于洪武四年（1371年）正月始建，治所约在今循化县境（一说在今甘肃积石山县大河家镇长宁驿古城），所辖范围大致为今循化县和甘肃积石山县一带地区。元贵德州（治今贵德河阴镇），洪武八年（1375年）正月改置归德守御千户所，直隶于陕西行都司（后改隶陕西都司），以故元宣政院同知端竹星吉为千户。所辖范围大致为今贵德、尖扎等地区。积石州千户所不久废去，其地大部分改属归德守御千户所。后者于景泰中改为河州卫所辖中左千户所。

西宁卫和归德千户所为正规卫所，此外在广大牧区还设有若干羁縻卫所。洪武四年，以元必里万户府之地置必里千户所，隶属于河州卫。永乐元年（1403年）升为必里卫，辖地约今贵德县西部、贵南县、同德县等部分牧区。洪武六年（1373年）在今川青藏交界地区设朵甘卫，次年朵甘卫升为朵甘行都指挥使司，今玉树、果洛和黄南州的部分地区属朵甘行都司管辖。永乐十一年（1413年）二月，在今玉树、治多县一带的上下陇卜地方置陇卜卫，以头目锁南斡些儿为指挥使。宣德九年（1434年）在今玉树州通天河流域设毕力术江卫。

明初柴达木盆地一带居牧的民族主要是撒里畏兀儿人，洪武七年（1374年），元镇守撒里畏兀儿之地的宁王卜烟帖木儿遣使赴京朝贡，明朝分其地为阿端、阿真、苦先、帖里四部。八年（1375年）正月，置安定、阿端二卫，并封卜烟帖木儿为安定王。洪武十年（1377年），安定部发生内讧，时值“番将”朵儿只巴叛逃路经此地，大肆杀掠，安定卫人散亡。洪武二十九年（1396年），应安定酋长奏请，复设安定卫。永乐四年（1406年），居地由“阿真之地”（约今阿尔金山南、柴达木盆地西北地区）徙至昔尔丁（今哈尔腾河下游），之后几经周折，到正德年间，东蒙古进入青海，安定卫遭到侵扰而残破，部众再次散亡。

与安定卫同时设立的阿端卫，也因遭朵儿只巴的攻掠而残破。永乐四年（1406年）冬，依其酋长小薛忽鲁扎之请重设。永乐末，曲先卫指挥散即思等劫杀朝使，胁迫阿端卫指挥锁鲁丹同行，明廷派大军讨伐，锁鲁丹惧，率部远窜，后与曲先卫杂处。宣德初年，朝廷一再遣使招抚，赦免其罪，令复故地，于是锁鲁丹子真只罕率部还居帖儿谷故地。据载，阿端卫在正统中数次遣使入贡，后不知所终。属四卫中与明联络关系最少者。其地望应处于四卫中最西隅。

明初，曲先部酋长入贡，与安定、阿端设卫同时，明廷设了曲先卫，任其酋长为指挥。后遭朵儿只巴劫掠，部众窜亡，并入安定卫，居阿真之地。永乐四年（1406年）依安定卫指挥奏请，仍分为二，复设曲先卫，并依其请徙治药王淮（约今柴达木盆地西北部的老茫崖一带）。后遭东蒙古侵扰，部众或窜于穷荒，或西依于吐鲁番。

在安定卫以东、西宁卫以西居牧的是罕东诸部落。洪武八年（1375年），设置罕东等5个百户所。洪武三十年（1397年），罕东酋长锁南吉剌思遣使入贡，诏置罕东卫，以青海湖北为活动中心。正德中，罕东卫亦遭东蒙古蹂躏，部众衰落，残部百余口内迁西宁，先依申中，后依西纳居住。另外，自洪熙以后，罕东卫有一部分移牧甘肃玉门、安西、敦煌一带，其中即有后来发展为罕东左卫的俺章等部。

上述安定、阿端、曲先、罕东四卫，归西宁卫节制，史称“西宁塞外四卫”，与明廷在嘉峪关以西设置的沙州卫、赤斤卫、哈密卫，统称“关西七卫”。塞外诸卫均由其部落首领担任卫官，职位世袭，在辖区内拥有民政、司法、军事等所有权力。他们的属民不列入国家户籍，朝廷既不派流官治理，也不派兵驻扎。部落内部准其因俗而治。

二、河湟地区实行“土汉参治”

河湟地区降附明朝的元朝官吏和一些部落头人，在地方上有着一定势力和影响，明王朝要稳定少数民族聚居的河湟地区，不能不在许多方面倚重他们，于是，对这些故元官吏和部族首领封授官职，称为土官。土官由兵部任命，承担保护边塞，守卫地方以及朝贡、纳税和奉调率部出征的义务。土官可以世袭，子弟世代相传，无子弟者，甥、婿可以继承。土官有自己的“赐”地与属民，在属民中享有一切权利。土民耕种土官的田地，或在其辖区内垦荒耕牧，听其派纳赋

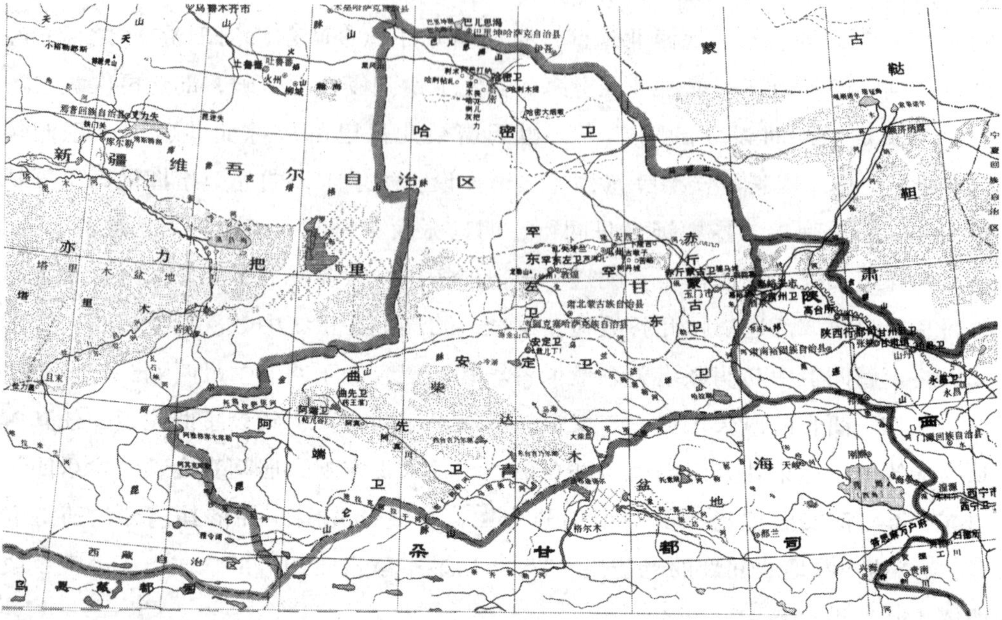

明代西宁塞外四卫示意图

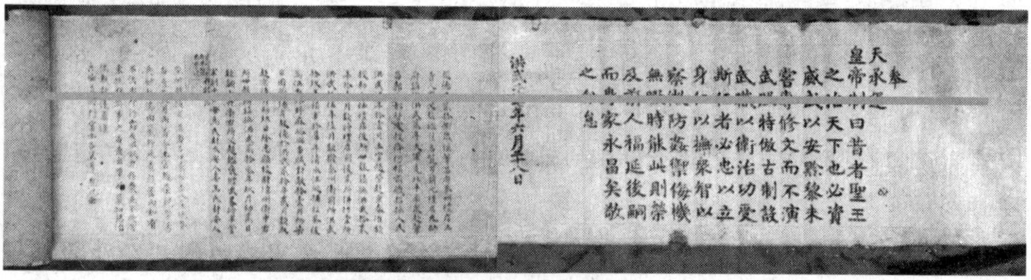

明洪武帝给土官颁发的诰命

税，战时青年男口自备武器、口粮，随土官奉调出征。明朝为了加强控制，在河湟地区实行“土官与汉官参治，令之世守”①的政策，选派内地汉官前来与土官共同任职于卫所，一则利用其丰富的经验加强对地方的管理；二则也防止土官坐大成患。土官除了直接统治自己的属民与辖地外，作为地方官，也根据其职务的大小，协助汉官协调各土官之间的关系和管理不属土官之编户办理的地方事宜等。不论土、汉各官，均统辖于都司，听命于朝廷。

河湟地区土官“有捍卫之劳，无悖叛之事”。②终明之世，土官在安抚各部、调解纠纷、平定叛逆、听从征调、抵御侵扰等方面发挥了汉官所难以发挥的作用。很多土官都因立有战功受到明廷的重用和奖赏。如李英，永乐年间因功被封“会

① 《明史》卷三三〇《西域传》。

② 《清史稿》卷五百十六《土司六》。

宁伯”；李文，宣德年间升为陕西行都司都指挥佥事，后因功封被为“高阳伯”他们为明王朝治理河湟乃至青海地区起了很大作用，因而得到朝廷的优待和扶持。有的还调往异地担任要职。如祁秉忠，万历年间因功升任凉州总兵官，后又任提督蓟辽左都督；冶国器，万历年间因功升昌平副总兵；南木哥，因功调宁波副千户守御；吉保，洪武年间调锦衣卫前所镇抚等。

明代金书铁券

据《循化志》卷四载：“土司之先，以归附有功，赐以安插之地。明初开创，旷土本多，召募番回开垦，遂据为已有”。经过长期的发展演变，到明后期，土官辖地日广，辖民日众，他们强迫属民无代价地为其耕种，也把土地租给编户农民，进行剥削。每逢年节与婚丧等事，常常向属民与编户农民勒索财物等。河湟地区土民和其他民族人民深受其害。到了清初，这些有官爵、有辖地、有土民、有土兵的土官纷纷归顺，清王朝准其承袭原职，并予以土司称号，由礼部铸发印鉴或给予部劄号纸，建立起土司衙门，于是土司制度在青海正式确立。清代土司的始祖大多是明初始封的土官，其中“西宁州土人”有：祁贡哥星吉（居今平安县南，为后世“西祁土司”始祖）、李南哥（居今民和县上川口，为后世“东李土司”始祖）、李文（世居今湟中县田家寨一带，为后世“西李土司”始祖）、吉保（居今湟中县，后世吉土司始祖）、帖木录（居今民和县甘家庄，后世甘土司始祖）、朵力乩（居今民和县泉儿堡，后世辛土司始祖）、哈喇反（居今民和县喇家庄，喇土司之祖）、南木哥（居今湟中县，后世汪土司之祖）、乩铁木（居今民和县朱家堡，后世朱土司之祖）。蒙古族人有：朵尔只失结（居今乐都县北，后世“东祁土司”始祖）、失喇（居今乐都县东，后世阿土司始祖）。藏族人有：沙密（居今湟中县，后世纳土司之祖）、朵只木（居今乐都县北，后世赵土司之祖）。还有汉族人陈自明（世居互助县陈家台）、维吾尔族人薛都尔丁（居今民和县米拉沟，后世冶土司之祖）、撒拉族人神宝（居今循化县，后世韩土司之祖）等。

祁秉忠墓志铭

三、明代青海的军事设置与活动

明代青海与卫所系统平行的，还有一套镇戍系统官职，其名目有总兵、副总兵、参将、游击、守备、把总等，他们所统之兵称为“营兵”，后来成为地方驻军的主体。明初，西宁卫管军5 000余名，镇戍军事系统建立起来后，卫所管军之权日轻。永乐十一年（1413年）置“镇守西宁将领官”，先后有都督同知刘昭、右军都督府都督佥事史昭等镇守过西宁。成化八年（1472年）改西宁镇守官为守备。嘉靖三十一年（1552年）改守备为参将。万历年间，又在碾伯、西川置游击，在古鄯、北川置守备。万历二十三年（1595年），达云以副总兵职临时驻西宁，两年后正式置西宁副总兵。上述均为流官，隶甘肃镇总兵官。次年核定，西宁卫镇戍系统所管营兵9 700多名，另有“防守官”系统，共驻防13处，“或指挥、千百户各以地方缓急大小酌量拨军带领防范，年终更替”。[①]弘治元年设整敕西宁兵备道，由陕西按察副使充任，常驻西宁，兼管凉州、庄浪、镇番、古浪等卫所，有权调动卫所官军，还握有吏治和刑狱大权。

在明王朝和平占领青海初期，也曾遇到过一些反抗。如洪武初年明军攻克河州，故元官吏纷纷降明的时候，镇守青海东部湟水下游的元岐王朵儿只班却拒不归顺。洪武五年（1372年），已归服明朝的朵尔只失结会合河州卫指挥徐景等，领兵至西宁息利思沟闪古儿地方（疑在今互助县境），攻破岐王营，朵尔只班遁去，明军缴获岐王金印、司徒银印等物。朵儿只班不甘失败，次年与反明势力洮州三副使、阿都儿等所聚之众相纠合，驻大通山黑子城，攻击明河州、兰州，被西宁卫千户祈者、公孙奇等领兵击败，朵儿只班逃走，其后不知所终。

洪武十二年（1379年），积石州叛逃土官何昌、七站土官失纳等追随洮州三副使继续反明，被明征西将军沐英追杀。洪武三十五年（1402年），藏族头目亦林真奔叛，率兵攻击归德等地，被明军击败。守御碾伯土官副千户祁贡哥星吉在这次征讨中战死。

明王朝对青海的统治秩序建立起来后，在冲要隘口驻兵防范，对境内少数民族部落之间的抢掠行为尽量制止，对各族人民的反抗坚决镇压，对边远少数民族部落“叛则剿，顺则抚”。永乐末，明朝中官乔来喜、邓成等出使乌思藏，途经安定卫、曲先卫地。安定卫指挥哈三孙散哥及曲先卫指挥散即思等见利忘义，带人劫杀朝使，夺其赐币。洪熙元年（1425年），明朝派西宁卫土官指挥李英（李南哥子）与必里卫土官康寿等前往讨伐。李英等率西宁等卫官军及“西宁十二番族”之众经柴达木，越昆仑山西行数百里至雅令阔（今青新交界一带），与安定卫锁南等战，杀400余人，俘700余人，获杂畜14万余头（只）。散即思率众远遁。次年，宣帝赦免其罪，并派西宁卫指挥陈通等前往安抚，使安定、曲先、罕东三卫受惊溃逃的部落各还故地。曲先卫遣使“谢罪”，贡驼马，明朝将散即思

① 乾隆《西宁府新志》卷十八。

提升为都指挥同知。几年后，散即思又率部多次邀劫往来贡使，梗塞道路。宣德五年（1430 年）宣宗又命都督史昭为大将，率西宁等卫军及安定、罕东之众再次前往征讨。散即思先遁，其党脱脱不花等迎战，被明军击败，死伤甚重。明军俘脱脱不花及男妇 340 余人，杂畜 32 万有奇。不久，散即思遣使贡马“谢罪”。明朝宽大处理，归还所俘，令其还居故地。

由于明朝根据青海多民族杂居、经济文化比较落后的特点，采取了一系列因地制宜的政治措施，因此很快出现了政局稳定、边防巩固的局面。从宣德年间至正德初，青海境内未发生大的战事。正德以后，蒙古各部陆续进入青海，河湟地区为防蒙古封建主的抢掠，增筑堡寨、边墙等防御工事。明代西宁卫共辖堡寨 240 处，其中嘉靖十三年至万历年间新筑 159 处。嘉靖二十五年开始，在西宁卫南北川、西石峡、沙塘川、冰沟、巴暖三川等沿边一带筑边墙、挖边沟、斩山崖约 150 公里，筑烽墩 74 处，派守瞭军 300 多名巡守。万历年间，青海蒙古势力日炽，时常攻袭明边，明朝在青海的统治受到威胁。形势迫使各级统治者重视整饬边务，加强防御。万历十二年（1584 年），西宁卫驻军由嘉靖年间的 4 500 多名增至 9 710 名。继兵部尚书郑洛经略青海之后，万历二十三年（1595 年）五至十月间，甘青地区明军接连三次大胜蒙古，史称“湟中三捷”。其中甘山之捷发生在河西张掖的甘浚山，另外南川、西川两捷发生在西宁卫境。同年九月九日，蒙古永邵卜把尔户部酋瓦剌他卜囊利用重阳节，率部从南川进攻西宁，西宁兵备副使刘敏宽预先设伏，蒙古兵进入捏尔朵峡中大半，突然伏兵四起，遂被击败。以后永邵卜又纠集火落赤、真相、瓦剌他卜囊等部兵力 15 000 人，于十月十三日从康缠沟攻入西川。明甘肃巡抚田乐亲临战场督战，5 000 多官兵与藏族剌卜部落里应外合，再次击败蒙古兵。西宁营中军柴国柱参与是役，后因屡立战功，升为总兵。“湟中三捷”重创蒙古封建贵族势力，从此青海东蒙古渐趋衰落。

四、大顺军进入青海，明王朝统治结束

明代末年，政治腐败，民不聊生，全国各地爆发了大规模的农民起义，其中声势最大的是李自成领导的起义军。崇祯九年（1636 年），起义军惠登相、九条龙曾活动于兰州、临夏和会宁一带，前锋一度迫近青海，青海东部的农民起而响应。崇祯十年（1637 年）六月，碾伯农民黄澄准备发动起义，不料事泄，遭西宁副总兵莫与京镇压。与此同

柴国柱墓志铭

时，镇海堡农民马安邦发动城中军民反明，莫与京带兵前往镇压。西宁卫军士与镇海堡军民多有亲故，不愿为统治者卖命，临阵炮口朝天，而且大部四散逃走。但终因起义队伍势小力单，遭镇压而失败。①

崇祯十六年（1643年），李自成由襄阳率军北上，进潼关，占西安。次年，派其部将贺锦攻取陕甘等地。贺锦属将朱永福由今甘肃永登连城进军民和上川口，包围并攻克土官西宁卫指挥同知李天俞住地东小城，李天俞从水洞逃出，奔往西宁。起义军杀其弟天翕、天命及族属部众数百人。十一月，贺锦攻取河西走廊后，派副将鲁文彬由张掖南下进军西宁，攻取湟水流域。西宁卫地方封建势力土官指挥使祁廷谏、祁兴周父子，李天俞及地方生员胡琏器连同申中藏族千户完冲及连城土官鲁行昌等“歃血订盟”，顽固抵抗。鲁文彬在攻取西宁的战斗中不幸阵亡。贺锦闻讯后，立即挥军南下，在北大通（门源）与赶来协防的鲁行昌相遇，鲁部土兵倒戈投降，鲁行昌只身逃回连城，后被起义军杀死。崇祯十七年（1644年）春，贺锦攻下西宁，祁廷谏等退守南川。但贺锦前往南川招降藏族首领时，不幸中计，轻骑深入，绊入陷阱，后被杀害。

贺锦之死，激起了起义军极大的愤恨。贺锦部将辛恩忠在当地农民群众的配合下，率起义军击垮了残存的地方封建武装，活捉了祁廷谏父子及李天俞等，押送至起义军占领的西安。起义军控制西宁地区达一年之久，其势力达到青海湖地区。但就当时全国形势而言，声势浩大的农民起义已近尾声。崇祯十七年（1644年）5月，清军入关击败李自成部主力，建立了清王朝。顺治二年（1645年），清陕西三边总督孟乔芳镇压了陕甘农民起义军后，进军西宁，大顺军在西宁地区的政权旋告瓦解。

第二节　明代青海的民族与宗教

一、明代青海的藏族

宋元时期的吐蕃，明时称“西番”，即今藏族。明代番族分生、熟两种，“岁时纳茶马者，谓之熟番；其散出关外，易有无于熟番者，谓之生番”。②明初

① 乾隆《西宁府新志》卷二十七，《献征志·人物·莫与京》。

② [清]梁份：《秦边纪略》卷一《西宁卫》。

洪武年间初定河湟后，即遣官招抚西宁附近藏族首领，至者均授以官职，并许其纳马易茶，归附者计有申中族、占咂（章咂）族、革咂族、思果密族（分上下二族）、申藏族、隆奔族、西纳族、加尔即（贾尔即）族、巴沙族、巴哇族、隆卜族、昝咂族共13个部落。

正德、嘉靖年间，东蒙古亦卜剌、阿尔秃厮拥众入居青海，“番人”多失其地而远徙，所留存者成为其役属。万历年间，蒙古真相移驻莽剌川（今贵南县茫拉河一带），火落赤移驻捏工川（今青海同仁、泽库交界处和甘肃夏河县甘家滩一带），黄河南岸藏族亦受其侵扰。明廷为了对付西海蒙古，派郑洛经略青海，降抚藏族二十五部，复业者达万余人。其中除前列洪武间十三族外，又有打不受族、洛巴族、古迭族、珍珠族、那卜尔族、日觉剌麻族、思冬思哥族、红帽儿族、剌卜尔族、昝咂族、思俄思哥族、小扎尔的族、麻加族、奔剌族等。

崇祯十五年（1642年），西宁附近藏族响应贺锦农民起义军，遭明总兵官马炉剿杀达700余人，降抚三十八族（可知明末西宁“近番”已发展分衍为三十八族）。

以上各族，均指被明王朝招抚的西宁附近藏族，此外还有散处于玉树、果洛、黄南、海南等地的诸多“生番”。明王朝在这些地区设置了羁縻卫所，给当地部落酋长封授了千户、百户名号。以黄南地区为例，洪武四年（1371年），永乐二年（1404年）、八年（1410年）、十五年（1417年）间，先后四次对同仁县的阿哇日部落头人，瓜什则寺院中的实权人物进行敕封。宣德二年（1427年）建立了“保安十二族”（包括同仁、泽库两县所有部落）昂索（总土官）制度。昂索府内设管家、秘书、随从等一系列人员，并设有法庭和监狱。昂索下设千户和百户，有的百户直属昂索管理。

藏族人民信奉佛教，明朝采取了“因其俗尚，用僧俗化导为善”的策略，以求达到“安抚一方，共尊中国”的目的，承认并发展了其政教合一的统治制度。但是改变了过去独尊萨迦派的政策，实行“多封众建”。先后封授了三个“法王”（即大宝法王、大乘法王和大慈法王），五个“王”（即阐化王、赞善王、护教王、阐教王、辅教王），十五个“灌顶国师”以及一批“西天佛子”、“大国师”、“国师”、“禅师”、“都纲”等，建立了一套僧官制度。这些僧官不仅管辖寺院僧众，而且也管理寺院附近的部落，如同仁“昂索”府即受命于隆务寺宗教领袖。夏日噶丹嘉措转世系统成了以后“保安十二族”政教合一统治机构的总揽大权者。明王朝通过这种优容宗教的策略，进一步加强了对青海藏区的统治。

除了扶持佛教，实行政教合一统治制度外，在广大藏区，明朝还进一步发展和完善了茶马互市制度，利用经济手段加强了对广大藏区的统治。但就总体而言，明朝对藏区的统治比元时宽松。虽然封授了一些千百户，但行政管理体制远不如元时那样系统化、规范化，而是听凭他们自行管理部落。尽管如此，明朝通过行政、宗教、经济等手段，仍有效地控制着青海广大藏族居住区域。

二、“西海蒙古”及其活动

元亡明兴，元皇室及蒙古贵族退出中原，回到漠北，以后蒙古分裂为东西两部，即东蒙鞑靼部和西蒙瓦剌部。东蒙古实行“六万户制”，分左翼三万户和右翼三万户。正当这六翼蒙古互不统属、处于封建割据状态之时，达延汗兴起，致力于东蒙古内部的统一。他控制了左翼三万户后，就将锋芒指向以亦卜剌、满都赉阿固勒呼（阿尔秃斯）为首的右翼三万户。于是，达延汗命其次子乌鲁斯博罗特为济农，前去统治右翼三万户。亦卜剌、阿尔秃斯共谋刺杀了乌鲁斯博罗特，达延汗即挥师讨伐。在达延汗的追击下，亦卜剌、阿尔秃斯遂于正德四年（1509年）率残部一万余众逃出河套南下。他们辗转于甘肃河西地区，到正德七年（1512年）进入青海，攻破安定、曲先等卫。正德九年（1514年），为躲避明三边总制彭泽所部大军的征剿，又逃离青海。明军回师不久，亦卜剌等又于正德十年（1515年）率部返回，驻牧于西海（青海湖）一带。

亦卜剌、阿尔秃斯入居西海，为蒙古大批入居青海开了先河。继亦卜剌之后入居西海的还有东蒙古卜儿孩部。卜儿孩入居西海后，受制于亦卜剌。入居者还有以整克为首的蒙古部落和大同部落等。

嘉靖十二年（1533年），达延汗三子巴尔斯博罗特的长子吉囊率部进入西海。《明史·西域传》载：“河套酋吉囊引众西掠，大破亦卜剌营，收其部落大半而去，惟卜儿孩一枝敛众自保”。自此，亦卜剌销声匿迹，退出了历史舞台。嘉靖二十三年（1544年），吉囊弟俺答率部再次进入青海湖地区，抄掠了卜儿孩及当地藏族部落而去。嘉靖三十八年（1559年），俺答又携子丙兔、侄孙宾兔等数万众袭据青海。留居一年有余，后因部内传染病流行而返回云中，“留宾兔居松山，丙兔据青海”。

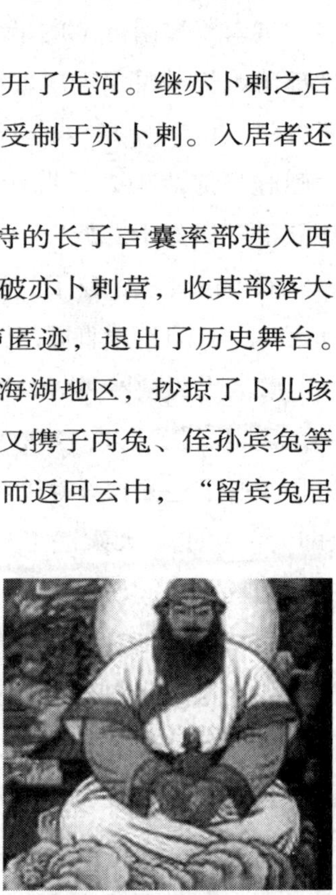
俺答汗画像

隆庆五年（1571年），俺答与明廷通贡议和，受封为“顺义王”。万历二年冬（1574年），明廷又许丙兔一年一次市易于甘州，宾兔市易于庄浪。这样，明廷实际上已默许蒙古在青海长久驻牧，东蒙古势力由此在青海发展壮大。

万历五年（1577年），丙兔在青海湖南今共和县恰卜恰修建佛寺，明廷赐名“仰华寺”。万历六年

（1578 年），俺答邀请西藏哲蚌寺法台索南嘉措至仰华寺，俺答尊索南嘉措为“圣识一切瓦齐尔达喇达赖喇嘛”称号，“达赖”尊号自此产生。以后历辈转世，对青藏高原的宗教和政治产生了深远的影响。索南嘉措也赠俺答“咱克喇瓦尔第彻辰汗”名号。以后，俺答汗偕索南嘉措返回土默特（今呼和浩特附近），藏传佛教格鲁派因此广泛传播于广大蒙古草原。索南嘉措死后，俺答汗的重孙云丹嘉措被认为是索南嘉措的转世“灵童”，成为四世达赖。

随着俺答势力在青海的扩展，又有许多东蒙部落入居西海，据记载有 29 支之多。其中主要者为俺答子丙兔所部威武慎，火落赤为首的哆啰土蛮部和永邵卜把尔户部诸蒙古部落。

万历十年（1582 年），俺答病故于土默特，鄂尔多斯、土默特及西海各部蒙古失去首领，西海各部遂各行其是。俺答病故不久，其子丙兔亦相继去世，丙兔之子真相袭其领地。但其威望与地位远不如其祖。这一时期在青海势力最强者为火落赤，其弟克臭、麦力良，其子广台吉、乞庆台吉，皆驻牧于西海地区。火落赤与永邵卜巴尔户部、真相成为游牧于青海的主要部落。此外，土默特部首领、俺答孙顺义王扯力克与忠顺夫人三娘子也率部进入青海。鄂尔多斯部的把都儿黄台吉之子卜失兔及松山宾兔之子阿赤兔、宰僧等亦长期驻牧于此。到万历中期，驻牧于西海地区的蒙古部落达“十万之众”，成为右翼蒙古势力在青海的鼎盛时期，也是与明朝冲突最为激烈之时，东蒙势力开始由原来的青海湖周围与今海西东部向黄河以南富饶的河曲地带发展。

三娘子画像

万历十二年（1584 年）真相移驻莽剌川，十六年（1588 年）火落赤移驻捏工川。以火落赤为首的蒙古部“掠番扰边”已到了无所顾忌的程度。永邵卜把尔户部酋瓦剌他卜囊还于十六年进犯西宁一带，射死了出城御敌的明西宁副总兵李魁。万历十八年（1590 年），俺答汗之孙顺义王扯力克来到青海仰华寺，对蒙古诸部入掠河湟起了火上浇油的作用。这年六月，火落赤纠合真相等部攻入洮州，明副总兵李联芳率 3 000 人抵御失败，全军覆没。七月，火落赤又大掠河州、临洮、渭源，总兵官刘承嗣与游击孟孝臣抵御失败，“西陲大震”。于是，明廷派兵部尚书郑洛经略青海。郑洛先以武力迫扯力克等率部东归蒙古草原，后布“招番之令”，招抚大批为蒙古部落裹胁驱使的藏族部落，又进兵青海湖地区，焚烧了仰华寺，逐其余众而归。自此，西海蒙古势力从发展的顶峰渐趋低谷。

从万历二十三年（1595 年）到崇祯五年（1632 年）间，活动于青海的东蒙

青海境内明长城

古部落主要仍为火落赤、真相、巴尔户（永邵卜部）等三部。他们“屡入钞掠”，但终无大的发展。明朝为防御“西海蒙古”，从嘉靖后期开始，历时半个多世纪，在西宁卫周边修筑长城（俗称“边墙”），开挖壕堑，并修筑烽火台、堡寨、敌台、关等防御体系。据2009年前后普查，青海省境内明长城总长度为363公里。

万历三十年（1602年），西海蒙古曾派军队护送四世达赖入藏。万历四十年（1612年）前后，西海蒙古将主要精力放在了西藏方面。此时，西藏黄教（格鲁派）因遭反对派的进攻而处在危难之中，西海蒙古便以保护者的身份于万历四十六年（1618年）进兵西藏。与藏巴汗彭措南杰进攻拉萨的部队交战，蒙古军队失败。天启元年（1621年），西海蒙古又一次派兵进藏，与藏巴汗在拉萨江塘岗一带交战获胜，从而为五世达赖的转世与坐床创造了条件。尔后不久，西海蒙古内讧，永邵卜部落移入藏北，漠北喀尔喀却图汗乘虚进占青海，征服了在兄弟内讧中损尽了实力的西海蒙古火落赤的后裔。进入青海后，却图汗表面上维持黄教，暗地却与红教联系，派子阿尔斯兰率军万人前往西藏，意欲消灭黄教。四世班禅罗桑却吉坚赞等西藏黄教首领便向天山一带的西蒙和硕特部顾实汗求援，顾实汗于崇祯九年（1636年）率和硕特部与准噶尔部巴图尔珲台吉所部由乌鲁木齐一带东来，进驻青海。与其同来的还有土尔扈特部和辉特部的部分部众，以后又有准噶尔的一部，称绰罗斯和喀尔喀的一部前来附牧。因此，史料有青海“蒙古五部”之说。崇祯十年（1637年）正月，顾实汗在今刚察一带擒杀了却图汗。在礼送巴图尔珲台吉所部回准噶尔后，顾实汗占领了以青海湖为中心的广大牧区，收服了青海南部藏族各部。崇祯十二年（1639年），进兵康区，于次年消灭了今甘孜地区的白利土司，收降了西康地区的藏族部落。十五年（1642年）春，率军进藏，消灭了藏巴汗，并先后征服了前后藏各领主，至此，顾实汗成为整个青藏高原广大牧区的统治者。随着顾实汗在拉萨登上王位，黄教护法权由东蒙古土默特部转到西蒙古和硕特部，东蒙古部落在青海和西藏地区的活动便告结束。此后，西蒙古和硕特部统治西藏达70余年之久。终明

顾实汗像

之世，青海广大牧区也一直在顾实汗诸子的分区统治之下。

三、回族、撒拉族和保安族的形成与伊斯兰教在青海的传播

元时青海地区的回民已有相当人数。明初，随着全国社会经济的恢复，甘青一带回族的经济生活也有了很大发展。明代，因“移民实边”或从军西征来到青海的内地人很多，其中有大量随征回回将士。他们的迁来，增加了原有回族的数量。在青海农村，回族往往自成村落，在城镇则聚居关厢或若干条街巷，具有大分散、小聚居的地域特征。他们从事农业生产，并兼营牧业、手工业、小商业等。

回族的语言，在其东迁初期，使用阿拉伯语、波斯语及部分“西域亲军”使用的西域地区民族语言。随着长期与汉民族交错杂居，为了社会交往之需要，他们大部分逐渐学会了汉语。特别是大量汉族妇女融合于“回回”群体之中，遂使汉语成为其基本的生活用语，但也保留了一些阿拉伯语的词汇。

到了明代，回族之中原有的阿拉伯及波斯等西亚传统文化已逐步消失，如衣着等文化特征基本已与汉人无别，开始大量使用汉语姓名。但在伊斯兰教信仰下，相互之间经济上的联系日益密切，逐渐形成了他们共同的民族意识和共同的心理素质。明代，回族已作为一个民族整体正式形成并扎根于甘青一带的土地上。

洪武十年（1377 年）十一月，大将沐英征西。应青海回族上层人士的请求，由沐英奏准在西宁修建了规模宏大的清真大寺。该寺占地 28 000 平方米，大殿面积 2 000 余平方米，其总体规模大于现今东关清真大寺。[①]由于朝廷和地方官员的支持，伊斯兰教在西宁地区很快得以传播，影响逐渐扩大，这对回族在青海地区的发展起了重要作用。

东关清真大寺

自元代撒拉人先民迁徙循化后，由于共同的宗教信仰和生活习俗，撒拉族先民与回族的关系比较密切，回民成为撒拉人吸收新成分的主要来源。撒拉族的很多姓氏就是由邻近回族转化而来的。他们又与周围藏族通婚。经过不断补充和吸收新的血液，到明代中叶，撒拉人口已达“男妇一万名口”，逐渐形成为一个新的民族共同体。

撒拉族有本民族的语言，撒拉语属阿尔泰语系突厥语族西匈语支的乌古斯语组。其语言内部比较一致，没有方言的差别。由于长期与周围回、汉、藏等民族的交往，因而其语言也吸收了不少汉语和藏语的词汇。撒拉族没有本民族文字，

① 孔祥录、喇秉德：《名闻遐迩的西宁东关清真大寺》，《青海民族学院学报》1985 年 2 期。

在长期发展过程中，以汉文作为交往的工具。

撒拉族先民定居于循化街子一带后，繁衍生息，形成了8个自然村落（上房村、撒里房村、撒兰巴亥村、黑大门村、韩巴村、马家村、托伦都村、沈家村）。以后，随着人口的不断发展，居住区开始由街子向周围地区扩展。这样，在整个循化地区就具有了十二“工”（行政村）的居住雏形。到了清代雍正年间，便以“十二工”的名称登入册籍。

明代，今循化为河州卫管辖，撒拉族为河州卫“领茶中马十九族之一”。与西宁卫一样，明对河州卫辖撒拉族亦采用土汉参治的统治方法。其首领神宝于洪武六年（1373年）被任命为世袭“昭信校尉，管军百户”。至其孙韩贵袭职时，升为副千户。他们世代承袭，效忠于明朝。

撒拉族信奉伊斯兰教，随着民族的发展，宗教制度本身也有了进一步发展，出现了世袭“尕最”制，亦称“世袭总掌教”制。尕最居住街子大寺，掌管一切宗教事宜，也是宗教法庭的最高裁决者。尕最之下设有“三长”，即海依、伊麻目和阿提布。各工的海依寺（总寺）也有此三长，所不同的是后者不能世袭。而各村的支寺只有阿訇一人，称“依玛目”。各工的总寺（海依寺）和各村的支寺均由尕最统领。

撒拉族基层社会组织为“阿格乃”和“孔木散”。“阿格乃”是血缘组织，由同一父系的若干个小家庭组成。几个阿格乃组成一个“孔木散”。孔木散就是同根之意，是一种远亲血缘组织，以后又逐渐发展成为地缘组织。每个孔木散都拥有共同的山林和坟地，由“哈尔”（头人）掌管孔木散的一切事宜。撒拉族村落，就是由一个乃至几个孔木散组成的。这种阿格乃、孔木散社会组织，一直延续到新中国建立初期。“哈尔”，则成为世袭土官和世袭总掌教进行政治和宗教统治的基层支柱。

明万历年间，为守边防御，在今同仁县修筑保安城堡，设置“保安营”，隶属于河州卫。其中有一批信仰伊斯兰教的蒙古人，长期留屯于此，与当地藏族和土人等交往、融合，逐步形成为一个新的民族群体，聚居于隆务河两岸的保安（脱加）、下庄和尕撒尔等地，称为“保安三庄”。因此，人们称这部分人为“保安人”。保安人有自己的语言，属阿尔泰语系蒙古语族，与土族、东乡族语言接近，同时也吸收了大量汉语词汇，无自己的文字。保安人信奉伊斯兰教，生活习俗与回族相似，从事农业生产，兼养少量牲畜。清咸丰、同治年间，因农业灌溉问题，受隆务寺宗教上层和当地一些头人的欺压，被迫离开青海，迁居到今甘肃积石山县大河家、刘集一带。新中国建立后正式定名为“保安族”，成为祖国民族大家庭中的一员。

四、土族的形成与发展

元末明初，“西宁州土人”之称普遍见于史籍。虽然直到民国时期，人们仍然称其为土人，中华人民共和国建立后正式定名为“土族”，但在明代，土人作为一个民族实体已经基本形成。有明一代，土官在其安置地域具有较大的权力，随着土官势力的不断增长，土民队伍也因此壮大。其中一些土官，虽其始祖为蒙古或藏族，由于他们大多在土民聚居地区，因此这些土官及其部众也逐渐融入土民之中。此外，还有一些蒙古族、藏族及撒里畏兀儿人也融入土民之中。如明正德年间，安定卫遭亦卜剌残破后，部众散亡，“仅存遗孽江缠尔加僧俗口四十有奇，徙居沙棠川威远堡东”，成为西宁地区土族之一部。今黄南州同仁地区，明永乐年间开始设“保安四屯”，即吴屯、季屯，李屯（分上下二屯）、脱屯，曾由内地迁来大量汉人屯田戍边，当地藏民称其为“汉四寨子”，后来曾称“四寨子族”。《循化志》载：“保安四屯，实内地民人，久居番地，染其习俗，竟指为番人，似误矣。”这部分人因与土民长期为邻，在生活习俗和宗教信仰等诸方面受土民影响，与土民形成一体，成为同仁地区土族的主要组成部分。

在元明以后的长期发展过程中，土族逐渐形成了以今互助、民和、大通、同仁为中心的四个主要聚居区。其分布地域还扩及甘肃临夏和河西走廊东部。在这些地区，他们又有小范围的聚居点及村落，与邻近的汉、藏、回等各民族友好相处。土族先民主要从事畜牧业，兼营农业。到了明代，逐渐演变为以农业经济为主。土族有本民族的语言，属阿尔泰语系蒙古语族。土语又分互助、民和、同仁三大方言区，没有本民族文字，一般文书使用汉文，因信仰藏传佛教之故，有的也使用藏文。土族男性多着羊毛褐衫，系腰带。女性穿长袍，戴毡帽，喜插花饰。男女衣服领口、袖头、腰带等处多绣有各种花纹。土族擅长歌舞，民间多有演唱叙事诗的习惯。明时藏传佛教格鲁派（黄教）在青海盛行，土族聚居地区有佑宁寺（今互助县境）等黄教著名大寺。因此，土族和邻近的蒙、藏民族一样，普遍信奉藏传佛教，不少土族子弟入寺为僧，许多土族高僧活佛著述留世，对土族和蒙、藏文化的发展产生了一定的影响。

五、宗喀巴的诞生与黄教的兴盛

明代对于藏传佛教的政策基本承袭元制，但改变元时独尊萨迦派的政策，对藏传佛教各派首领均予尊崇封号，对进贡番僧均予优厚赏赐。允许广建寺院，并赐封土地，专敕护持。其中规模最大者为洪武二十五年（1392年）赐额的瞿昙寺（今乐都县境内）。明廷先后有七个皇帝为瞿昙寺颁布敕谕，并为该寺封授大国师、国师、都纲各一，颁金、银、铜印和佛像、袈裟诸物多件，还赐予该寺大

瞿昙寺全貌

量田地、园林、山场。瞿昙寺领有13个属寺，管辖四周大范围的藏汉各族群众。瞿昙寺主紧紧依附于朝廷，集政教权力于一身，成为当地的实际统治者。

明初，盛行于青藏高原的藏传佛教主要有萨迦派（花教）、宁玛派（红教）、噶举派（白教）和噶当派，其中一些教派不重视宗教戒律，不习“显宗”，重视“密宗”，受到人民群众的厌弃，越来越不得民心。在这样的背景下，出现了一位宗教改革家——宗喀巴（1357~1419年）。他创立了藏传佛教一个新的派别，即格鲁派，俗称“黄教”。

塔尔寺宗喀巴塑像

宗喀巴诞生于青海的宗喀吉热（今湟中县鲁沙尔镇）。其父鲁本格，元时任达鲁花赤。宗喀巴本名罗桑扎巴，因出生在宗河（今湟水）之滨，后来被尊称为“宗喀巴”。宗喀巴七岁正式剃度出家并受沙弥戒，法名洛桑扎巴贝。自此至十五岁，一直在夏琼寺（今化隆县地）随顿珠仁钦学习显密诸法。十六岁赴西藏学经。二十四岁在雅隆地区的南杰拉康寺由曲称仁青堪布授比丘戒。此后的二十多年间，宗喀巴不断追随很多著名大师，学习显、密经论，宗教造诣日臻成熟。同时他博览群书，掌握了诗学、医学等多种学科知识。于是采众家之长，改革藏传佛教。他主张先显后密，重视戒律，严禁僧侣结婚娶妻，创立了格鲁派。因格鲁派僧众均戴黄色僧帽，因而俗称“黄教”。永乐七年（1409年），宗喀巴在拉萨大昭寺主持了为纪念释迦牟尼而发愿祈祷的一次大规模宗教活动，此后遂成定制，年年举行。通过这次祈愿法会，使格鲁派得到了大范围的传播，影响日渐加深。同年，在宗喀巴的操持下修建了甘丹寺。永乐十三年（1415年）还亲自为哲蚌寺主持了“开光”仪式。宗喀巴成为西藏地区名重一时的宗教大师后，受到了明廷的重视，永乐皇帝曾派专人前往拉萨迎请入京。他因事繁年迈，派弟子释迦也失代为前往。永乐十三年（1415年）明廷封释迦也失为“西天佛子大国师”。宣德九年（1434年），释迦也失再次入京时被封为“大慈法王”。正统四年（1439年），释迦也失在京圆寂，英宗敕建弘化（又作“鸿化”、“宏化”、“红花”）寺，以“藏其佛骨”。弘化寺位于今民和县转导乡红花村，寺建在城堡之中。由于得到朝廷的扶持，该寺成为明代河湟地区最有影响的寺院。

弘化古城

宗喀巴一生著述浩繁，重要著作有《菩提道次第广论》和《密宗道次第广论》等，《宗喀巴全集》见于木刻问世的有十六部之多，据传还有三部未曾付印。他所创建的黄教对西藏佛学的各个流派兼收并蓄，在理论上特别使大乘佛教更系统化、具体化，使佛学理论得到了发展，而且易于被僧众接受。因此，黄教一经创建，就在藏区广泛传播，黄教寺院大量出现。当时青海境内黄教寺院主要有灵藏寺、弘化寺、隆务寺、郭隆寺（清时改称“佑宁寺”）、仰华寺等。其他教派则势力渐衰，红教局限于黄河以南及果洛部分地区，白教和花教仅仅在玉树地区占有一席之地。黄教势力几乎垄断了整个青海藏族地区，对青海的政局产生了深远的影响。明王朝也通过它有效地维持并实施了对广大牧区和少数民族地区的封建统治。

明代鎏金铜佛像

第三节　明代青海的经济

一、屯田与移民

明代青海地区土地占有关系比较复杂，不同时期又有一些变化。大体而言，东部农业区以国有屯田及封建领主（或地主）和寺院的土地所有制为主要形式，以零星的自耕农土地作为补充，西部、南部牧业区则是部落领主占有制。西宁卫、归德千户所均属沿边卫所，国营屯田在农业中占有重要地位。永乐年间，西宁卫有屯田 2 025 顷 52 亩，①归德千户所 8 屯估计约有屯田 400 顷左右。正统三年（1438 年），西宁卫屯田与科田总共有 2 756 顷 46 亩，按当时的纳租比例计算，屯田约占 60%，科田约占 40%。②至嘉靖二十九年（1550 年），西宁卫有屯田 1 830 顷 91 亩多，科田 1 351 顷 31 亩多，③屯田仍占多数。归德所明末有屯田“571 顷 4 毫”，④科田不详。所谓“科田”，大致包括各级土官、汉官和大小领主（地主）占有的土地中应向国家纳粮税即“升科”的部分、自耕农所有的土地以及军户额外所垦小块土地中应“升科”的部分等。明初对归附的土官一般赐予较多的安插土地，这些土地的大部或一部分不向国家纳粮，因而不包括在“科田”中。另外寺院占有大量土地，如瞿昙寺占地东至今乐都县洪水、蒲台、中霸一带，西至乐都县高店沟，平安县东沟、古城，南至拉脊山与化隆县分界处，北至湟水，方圆 100 多平方公里。寺院土地不向国家纳赋。分布在今湟源、大通、化隆等县一带的“西宁十三族”，农业成分较多，如其中申中族、隆奔族、西纳族等都“以田畜为业”，占有一定数量的耕地。据《明英宗实录》载，宣德十年（1435 年）三月，西纳等六族因上年歉收，春播乏种，曾向西宁卫官仓借籽种 300 多石。可见西宁地区藏族兼营农业的规模也较可观。但他们只向明政府纳马，并不纳粮。

明代河湟地区的屯田以军屯为主要形式。西宁卫于洪武十年（1377 年）开始实行军屯，归德千户所于永乐九年（1411 年）开始实行军屯。明代每卫额设兵 5 600 人，每千户所 1 120 人。明初西宁等卫以驻军的十分之三守城，十分之七下屯，归德千户所以十分之八下屯。下屯军士称为屯军，专职耕种。永乐年间屯田的管理制度十分完备，军屯的各级组织管理系统、屯田赏罚例、租物本折标准、样田考较法等屯田管理法规先后颁行全国，有的内容刊刻在红牌上，发至各地。此即所谓的“红牌事例”。其要点是规定赏罚，以示激劝。不得擅调屯军改任他役，禁止买种、代种屯田等，以使屯军勤农不懈，保证屯粮征收。屯田由本卫的管屯指挥、千户、百户、总旗、小旗层层管理。屯军的姓名，所耕屯地的面积、

---

① 康熙《陕西通志》卷十。永乐中的科田额未留下记载。根据明代驿递制度，洪武、永乐中西宁卫所管地区农民仅应递运所、急递铺的差役就相当于纳民粮 3 105 石，驿马、骡佥民应差，相当于征收民粮 5 700 多石，合起来为 8 800 多石，如果按每亩纳粮 5 升计，这些粮差约相当于 1 760 顷科田上所应纳的粮数。

② 据顺治《西宁志》第一册《岁计志·屯田》载，正统三年，额设屯、科田 2 756 顷 46 亩，屯、科粮 25 012 石 6 斗。按当时屯粮征收科则，每亩纳 1 斗 2 升，科田每亩约 5 升，经计算，屯田大致是 1 640 顷许，科田大约是 1 110 顷许。

③ 顺治《西宁志》，《岁计志·屯田》。

④ 乾隆《西宁府新志》卷十六《田赋志·贡赋》。

座落四至、屯粮数额等登记在“屯田黄册”上，它是明政府对军屯生产实施管理的基础。兴屯初期，西宁卫、归德所每名屯军耕地 50 亩，农具牛只由官提供。永乐初屯军除上缴正粮 12 石供本人以后按月支领自己食用外，每人必须再缴余粮 12 石，等于每亩屯地平均向官府纳粮 2 斗 4 升。永乐初期是明代屯田兴盛时期，河湟地区屯粮收入足可支付驻军所需，屯田政策收到了足食强兵、减轻农民负担的效果。但是屯军负担的租额过于沉重，一遇灾歉，交纳屯粮十分困难。永乐二十年（1422 年）规定纳余粮 6 石，即每亩纳余粮 1 斗 2 升。这一租制遂成定制，一直延续到明代中期才发生变化。从天顺三年（1459 年）开始，屯军在缴纳屯粮的同时，随纳屯草。各地纳草数额不同，西宁卫大致每缴屯粮 1 斗，随纳屯草 1 束（约 18 市斤）。从成化七年（1471 年）开始，规定每百亩屯田纳银 1 钱，叫做“地亩银”，用来贴助买补欠马。西宁卫实际每顷地征银 1 钱 6 分 2 厘多。

明代西宁卫屯田的分布范围大致在湟水河谷地区，西至今湟源县西石峡，南界拉脊山，向东奄有今湟中县、西宁市、大通县南部、互助县南部、平安县、乐都县、民和县，这里屯田与民田交错分布。归德千户所屯田位于今贵德县莫渠沟河流域、尖扎县康杨乡一带和同仁县隆务河中游河谷地带。宣德以后，屯田制度渐遭破坏，屯粮收入递年减少，屯军不断逃亡，屯地因抛荒或被转佃、典卖而不断减少，河湟等地的军饷供应渐渐仰给于内地农民转运。民运时有逋欠，国家不得不每年拿出大量“年例银”供应边用。嘉靖以后，明政府根据形势的变化，对屯田政策作了一些调整与改革，军屯有些变质，屯田不再按每军 50 亩给授，而是不拘军民，量力承佃，部分抛荒屯田听任军民僧道土客流寓各色人等尽力开垦，世为己业。屯粮征收标准有所降低，如嘉靖中西宁卫屯粮每亩约纳 9 升 4 合，河州卫屯粮约每亩 6 升。万历十一年（1583 年）甘肃镇屯田与科田拟为一则，按土地肥瘠统一分等征税，平均每亩纳粮约 4 升 7 合。这些变化反映出军屯渐渐趋于解体，屯田逐步向民田转化。

明代伴随着实行屯田，全国各地不少汉族（也有一部分回族）人民来到河湟地区从事屯田或戍守，有些定居下来，直接影响到今天青海的民族构成和分布格局。洪武、永乐时，西宁卫有官军户 7 200 户，归德所有官军户约 1 100 多户。河湟地区的军户除归附明朝的元代兵卒和土著民壮外，其来源大致有三。一是明初随邓愈、沐英等将领戡定关陇，先后进据河湟地区的军卒，其中多为江左淮泗一带的人。民国时人们还可在西宁等地见到穿弓鞋的妇女，这种服饰在甘肃临潭、岷县一带也有，《洮岷志》称着弓鞋妇女为“凤阳婆”。由于明初军卒多安徽凤阳籍，落籍西北后，原籍妇女与之俱来，因此部分女子服饰犹存古风。明代中后期也有此种情况，西宁市城北区马坊乡下朝阳村《王氏家谱》记载：“始祖政孝公，系南京凤阳府凤阳县

朱元璋像

马皇后像

人，明隆庆初年从军西征，屡建战功，后被升补为指挥使，至晚年弃武就农，定居此地。”二是因罪充军或被籍为军户后发配来的。据有关记载，来西宁及河西地区边卫的有山西、河南、山东、湖广、陕西、南北直隶、保定、安东、沈阳等府州县被抑配为军户者。[①]此外，据传洪武年间南京珠玑巷（或作“竹市巷”等）居民元宵扮演社火，有人化装猴戏，倒骑马上，明太祖朱元璋认为系有意污蔑马皇后，于是将全巷居民或杀或发配到边疆。此事正史无载，是否实有其事，尚须进一步考证，但青海部分汉族生活习俗与南京人极为相似，也有一些碑碣、家谱的记载可以证明其祖先来自南京。类似这样因罪谪边而来青海者不少。三是正常调拨来此定居的。如保安四屯，“屯兵之初，皆自内地拨往，非番人也。故今有吴屯者，其先盖江南人，余亦有河州人。”[②]由上述几种途径，河湟地区明初得有军户 8 000 多户。非土著的军户大都挈妇携子来河湟地区着籍服役，军户世代为军，正丁死亡，其子弟顶补。

除军户外，因各种原因，如逃荒避难、经商做工等来青海定居的民户也不少。贵德有 48 户民户即由河州迁来，自耕自食，协助官军守城。明中叶以后，边疆屯田允许民户承种，明政府多次劝谕内地民户来边屯田，河湟地区户籍记载中，民户数字也有逐渐上升的趋势。

明代屯田延续 200 多年，对后世的影响比较深远。由于实行屯田，加大了元代以来青海地区半农半牧经济中农业经济的比重。明代因实行屯田而新辟的土地，开竣的渠道，大多沿用至今。虽然明代屯田与前代相比，面积不算大，效益也不算很高，但以屯田所获就近供军，减轻内地军民的运输负担，对保卫西北边疆的安定，还是起了一定的积极作用。由于很多内地农民来边屯戍，带来了中原地区较先进的生产技术，促进了青海农业的开发。

二、牧业与“马政”

明代青海绝大部分地区居住的是以畜牧业为主的少数民族，如藏族、蒙古族、撒里畏兀儿等，他们经营畜牧业的主要方式仍然是传统的逐水草而居的放牧方式，饲养牲畜的种类也与前代相同。

明代前期，青海畜牧业经济比较发达。洪武末年，明政府开始实行金牌制，

① 《明会典》卷十九《户口·逃户》，《明太祖实录》卷二四四。

② 乾隆《循化志》卷四《族寨工屯》。

纳马赐茶。共颁金牌41面，额定纳马13 800匹，其中出自青海境内的就有10 755匹，约占总数的78%。宣德五年（1430年），镇守西宁都督史昭等奉命讨伐曲先卫，获驼马牛羊32万多头。①僻居柴达木西部一隅小小的曲先卫，拥有牲畜如此之多，柴达木乃至青南地区畜牧业发达之状况，由此可以概见。明中期以后，蒙古部落陆续成批进入青海，攻掠藏族和“塞外四卫”，从此青海境内有了所谓“海寇”之患。明朝与青海蒙古时常发生武力冲突，战乱频仍，畜牧业生产遭到很大破坏。虽然后来蒙古族曾与明朝建立互市，一度关系和好，蒙藏两族的矛盾也有所缓和，但畜牧业经济终未恢复到明代前期的水平。

除藏、蒙古各族以部落或帐户为单位经营的畜牧业外，明政府也在青海境内置牧马监苑，牧养官马。洪武三十年（1397年），置甘肃行太仆寺于甘州卫，掌甘肃各边卫所营堡的马政。永乐四年（1406年），置甘肃苑马寺于碾伯，辖6监23苑，其中4监16苑在今青海境内。甘泉监，辖广牧、麒麟、温泉、红崖四苑；祁连监，辖西宁、大通、古城、永安四苑；临川监，辖岔山、巴川、暖川、大河四苑；宗水监，辖清水、美都、永川、黑城四苑。明代马苑视牧场广狭，分三等。按规定，上苑牧马万匹，中苑7 000匹，下苑4 000匹。青海境内16苑，即使全部按下苑计，牧马也应有64 000匹。甘肃苑马寺于正统二年（1437年）被裁撤，所养官马并入陕西苑马寺。②

三、北山炼铁厂

青海地区早在铜石并用时代便已出现冶铜手工业，铁的冶炼和应用也由来已久。但是由于地处僻远，经济落后，手工业生产很不发达。至明代，西宁卫大量用铁仍靠从内地转运。“陕西行省岁供甘州军需熟铁十万九百余斤，风翔岁供西宁熟铁七千五百余斤。”③然而仰赖内地耗资费力，且入不敷用。万历二十四年（1596年），甘肃巡抚都御史田乐命西宁兵备按察副使刘敏宽募铁师采矿冶铁。刘敏宽从陕西、山西召来技术人员，在今互助北山设厂，建铁炉二座，另设官厅六楹，营舍50间。每座铁炉有炉官一人，铁师（技师）一人，学徒四名，选矿工二人，铁匠二人，石匠一人，木匠一人，运铁工二人，采柴工二十人，烧炭工二十八人，拉风箱工八人，共计七十人。每月一炉出铁二次，约得生铁3 000斤，两炉每月即得生铁6 000斤。自刘敏宽设厂炼铁后，“省役夫之劳，而铁倍其用，大称便利。”④但是这个铁厂不

---

① 《明宣宗实录》卷七三，宣德五年十二月癸巳。

② 《明英宗实录》卷二七，正统二年二月戊子。

③ [明]刘敏宽：《北山铁厂碑记》，顺治《西宁志》卷三。

④ 乾隆《西宁府新志》卷十。

久即停办，清初史料已无记载。

青海北山炼铁厂属于官办性质，工人皆从军队抽调而来，先修筑房舍，后习艺学技，充当技工。铁厂虽犹如昙花一现，很快停办，没有发展下去，但它毕竟是青海工业发展史上具有开创性的事件，在一定程度上突破了传统手工业作坊形式的生产方式，初步具有了工厂手工业的一些特点，比如设厂生产、集体劳动、聘请技匠、明确工种等等。从社会效益而言，北山炼铁厂不仅供应了明末青海边防的军事需要，而且对促进青海地区民用手工业的发展起到了积极作用。

四、茶马互市与民间贸易

青海出产的良马，是明政府因国防之需而急欲得到的。各少数民族人民长期以来业已养成饮茶的习惯和嗜好，但茶又产于中原地区，于是明政府继承唐宋以来与西北少数民族实行茶马互市的做法，实行茶叶专卖，与藏族和其他少数民族开展茶马贸易，并制定了更加完备的茶马市易和差发马匹制度。

洪武四年（1371 年），在陕西、四川等产茶地方设茶课司，按定额收贮茶叶。五年，于秦州（今甘肃天水市）设茶马司，以后陆续设洮州、河州、甘州、庄浪诸茶马司，管理以茶易马事务。开始，明政府用钱钞在河州等地买马，前来卖马的很少。改用新钱制后，马至者更少。洪武八年（1375 年），开始用丝织品和巴茶交换，来马渐多，“山后归德诸州（今青海循化以西以南地区——引者）西番诸部落皆以马来市。”[①]鉴于秦州茶马司治所远离牧区，纳马易茶不便，洪武三十年（1397 年），改秦州茶马司为西宁茶马司，其机构设在西宁卫城北大街，市马地点在镇海堡。

明代金牌信符

明代的茶马贸易与宋代不同，它在元朝将藏区纳入直接统治的基础上，在这些地区设立卫所，设置土官，把藏区僧俗民众直接或间接纳入中原王朝的统治之下。这种政治关系反映在经济关系上，就是在该区域实行差发马制，利用官方控制的特殊贸易形式，加强对少数民族经济的控制。因此其实质与唐宋时期自由交换的茶马互市有所不同。洪武十六年（1383 年），令“西番”“计地多寡以出赋”，如 3 000 户的部落 3 户出马一匹，4 000 户的部落则 4 户出马一匹，定为土赋，“应使其知尊君亲上奉朝廷之礼也”。[②]后来有的边将假借朝廷命

① 《明史》卷三百五十，《西域二·西番诸卫》。

② 《明太祖实录》卷一五一，洪武十六年正月辛酉。

令，扰害少数民族。为了杜绝这些弊端，朝廷于洪武二十六年（1393年），派使臣到西宁、河州、凉州、洮州等地向沿边部落颁发金牌信符，并与各部相约，遇有使者征发马匹，须先比对金牌，相合时才能交马给茶。[①]对各族纳马数量也有具体规定，其中与青海有关的是：河州属必里卫2州（即原积石州和贵德州）7站之地藏族29族，牌21面，纳马7 705匹；西宁节制的曲先、阿端、罕东、安定四卫，及巴哇、申中、申藏等13族，金牌16面，纳马3 296匹。此前原定上等马1匹给茶120斤，中等70斤，驹50斤。开始实行金牌制时，总共以茶50余万斤，易马13 800匹，平均每匹马给茶不足40斤，大大低于原定茶马贸易价。

明朝实行的金牌差马制，在政治上，它是皇帝对臣民的差发，带有强制性；在经济上具有以马代赋的性质。随着官营茶马机构的腐败，主管官员在市马过程中或压低马价，或支付劣茶，严重地损害了少数民族的利益。后来又实行招商中茶，官豪势要参与茶叶走私，官府失去了对茶叶的垄断，明政府在经济上对少数民族"酬其茶、系其心、制其命"的条件日益削弱。明后期蒙古犯塞，政府对青海各少数民族的控制减弱，金牌差马制遂致废弛。

金牌制废弛后，多次议复，终不能复。作为补救措施，嘉靖三十年（1551年）开始实行勘合制。少数民族持朝廷颁给的勘合文书，直接赴各茶马司比验，纳马易茶。茶马司每年定期开市（西宁茶马司定为七月），不再三年一市。由于前述官方对茶叶专卖地位的削弱，勘合制照样没有多大效果。

除了与藏和撒拉等民族实行茶马互市外，明政府与西海蒙古也曾实行过互市贸易。隆庆五年（1571年），蒙古俺答汗归顺明朝，被封为"顺义王"。次年，明朝允许在沿边开马市11处，其中甘肃扁都口洪水堡马市距西海蒙古最近，每年互市一次。万历初，明朝批准增开甘州、庄浪二马市。马市虽开，但明廷出于对蒙古的戒备心理和"隔绝蒙番"、"抑蒙扶番"的政治需要，一般用银两、钱钞购买蒙古马匹，或用丝绸布帛、粮食、铁锅等折价易马，而不实行以茶易马，以防蒙古贵族用茶操纵藏族，妨害明廷"以茶驭番"的国策。

除了官办的茶马交易，民间贸易也较盛行，其形式一是茶商与藏、撒拉等民族的贸易，二是沿边军民与少数民族的日常贸易。明初，朱元璋令商人于产茶地方买茶，并向官府纳钱请引。"引"是官府发给商人运销茶叶的执照，同时又是官府规定的运销货物的计量单位。每引茶叶百斤，纳钱二百。不够引者，叫做"畸零"，另外发给由帖。商人纳税后，领得引、由，就可以自行贩卖茶叶。无引贩茶，即以私茶论。明律规定，私茶出境和关隘失察者，凌迟处死。后又提高茶

① 明时颁给必里卫的一枚金牌，实物今存贵德县文化馆。信符铜铸镏金，长22厘米，宽8厘米，厚0.8厘米，正面铸楷书"信符"二字，背面铸篆文三行，上为"皇帝圣旨"，左为"合当差发"，右为"不信者斩"。

税，茶引一道输钱一千，照茶百斤；茶由一道，输钱六百，照茶六十斤。旋又改令纳钞，每引、由一道，纳钞一贯。洪武末和宣德年间一度允许商人运茶支盐，反为商人走私提供了方便，不久废罢。成化年间，为了赈济荒歉，曾令商人纳粟中（易）茶。弘治三年（1490年）准许西宁、河西、洮州三茶马司招商中茶。每名商人允许运茶30引（每引不过百斤）至茶马司，官收其十之四，用以交换马匹，其余听商自卖营利。后改为官收1/3。正德元年（1506年），又规定商人不愿领价者，以茶叶的一半给商人，令其自卖，遂成为定制。何时允许商人贩茶以及贩茶多少，都由明廷控制。有时茶马司积茶较多，便停止商人中茶。商人贩茶除以茶易马外，也有用茶换取少数民族畜产品如毛布、毛缨以及土特产和杂物等者。招商中茶的结果，活跃了民间贸易，但私茶却屡禁不止，反而日益盛行，良马尽入奸商，导致明政府失去对茶叶的垄断，影响到差发马制的顺利进行。

明代除了茶马贸易外，传统的贡赐形式的贸易也有新的发展。藏区各教派政教合一领袖、各地各级土官以及寺院，凡经朝廷赐封的，都须定期朝贡。明政府对藏区入贡的人员、次数、路线、沿途供应、赏赐标准等都有规定，然而入贡的次数和人数往往超过规定的限额。有的朝贡使团人数达三四千人。[①]每个朝贡使团，实际上也是贸易使团，他们上贡的方物有马匹、酥油、氆氇、毛缨、腰刀以及其他土特产、工艺品，明廷根据不同的入贡物和入贡者不同的身份等级，回赐茶叶、丝绢、彩布、钱钞以及其他生活用品和生产工具。一般回赐之物价值往往超过贡物。

明代官营的茶马贸易，贡赐形式的贸易以及民间的以物易物，客观上促进了汉民族与青海地区藏、蒙古、土、撒拉以及撒里畏兀儿等少数民族之间经济上的交往，有利于互通有无，发展地方经济，也有利于维护和巩固统一的多民族国家的团结和稳定。

五、明代的交通

随着农业、牧业和商业贸易的发展，明代青海的交通事业也得到较大发展，初步形成了四通八达的驿道网。明制，陆路设马驿，备有驿夫、驿马，专为公差来往、飞报军情等服务。洪武十四年（1381年），西宁卫已有在城、老鸦（今乐都县东）二驿，以官兵充驿卒。在办理驿传业务的同时，还就近屯田，以图口粮自给。到洪武十九年（1386年），又增置五驿：平戎驿（今平安县平安镇）、嘉顺驿（今乐都碾伯镇）、冰沟驿（今乐都冰沟）、古鄯驿（今民和古鄯）、巴州驿（今民和巴州），加上原有二驿共为七驿。各驿置驿夫九至十六名不等，驿马骡与驿夫数同。驿夫全部佥点编户四里（三川、老鸦、巴州、红崖）的土民充当。除

① 《明史》卷三百三十，《西域二·西番诸卫》。

马驿外，转运粮食和军用物资由递运所承担。西宁卫置递运所五个：在城、平戎、嘉顺、老鸦、冰沟。每所置佥夫四十名，牛、车四十只（辆）。除七个马驿、五个递运所外，西宁卫还有十四铺。明制，急递铺以传达四方文书信件为主，公文到铺，随即递送，不分昼夜。西宁十四铺自卫城向东至冰沟口，依次为在城铺、东十里洪水铺、东二十二里石峡铺、（以下除注明者外均间隔二十里）土山子湾铺、迭烈逊铺、杨玘铺、马哈剌铺、碾伯铺、东弩木赤铺、白崖子铺（距前铺三十里）、甜水铺、山岭铺、冰沟铺（距前铺四十里）、冰沟口铺。每铺设铺兵五名，都是由本卫三川等处土民佥充。

青海东部黄河以南地区，属河州卫归德千户所管辖。明初河州西南甘青藏区曾置有“山后七驿”（又称“纳邻七站”），河州至归德千户所设有三岔、鸾沟、讨来、保安、边都、清水六个驿站，每站设“番”官一员，有信印、站马，应付往来公使。后来时通时废。至万历十五年（1587年），“番”站六处只有马八匹，军士八人。三十三年（1605年），又有所恢复，每站各设“番”官一名，军士五名，马八匹。这条驿道多经崇山峻岭，驿路艰难，驿站间距较大，当驿路不通时，只得绕道西宁。

明政府与西宁塞外四卫、毕力术江卫等处也常有使臣往来，但似无驿站设施。明政府对西部藏区各部落、寺院入贡的路线、站程都有具体规定。入贡之前要报告朝廷，批准后由地方官员在就近卫所选官舍、驿站分批起送。西宁卫到京陆路4 570里，计75站，限150天；河州卫4 200里，63站，限126天。

第四节　明代青海的文化

一、设立儒学与社学

明初置儒学提举司，洪武二年（1369年）诏天下府州县皆立学，府设教授1人、训导4人，州设学正1人、训导3人，县设教谕1人、训导2人。后来都司、行都司和卫也置儒学。西宁卫置儒学较晚。洪熙元年（1425年），镇守西宁的都督佥事史昭上书朝廷，请置儒学。宣德二年（1427年）春，西宁卫官又奏：“西宁虽是边方，然官员军民之家亦有俊秀子弟向慕读书，缘未建学立师，无所授业。又凡庆贺表笺，无人撰述书写，请开设学校如内地。”[①]当年十二月获准建

① 《明宣宗实录》卷二四，宣德二年正月癸丑。

立西宁卫儒学。至成化二年（1466年）四月，甘肃巡抚右佥都御史徐廷章上奏，西宁、凉州、庄浪、山丹等卫学应如府州县学例，定拟廪膳生员，月给廪米5斗，科举外挨次岁贡出身。后经议准实行。

西宁卫学建立后，屡经扩建和维修。成化六年（1470年），都御史徐廷章檄守备都指挥孙鉴增修。弘治三年（1490年），西宁兵备副使柯忠主持将堂斋、号宇、射圃、棂星诸门修葺一新，并购置了一些礼器、教具。嘉靖二年（1523年），又将学宫加以彩饰，堂斋、号舍又有扩建。嘉靖十二年（1533年），兵备副使李经主持又行扩修。扩建后的卫学“宫墙岩岩，廊庑翼翼，而边陲耳目，焕然改观。”①

除官办卫学外，还令民间自立社学，延请师儒教习民间子弟。西宁卫有社学二，一在西宁卫城，一在碾伯。

西宁卫地处边卫，文化落后。明初这里尚无学校，儒学和社学兴办之后，部分官员军民子弟学习儒家经典，民风为之改变。

二、文学与史学

明代青海的文学，特别是“边塞诗”颇有追寻盛唐边塞诗风之势，也出现了一些著名的诗人与佳作。如西宁卫人张问仁，字以元，嘉靖三十五年（1556年）进士，出任阳城县（今山西运城县）知县，政绩颇著，擢工部主事，又晋员外郎。此人为官清廉，作风朴素，曾受命去江淮征税，期满，有羡余一万五千金，不入私囊。又出任山东东兖佥事，再晋直隶昌平兵备参议，严惩豪猾，堵绝请托。后遭诬陷罢官回家，所带回者，除图书之外别无长物。张问仁善诗文，有《闷子集》、《河右集》传于世，所撰碑记存世者有《重修西宁卫城记》、《经略少保郑公西征平虏记》、《湟中破夷碑记》等。

此外，明代在青海任职的官吏和曾来青海的文人留下了不少描写青海的诗赋，较著名的诗人有刘敏宽、龙膺、西宁兵备副使石槚、西宁兵备佥事万世德以及明初僧人宗泐等。

我国历朝历代都有编纂地方志书的传统，但青海地处边远，明代以前没有一部记述当地自然、地理、政治、历史以至经济和文化的志书问世。嘉靖年间邑人张莱曾草创《西宁卫志》，清人杨应琚曾称此志文字“恬雅”。万历二十四年（1596年），西宁兵备副使刘敏宽、西宁卫监牧同知龙膺又纂修了《西宁卫志》。《西宁卫志》的编纂，尽管还不完善，但却开创了青海地区编史修志的先河。以

① 顺治《西宁志》卷七。

上二志惜已失传。万历《西宁卫志》的部分内容在明末清初顾炎武的《天下郡国利病书》中幸被抄录，得以保留下来，存世片断有不少材料为考订明代青海史实提供了珍贵资料。

三、建筑与绘画艺术

明代青海境内兴建的祠庙寺观很多，它们是汉、藏、土、蒙古、回、撒拉等各族人民进行宗教和文化活动的场所。就其建筑规模之宏伟，装饰之华丽方面而言，比较著名的有今乐都县的瞿昙寺、民和县的弘化寺、湟中县的塔尔寺、西宁的宁番寺（原大佛寺）、同仁县的隆务寺、西宁东关清真大寺以及互助县威远镇钟鼓楼等。这些寺院的建筑、雕塑（或壁画）等都具有相当高的艺术价值，是汉、藏、回等族人民智慧的结晶，中华民族宝贵的文化遗产。

明代威远镇古楼

瞿昙寺壁画

青海地区现存壁画中，时代早、数量多并且艺术水平高的，首推瞿昙寺壁画。该寺中院、后院共有壁画廊 51 间，现存壁画 28 间，共 36 面，大者高 3 米、宽 5.6 米，小者高 2.3 米、宽 3.5 米，总面积近 400 平方米。这些壁画场面宏大，构图巧妙，表现手法简炼古朴。由于使用矿石颜料，至今色彩鲜艳夺目。壁画内容主要是佛本生故事，诸如“叨利天众迎佛升天宫图”、“龙王迎佛入龙宫图”、“六宫娱女雾太子归宫图”等，也有反映当时藏族群众世俗生活和举行佛事活动的场景，具有浓郁的生活气息。画面中的景物，无不形象真切，惟妙惟肖，不但有较高的艺术欣赏价值，而且也是研究明代当地社会、民族、宗教、政治、经济、文化的重要资料。

塔尔寺规模宏大，风格独特，群组建筑中的大金瓦殿、大灵塔、弥勒佛殿（贤康）、大经堂、文殊菩萨殿（九间殿）、达赖遍知殿（三世达赖灵塔殿）、释迦

塔尔寺全貌

佛殿（觉康）、依怙殿等始建于明代。这些殿宇依山形地势而建，相对独立。该建筑群在结构形式、材料使用以及色彩装饰等方面融藏汉风格于一体，整个建筑严谨精巧，层叠错落，既充溢着理性精神，又有一种神秘肃穆、优雅的艺术效果。大金瓦殿内高达 11 米以纯银作底的大灵塔是珍贵的文物，建在黄教创始人宗喀巴诞生处，相传该塔明、清两代几经改建，形状如莲聚塔形。据传塔尔寺即由此塔得名。

第七章　清代的青海

第一节　清朝对青海地区的统治

一、清王朝统治青海的政治措施

1. 推行土司制度

满洲贵族入主中原后，为减少阻力，清初对西北地区少数民族着意笼络。清世祖顺治二年（1645年），清军镇压了李自成农民起义军陕甘余部，陕甘总督孟乔芳进兵西宁时，释放了被李自成农民起义军关押在西安狱中的西宁卫指挥使祁廷谏、祁兴周父子和李天俞，令其招抚青海东部农业区的各家土官归附清朝。从清世祖顺治四年到十一年（1647~1654年），清政府相继发给土官号纸印敕，正式称其为“土司”，并分别授予指挥使、指挥佥事、指挥同知等职衔。撒拉族两土司于雍正七年（1729年），被授予土千户职衔。

李土司家谱

西宁县土官指挥使之印

土司既是中央王朝封授的封建领主，又是当地的地方官吏。清朝根据其原管部属和对牧地、耕地占有情况“封土司民”，令“各土司仍其旧”，“皆予世袭”，“各领所部耕牧”。[①]各家土司虽有品级，不领俸禄，在清廷“以流制土”的政策原则下，土司与朝廷派来的流官共同负责地方

① 《清史稿》卷五百十六《土司六》。

西宁古城东门城楼(民国摄)

事务。部落酋长制与封建官僚制相结合是土司制度的基本特点。雍正时清朝在云、贵等地实行“改土归流”，但在青海继续推行土司制度。直到19世纪末叶，为加强中央集权，才废除了循化地区撒拉族土司和今民和县的几家土司，湟水流域其余各家土司一直延续到民国20年（1931年）方予废止。

2. 改变行政建置

西宁古城南门城楼

清初，西宁地区沿用明制，仍设卫所。清圣祖康熙六年（1667年），清廷分陕西省为陕、甘两省，青海东部隶属甘肃管辖。清世宗雍正二年（1724年），清政府平定了罗卜藏丹津叛乱后，决定改西宁卫为西宁府，隶甘肃省，次年第一任知府到任。西宁府下设西宁、碾伯两县和大通卫。清高宗乾隆八年（1743年），设巴燕戎格厅（今青海化隆县），置通判。次年在丹噶尔城设主簿一员；二十六年（1761年），西宁县丞分驻归德所，并改大通卫为大通县；二十七年（1762年）设循化厅，驻同知，隶兰州府，清宣宗道光三年（1823年）改隶西宁府。乾隆五十六年（1791年），贵德设厅，置抚番同知；道光九年（1829年），设丹噶尔厅（今青海湟源县），驻抚番同知。[①]至此，青海东部河湟地区的行政建制为一府三县四厅。

西宁古城西门城楼

3. 加强军事防御

清军占领青海地区后，不断调整和加强军事部署。清初西宁有副将驻守，归甘肃提督统辖。顺治十五年（1658年），移原临巩总兵驻西宁，称西宁镇。康熙年间西宁镇统辖标、协、营、汛绿营马、步、战、守兵共

西宁古城北门城楼(图中最高处)

① 王昱：《青海西宁府及所属县厅设置时间考》，《青海社会科学》1997年第6期。

计 12 425 名。[1]康熙五十七年（1718 年），为防止新疆准噶尔部南下，清政府加强青海噶斯口（今茫崖西）地区的军事防御，将噶斯口作为军事要地驻军把守。康熙末年又在西宁镇标增添火器兵 1 000 名。雍正二年（1724 年）在柴达木地区的察罕乌苏、得卜特尔、察罕齐老图分别驻兵 1 000 人，色尔腾驻兵 5 000 人，在诺木洪筑城，由青海蒙旗士兵防守。并于西宁之北，上下白塔之处，巴尔托亥至扁都口一带，修筑边墙城堡，增兵防守。在今门源设守备，隶于西宁总兵。雍正五年（1727 年）在今门源设大通镇，驻总兵，隶于甘肃提督，标兵设左右二营，镇辖驻军 3 380 人，雍正十三年废镇设协。雍正八年（1730 年）筑循化城设循化营，驻兵 853 人，又在青海湖南岸、巴尔虎、大通河南北、果洛各要塞驻兵。规定每年秋季青海蒙古各旗派兵 3 000 人，巡守柴达木地区。雍正九年（1731 年），清政府讨伐今新疆境内的准噶尔蒙古，为防止青海蒙古与准噶尔部联络，除抽调西宁、大通二镇兵力备战外，又从内地调来兵力 4 600 余人驻防柴达木地区，并令青海蒙古各旗选练兵丁万余名驻扎防戍，以加强西宁周边防御。这是清朝在青海地区大规模的一次军事部署和兵力调整。雍正年间，在青海地区额设兵员总计约 22 000 余人。[2]乾隆初年，民族矛盾有所缓和，形势平稳，西宁镇标及协路各营实额兵员减至 9 656 名。[3]乾隆五年（1740 年），西宁镇下又增设巴燕戎等 9 营堡，在不宜设营的地方建汛以防守。道光年间，西宁镇下设大通、镇海二协，共辖 27 营，常额驻兵 15 000 余人，[4]并曾在黄河沿岸各渡口及西宁边外南山等地建立卡伦，以防止黄河南岸藏族北移。

由于青海地区在军事地理方面的重要性，清朝从未放松在这里的军事部署。这对巩固西部边防、维护祖国统一，起了重要作用。另一方面，在一些时候和某些地方，对各族人民的反抗斗争也进行了残酷镇压。

4. 重视牧区治理

康熙中期，清廷采取农牧分治之策，委派大臣办理青海蒙古事务。康熙末年开始委派专职官员驻西宁办理蒙、藏事务。雍正三年（1725 年）起，“钦差办理青海蒙古番子事务大臣”常驻西宁，简称青海办事大臣，雍正后，通称西宁办事大臣。清廷将青海蒙古族各部收为内藩，编为 29 旗（札萨克旗），另有察罕诺门汗特别旗（又称喇嘛旗）1 旗。重新确定了王公爵秩，各旗划定游牧疆界，规定不得强占牧地和私自来往，不得私相统属。次年，青海办事大臣会同西宁总兵

① 乾隆《西宁府新志》卷十八。

② 乾隆《西宁府新志》卷十八，乾隆《甘肃通志》卷十四。

③ 光绪暨民国《西宁府续志》卷五。

④ 光绪暨民国《西宁府续志》卷五。

清代青海蒙古札萨克铜印

官在青海藏族各部清查户口，委任千、百户 130 多人，发给委扎。雍正十二年（1734 年）后，千百户的委任权由清廷兵部执掌。蒙古族王公札萨克和藏族千、百户总隶于青海办事大臣，他们在本部落内是最高统治者，握有兵刑钱谷等权力，并可世袭罔替。王公千百户与宗教上层相互支撑，结为一体，进行统治。

5. 扶持藏传佛教

16 世纪以后，青海藏族、蒙古族、土族普遍信奉藏传佛教。清初，达赖、班禅已享有很高威望，清政府采取“因其教而不易其俗”[①]的政策，通过宗教加强对蒙藏各部的控制。

清朝前期在理藩院设“典属清吏司”和“怀远清吏司”，掌管蒙藏地区的活佛转世名号和各寺喇嘛进贡事宜。清政府扶植藏传佛教格鲁派（俗称黄教），赐给达赖、班禅、哲布尊丹巴、章嘉等尊号，黄教在青海迅速发展起来。

顺治九年（1652 年）冬，清政府派专使将五世达赖从西藏经青海迎接入京，顺治皇帝在太和殿举行了隆重的接待仪式，又建西番寺作为达赖寓住寺。雍正元年（1723 年），罗卜藏丹津叛乱时，雍正皇帝召佑宁寺三世章嘉至京，亲加安慰。乾隆四十五年（1780 年），六世班禅到热河（今河北省承德）行宫朝见乾隆皇帝，受到隆重接待。清政府仿照后藏扎什伦布寺于热河建庙，供班禅居住。雍正初年，由于青海部分藏传佛教寺院参与罗卜藏丹津叛乱，清政府在“善后”中对其进行了严厉整治，但不久又重新扶持和笼络上层喇嘛，封授呼图克图等僧职。到雍正十年（1732 年），随着清王朝对青海地区统治的日益巩固，战乱中被毁的郭隆寺和郭莽寺相继奉旨修复，前者赐名佑宁寺（在今互助县境内），后者赐名广惠寺（在今大通县境内），并御赐碑文、匾额。其他被毁寺院也陆续重建并得到一定发展。

广惠寺

乾隆年间重定喇嘛职衔，发给札付，乾隆皇帝亲自为塔尔寺题写“梵教法幢”金字匾额，并赐夏琼寺“夏琼大乘功德宏扬洲”匾。整个清代，在青海藏传佛教系统中，封赠了佑宁寺章嘉、土观，塔尔寺阿嘉、赛赤、拉科，广惠寺敏珠尔，东

① [清]魏源：《圣武记》卷五。

科尔寺的东科尔和却藏寺的却藏等14位呼图克图，5位班智达，7位堪布。他们在维护封建统治方面发挥了重要作用。另外，清朝在局部地区或部落中仍然保留了旧有的政教合一统治体制，使其成为清朝在青海地方统治体制中的一个重要组成部分。

藏传佛教的发展，使蒙古、藏、土等各民族之间以及这些民族与中央政权之间的往来趋于频繁，在客观上加强了民族团结和地方与中央的联系。当然，作为封建领主经济基础的上层建筑，它也维护封建领主经济制度，因此，在某种程度上，也影响着青海社会的进步与发展。

二、清军平定罗卜藏丹津的叛乱

清世祖顺治四年（1647年），蒙古和硕特部首领顾实汗表示服从清朝，厄鲁特蒙古族诸部相继遣使入贡。清王朝承认了顾实汗在青藏各地的统治，顺治十年（1653年），封顾实汗为“遵文行义敏慧顾实汗”，[①]属“番”向蒙古贵族岁纳添巴。[②]次年，顾实汗在拉萨病故，和硕特诸部“裔分为三”，互不统属。顺治十五年（1658年）诸部与清朝地方官达成划界放牧协议，保持了暂时稳定。清圣祖康熙十二年（1673年）发生“三藩之乱”，青海和硕特蒙古贵族表现了离心倾向，墨尔根台吉还进据红崖堡，攻陷永固营，拘执清朝官吏。康熙二十二年（1683年），吴三桂叛乱被平息，清朝对内地的统治日趋巩固。康熙三十年（1691年），清朝完全控制了蒙古喀尔喀部，三十五年（1696年）又粉碎了准噶尔部噶尔丹叛乱。次年派员招抚青海蒙古和硕特诸部，顾实汗子达什巴图尔率诸酋长入京朝见康熙皇帝，被封为和硕亲王，其他人被分别封为贝勒、贝子及镇国公、辅国公等。青海蒙古诸部正式臣服清朝，成为属藩。康熙五十五年（1716年），达什巴图尔死后，其子罗卜藏丹津承袭和硕亲王爵位，为青海蒙古诸部之长。五十六年（1717年），新疆准噶尔部首领策旺阿喇布坦与清廷的关系日呈敌对趋势，派遣6 000人的军队进攻西藏，袭杀统治西藏的和硕特蒙古拉藏汗（顾实汗之孙），严重危及到青藏地区的政局稳定，同时给清朝对内外蒙古的统治和对新疆的经略带来了不可估量的消极影响。五十七年（1718年）十月，康熙命皇子

清平定噶尔丹图

① 《清实录·世祖实录》卷七十四。

② 添巴：贡赋及差役。

允禵为抚远大将军，视师青海，坐镇西宁，指挥清军平定进入西藏的准噶尔部。西藏事态平息后，清政府为防止罗卜藏丹津尾大不掉，于雍正元年（1723 年）二月，将察罕丹津多罗郡王晋封为亲王，贝勒额尔德尼厄尔克托克托鼐晋升为多罗郡王，以分其势。

康熙六十一年（1722 年）冬，康熙去世，允禵回京奔丧。罗卜藏丹津便于雍正元年（1723 年）农历五月十五日召集青海蒙古诸台吉在察罕托洛亥会盟，自称“达赖浑台吉”，总长诸部，强令各部取消清朝封号，恢复旧时名号，妄图割据。由于塔尔寺堪布阿齐图诺门汗和郭隆（佑宁寺）、郭莽（广惠寺）等寺一些上层喇嘛的支持与参与，一时间青海蒙藏部落纷纷骚动。七月，罗卜藏丹津率军南渡黄河攻打察罕丹津，九月叛军兵迫河州，十月进攻西宁南川申中堡、西川镇海堡、北川新城一带。

罗卜藏丹津的叛乱活动一开始便遭到青海蒙古内部一些王公的反对。亲王察罕丹津和郡王额尔德尼厄尔克托克托鼐，旗帜鲜明地反对叛乱，在受到罗卜藏丹津攻打后，他们率部迁往河州等地，受到清政府的安置。被裹胁的蒙藏群众 10 余万人和 20 多名贝勒、贝子、台吉等先后脱离叛军，接受清军招抚。

雍正元年（1723 年）十月，清政府授川陕总督年羹尧为“抚远大将军”，总统西北军务，征调川、陕官兵武装平叛，并以四川提督、奋威将军岳钟琪参赞军务。十月末，清军收复西宁周围各城堡，年底兵临塔尔寺，“纠众拒战”的堪布阿齐图诺门汗被迫投降。雍正二年元月，郭隆寺寺僧及所属各部落 1 万余人在哈拉直沟阻击清军，被清军击溃，郭隆寺被清军全部焚毁。二月初，清军分三路出日月山追剿叛军。十五日，四川提督岳钟琪统率中路军雪夜进袭，在今海西柴达木地区歼灭叛军近千人，罗卜藏丹津仓惶西逃，清军乘胜追击，俘获一批叛军首要分子。二十二日，众叛亲离的罗卜藏丹津只身出噶斯口逃往准噶尔，被策旺阿喇布坦收容。至此，叛乱被彻底粉碎。乾隆二十年（1755 年），清军平定准噶尔部达瓦齐割据势力时，罗卜藏丹津亦被清军俘献京师。

年羹尧画像

罗卜藏丹津的武装叛乱，违背了各族人民的意愿，历时不到一年，终于以彻底失败而告终。粉碎叛乱后，清廷采纳了年羹尧所奏“青海善后事宜十三条”及“禁约青海十二事”，①从以下几方面加强了对青海地区的统治。

1. 实行军事集权

青海蒙古各旗、藏族各部和土司的武装，统于青海

① [清]蒋良骥等：《东华录》雍正四。

办事大臣，遇有军事行动，由办事大臣奏准中央王朝统一调动。各旗长、千百户和土司均无权调动本部军队对领地之外的地区采取军事行动。同时，清军在西部的今柴达木地区、东北部亹源（今海北州门源县）、南部黄河南岸及河曲一带，筑城添堡，设将增兵，还进一步加强了对噶斯口地区的军事防御。

北古城瞭望台

2. 建立祭海会盟制度

早在唐天宝十年（751 年），唐玄宗曾封西海神为“广润公”。宋庆历元年（1041 年），宋仁宗又加封西海神为“通圣广润王”。这种诏封和祭祀都是在京城郊区举行“遥祭”时完成的，是作为君权神授的一种象征性仪式。在青海湖滨举行祭海，则创始于清代。清雍正二年（1724 年），岳钟琪督师进击罗卜藏丹津，“兵至哈达河，袭守地贼，追奔一昼夜，士马俱渴，塞外严冬，忽涌泉成溪，人马欢饮，遂追入崇山，歼敌二千。”[①]雍正帝对青海神显灵之说欣喜不已，于雍正四年（1726 年）诏封青海“水神”为“灵显宣威青海神”，并于同年九月在湖滨树立满、蒙、汉文书写阴刻“灵显青海之神”石碑一块，并筑碑亭一座。编制蒙旗之后，每年祭海会盟一次。乾隆时改为 2 年或 3 年 1 次，各旗王公台吉均不得缺席。道光三年（1823 年）以后，环青海湖地区的藏族千、百户也开始参加祭海会盟。祭海于农历七月十五至二十三日在青海湖南的察罕托洛亥（今青海省共和县倒淌河乡境内）举行。道光十二年（1832 年）于察罕城北建海神庙，作为固定祭海场所。祭海时由钦差大臣或西宁办事大臣主祭，祭毕到丹噶尔扎藏寺会盟议事，后改为在东科尔寺或就地会盟，会盟时推选盟长（合蒙古各旗称为盟，平时不设盟长），然后受理并裁决蒙藏各部族之间一年来发生的重大民事、刑事案件，宣读朝廷政令。通过祭海会盟，清政府把青海蒙古各旗长和环湖藏族千百户的任命权及蒙藏地区的司

“灵显青海之神”碑

扎藏寺全景

① 《清实录》卷七。

法权牢牢控制在手中。自道光年间开始蒙藏共同会盟后，青海地区蒙藏之间的直接冲突和纠纷减少，有利于青海的稳定和发展。祭海会盟制度一直延续到1949年中华人民共和国成立前夕。

3. 整顿藏传佛教寺院

受到和硕特蒙古贵族长期扶持的青海地区以塔尔寺、郭隆寺和郭莽寺为主的一部分寺院公开参与罗卜藏丹津反清叛乱，促使清政府下定决心对青海地区藏传佛教寺院进行整顿。雍正二年（1724年）起对“喇嘛庙宇，定例稽查”。[①]五年（1727年），收缴明代所发国师、禅师、都纲等印敕，革除名号；废除东部农业区部分地区政教合一制度，寺院原管藏族部落归厅、县管理，原管佃户改隶民籍；规定寺院不准向附近部落收租、索粮。同时，控制寺院规模，规定各寺庙僧额以200名为限，一般寺院房屋不得超过200间；留寺僧人由地方政府发给执照，并令各寺首领喇嘛出具甘结，地方官每年对境内寺院稽查两次；驻寺僧人的生活费用由政府“年量各庙用度发给”。[②]这些措施限制了藏传佛教上层政治、经济势力的发展，减轻了社会负担，有利于青海地方的稳定。但是，其中许多规定如原管佃户改隶民籍、限制僧额与驻寺僧人生活费用由政府发放等，并未认真贯彻执行。

三、黄河以南藏族部落的北移

明朝中叶以后，随着东、西蒙古各部向青海地区的迁徙，迫使原来游牧于青海湖四周及黄河两岸的藏族部落大部分迁至黄河南岸，“其留者，不能自存，反为所役属”，[③]环湖地区便成为蒙古族的势力范围。不久，蒙古族又进踞黄河南岸，南徙藏族又受其役使。雍正初，清廷决定将青海藏族直接由西宁办事大臣管理，使藏族人民群众脱离了蒙古贵族的奴役。但是，清朝又以防止民族冲突为借口，规定藏族不得渡河越“界”驻牧。与此同时，青海蒙古各部由于罗卜藏丹津的叛乱，受到清军的打击而逐渐衰弱。乾隆年间，青海蒙古族社会内部阶级矛盾日趋尖锐，在王公台吉的压榨下，牧民生活贫困，难以自存，纷纷聚众反抗或“散处边内，插帐住牧及沿途乞食”，[④]黄河以北助勒盖、柯柯乌苏（今青海共和、乌兰等县地）的蒙古族部落因地广人稀，逐渐向北收缩，该地成为旷野。环青海湖地区牧地宽阔，也是人畜稀疏。黄河以南藏族经过雍正、乾隆两朝的休养生息，人口繁衍，生产发展，实力增强，人众地狭的矛盾日趋突出，于是，向孱弱

① [清]魏源：《圣武记》卷五。

② [清]蒋良骥等：《东华录》雍正四。

③ [清]梁份：《秦边纪略》《河州卫》。

④ [清]那彦成：《平番奏议》卷一。

不振的蒙古各旗展开了争夺草场牧地的斗争。尤其黄河以北环湖草原成为各藏族部落争相迁徙游牧的地区。清廷顽固地坚持雍正初年匡定的“南番北蒙”格局，转而采取“扶蒙抑藏”的政策，引起青海地区蒙藏社会的动荡不安。清仁宗嘉庆十二年（1807年），清军8 000余人对沙布浪等黄河南藏族部落大举讨伐，激起藏族群众的愤怒和不满，部分藏民劫掠西藏堪布入京朝贡的贡物和肃州军马场以为报复。

道光元年（1821年），汪什代海等二十三族“河南”（指黄河以南）藏族全部北渡。陕甘总督长龄于次年调集兵力进攻藏族，藏族各部有的逃匿青海湖南北山区，有的被迫渡河南返。清军撤退后，藏族各部近20 000人又重新回到青海湖周围。一些藏民不断攻掠环湖地区蒙古各旗，内地一些无业游民和汉、回不法商贩也趁火打劫，祸害地方。清廷诏责长龄办理不善，改派那彦成为钦差大臣，赴西宁查办“番案”。道光二年（1822年）九月，那彦成采用经济控制、清厘户口、整肃治安、政治瓦解、军事进攻等手段，对北移藏族各部步步紧逼。十月，迁移河北的藏族各部陆续返回河南。清廷令西宁、河州等处官兵在黄河两岸设卡，加强巡哨，严防南返藏族部落再度北移。

那彦成“先治河南，以清理河北”[①]策略的实施，分散和限制了千、百户的权力，将藏族各部纳入清政府的直接控制之下。但是，由于河南藏族各部落草原狭窄、不敷放牧的根本问题得不到解决，道光十二年（1832年）河南藏族又力图北渡，与守卡、巡防清军发生武装冲突，再次揭开了黄河南岸藏族大规模北移的序幕。道光十九年（1839年），清政府被迫准许察罕诺门汗旗迁牧河北，以分散河南反清势力。

道光二十二年（1842年）十一月，贵德等地藏族乘黄河封冻，又大批北迁，遭到陕甘总督富呢扬阿派兵驱杀。道光二十五年（1845年）六月，西宁总兵庆和出卡巡逻，在察罕俄博（今祁连县东俄博）附近被藏民击伤而死。同年十月，清政府起用被流放新疆的林则徐以三品顶戴署理陕甘总督。次年一月，林则徐到达西宁，与西宁办事大臣达洪阿和随后到达的新任陕甘总督布彦泰会同，于四月派军分路猛扑青海湖滨各部藏民。因藏族各部在大军压境下已于黄河解冻之前返回河南，于是清军渡河追剿。河南藏族在循化黑错寺沟、那沙庄等地进行了顽强抵抗后，一部分被迫退入今甘肃境内，投奔拉卜楞寺，另一部分退到川北藏区。在清军武力威胁和政治利诱下，拉卜楞寺将投奔藏民送往清军大营，首领被杀，其余押回循化一带驻牧。清政府对黄河以南藏族部落向青海湖环湖地区的迁移活动，虽经多次“剿办”，但劳师耗财，并无明显的成效。

① 光绪暨民国《西宁府续志》卷九。

咸丰元年（1851年），太平天国革命爆发，清王朝内忧外患迭起，清廷调兵南下，无力继续限制藏族北渡黄河。而河南藏族经长期消耗，也无力与清廷再行武力抗争，于咸丰八年（1858年）提出“情愿投诚，承当官差，接护西藏往来贡使”，请求渡河驻牧。[①]蒙古族各部表示，愿将青海湖以南地区“借”给藏族驻牧。咸丰九年（1859年）五月，西宁办事大臣福济率兵进行实地查勘，制定了善后章程，上奏清廷批准，允许移入黄河以北的刚咱（察）等8个河南藏族部落驻牧环青海湖地区。至此，自乾嘉之际开始，历时百多年的黄河南岸藏族北移活动，最终以“环湖八族”的形成而告结束。

第二节　清代青海回族、撒拉族反清斗争

一、乾隆年间苏四十三反清事件

清初，伊斯兰教门宦制度在河州一带形成。康熙年间，以逊尼派为主的伊斯兰教各派在青海东部地区广泛传播。乾隆三年（1738年）前后，甘肃河州人马来迟到循化等地传教，创立花寺门宦，得到土司和尕最（世袭总掌教）的扶持，以后被称为老教。乾隆九年（1744年），祖籍甘肃阶州（今甘肃省陇南）人马明心自麦加朝觐返国后到循化传教，发展哲赫忍耶门宦，被称为道祖太爷，得到撒拉族中拥有大量田产的“富回”韩二个、贺麻路乎和阿訇苏四十三等人的积极支持，由于宗教仪式简便易行，收取布施减少，便在贫苦撒拉族群众中迅速传播，被称为新教。新教教众的迅速增多，引起马来迟之子马国宝等人的不满，新教和老教逐渐形成对立态势。

乾隆四十年（1775年）以后，包括循化在内的甘肃全省连年灾荒，清朝地方官吏照额催缴赋税，而甘肃布政使王亶望，上下勾结，谎报旱情，冒领赈粮，大肆贪污，尔后案发抄其家得金银数逾百万。同案犯包括道、府、州、县官吏113人，贪赃白银20 000两以上的就有33人之多。清政府的反动和腐败，土司的经济掠夺以及连年的旱灾，使得河湟地区民不聊生，人民群众反抗清朝统治的情绪与日俱增。另一方面，回族、撒拉族内部的阶级分化日益加剧，没有世袭身份的“富回”企图利用宗教扩大自己的势力。新教的迅速发展，引起老教内部宗教、民族上层人物的强烈反感。新、老教争夺群众和寺院的纠纷不断发生，清政

① 宣统《甘肃新通志·卷首》卷三。

府一开始采取不偏不倚的态度，但很快转为“扶老压新”，支持土司和尕最，致使矛盾日益激化。乾隆二十七年至四十五年（1762~1780年），循化地区新老教派共发生了4次较大规模的械斗。

乾隆四十六年正月，清水河东大庄老教头人韩三十八强令河东大庄的新教教民皈依老教。苏四十三和韩二个率领新教群众攻进河东大庄，杀死韩三十八等3人，并很快控制了撒拉族大部地区。陕甘总督勒尔瑾闻报后，委派河州协副将新柱和兰州知府杨士玑前往循化查办。三月十八日，先期抵达循化白庄的新柱扬言“新教若不遵法，我当为汝老教作主，尽洗之”，[1]促使苏四十三等人当晚起事，杀死新柱、杨士玑。起事队伍于二十一日攻克河州城，韩二个中炮死亡。陕甘总督勒尔瑾一面派人将马明心押往兰州监禁，一面派人急调西宁、固原、甘州、凉州、肃州5镇官兵2 000余人，兼程前往会剿。二十五日，起事队伍进抵兰州城下，攻占西关。沿途回、汉、东乡等族贫苦农民纷纷加入，队伍发展到3 000余人。在兰州外围战中，清固原总兵图钦保所部近千人被击溃，都司、参将等多人死亡。清廷闻报后十分震惊，乾隆皇帝急派户部尚书和珅、超勇候海兰察等率兵前往兰州镇压。固守兰州城的甘肃布政使王廷赞强令马明心至兰州城头，迫其诱降起事群众，劝苏四十三退兵，马明心拒不从命而被杀。清政府慌忙调动陕西、四川、乌鲁木齐官兵及青海土司和藏族武装共2万余人赶赴兰州。陕甘总督勒尔瑾由于指挥不力，被清廷撤职，锁拿进京后处死。清廷以李侍尧代任陕甘总督，并命武英殿大学士、都统阿桂星夜赶往兰州，统一指挥作战。起事群众因寡不敌众，于四月初停止攻城，退据兰州城西关南面的龙尾山和华林山与清军相持。当年闰五月，清军猛烈围攻华林山，苏四十三战死，余部突围失利后，经过激烈战斗，七月六日全部战死在华林山上。

战事结束后，清军捕杀各地起事群众及其家属200余人，循化十二工新教群众近千户人家“成丁皆处死”，“妇女遣伊犁给兵丁为奴，男孩遣云南监毙”。[2]经此事件，撒拉族人口顿减，十二工并为八工。

苏四十三反清事件的发生，直接原因是伊斯兰教内部上层人物的权力之争，它是这一地区新、老教派斗争的集中反映。深层次的原因是清朝阶级压迫、民族压迫导致撒拉族内部社会矛盾激化的结果。由于地方官府未能妥善调处宗教派系矛盾，先是纵容教派械斗，继而采取镇压措施，教派之争迅速演化为反清事件，致使许多信教群众的生命财产遭受了严重损失。它对以后撒拉族和回族的社会生活，也产生了很大的影响。

---

① 乾隆《循化志》卷八。

② 乾隆《循化志》卷八。

二、同治年间青海撒拉族、回族起义

咸丰元年（1851 年）后，为镇压太平天国革命，清政府加重对西北各地摊派“协饷”，正税不足，民捐、房捐、田亩捐等苛捐丛生。咸丰、同治年间，西北连年旱灾，民不聊生，地方官吏乘机贪污中饱。西宁办事大臣多慧，一人贪污白银 6 万余两，比西宁县的全年粮赋价银还多。面对清王朝的压迫和剥削，阶级矛盾已尖锐到一触即发的地步，贫苦人民不断起而斗争。道光二十四年至咸丰八年（1844~1858 年），青海巴燕戎格黑城子、卡勒（力）冈，循化撒拉族八工等地先后起事反清，围攻城堡。

同治元年（1862 年），在太平天国革命的影响下，西北回民大起义首先在陕西渭河两岸爆发。消息传来，青海回族、撒拉族群众自乾隆年间苏四十三事件以来几十年被官府压抑的反抗情绪迅速增长，回族、撒拉族上层人物也试图利用宗教派别之间的矛盾乘机起事。九月，阿訇马文义策动回族群众起事，切断兰州至西宁交通。次年四月包围西宁，攻占镇海、拉课二营堡。此后，循化、碾伯、大通、丹噶尔等地回族、撒拉族起事群众也先后攻入循化、大通二城，攻占高庙、老鸦堡、巴暖营等处，并两次围攻丹噶尔城。西宁办事大臣玉通，在驻青清军东调的情况下只能依靠土司军队和阿嘉呼图克图的 500 名僧兵守卫西宁城。同治二年（1863 年）七月，玉通请出马文义的姑母，即已故清军花马池营参将、潼关协副将马永泰之妾乜氏出面劝降，西宁城围暂时缓解。

同治五年（1866 年），青海东部地区灾荒严重，人民群众生活困苦，在新、老伊斯兰教派上层分子的鼓动下，起义又进入新的高潮。回族起义军再次切断兰州至西宁大道，包围西宁，攻占大通城。次年，攻占贵德城。同治五年八月马乜氏在兰州被刺身亡。西宁办事大臣玉通采用“以回制回”手段，于同治七年（1868 年）8 月保举在撒拉族、回族中有一定声望的回族绅士马归源署理西宁知府，以其兄马本源为代理总兵，企图软化义军，缓解局势，但收效不大。同治九年（1870 年），玉通忧惧成疾，奉调离青后随即病亡。继任者豫师滞留兰州、平番等地，不敢贸然来宁。以后的几年间，马归源等人曾经力求改善回汉关系，主持修葺孔子庙和重修东关清真大寺，劝导汉族改良畜牧，同时也暗通起义回军，企图扩大势力，巩固自己的统治。

太平天国革命失败后，清廷于同治六年（1867 年）夏，任命湘军统帅左宗棠为钦差大臣、陕甘总督，率领镇压过太平天国革命力量的湘军约 80 000 人赶赴西北镇压回族起义。陕西回族起义军被迫退往陇东，再转宁夏。同治十年（1871 年）正月，宁夏金积堡保卫战失利后，陕西、宁夏回民起义军余部又退入青海东部地区。同年三月，马文义病死，在一定程度上影响了回族起义部队的凝聚力，所部由马永福（马归源堂叔）统率。下半年，河州义军首领马占鳌在击败清军的一次进攻后，挟胜降清，所部被左宗棠编为马队三旗，马占鳌被授为“督带”，以后官至总兵。八月，左宗棠部将刘锦棠率兵由碾伯西进。同治十一年（1872 年）秋，起义军公推马本源为“统帅陕湟兵马大元帅”，出西宁城指挥起义军对清兵作战，在大峡一线抗击清军。清军 60 余天连战 50 余次才穿过碾伯县界，随后又在小峡受到阻击。清军在强大炮火配合下，付出了惨重代价才突破小峡关口。十月中旬，刘锦棠进至西宁城外，城内士绅据城降清，马归源、马本源、白彦虎等腹背受敌，伤亡近万人，分别退往巴燕戎、大通等地，清军于是占据西宁。同治十二年（1873 年）初，清军攻陷大通城，陕西回族起义军首领白彦虎等率部退往肃州（今甘肃省酒泉市），转赴新疆。继马文义为西宁回族起义军首领的马永福降清。马归源等据守巴燕戎扎巴城，不久城破被俘，四月，在兰州与马本源等人同遭杀害。

这次河湟地区回族、撒拉族反清起义的兴起、发展和失败，与西北地区及全国整个革命形势息息相关，是全国各族人民共同反抗清王朝专制统治的组成部分。由于各地起义军没有明确的政治主张和纲领，起义带有很大的盲目性和自发性，缺乏统一的领袖，没有联合为一个整体。同时，宗教本身具有的排他性和长期以来回族与其他民族因各种原因形成的隔阂，限制了起义力量的发展，不能广泛地动员各族劳动人民共同斗争。因此，这次起义和历史上许多农民起义一样，在封建王朝强大的军事力量进攻下，以失败告终。

三、光绪年间青海回族、撒拉族反清斗争

清政府镇压了同治年间回族大起义后，在青海地区推行民族隔离政策，强迫起义回民迁徙到边远地区，分散居住。将流落在西宁等处的陕西回族 3 万余人，迁至甘肃平凉、清水、秦安等地，将西宁城内后街及北大通回族一度分别迁往南关、东稍门、西纳川和大通河南岸。在清政府“亲厘地亩”和“严行保甲”的名义下，封建统治阶级加重了对各族人民的剥削和压迫。光绪初年，原来的“哲赫忍耶门宦”和“花寺门宦”已无差别，被统称为“老教”。循化街子的韩木洒从新疆传来“嘎的林耶门宦”，时称新教，发展迅速。光绪十七年（1891 年）起，河湟地区连续 3 年发生旱灾，地主、奸商屯积居奇，粮价猛涨，地方官府赋税差徭依然如旧。在阶级矛盾异常尖锐的情况下，一些民族、宗教上层分子，为争权夺利和转移贫苦农民的视线，扩大自己的势力，又一次挑起了教派斗争。

新的新教、老教之争在循化地区表现得异常激烈。光绪十九年（1893 年），教派斗争发展为纠众焚寺和相互械斗。次年，中日甲午战争爆发，甘军东调，河

湟地区成为清王朝军事统治的薄弱地区。光绪二十一年（1895 年）二月，循化地区教派之争愈演愈烈，老教回目韩努日依仗争权夺利的上层人物支持，散布新教造反的谣言，一时人心惶惶。西宁道陈嘉绩奉陕甘总督杨昌濬之命前往循化查处，陈关闭循化城门，捕杀老教头目 11 人。这一行动激起老教群众的愤怒，他们聚集城外要求陈嘉绩上城“理论”，陈嘉绩下令城上官兵鸣枪开炮。撒拉族群众见官府逞威，群情激愤，开始将斗争矛头指向官兵。三月初八，反清群众在马古禄班、尤苏夫等人领导下，围攻循化城。教派之争迅速发展成为一场全面的反清斗争。为对付撒拉族的反抗，陕甘总督杨昌濬急调河州总兵汤彦和、西宁总兵邓增等率兵由东、西两路赶赴循化。三月十五日,邓增在甘都堂受到反清武装阻击，清军分别被阻于杉木庄和果什滩，直到闰五月才在猛烈炮火配合下分别攻占白庄和街子。循化城内清军出城夹击，被围百日左右的循化厅城解围。

三月初，西宁、河州清军调往循化后，两地回族首领乘机起事，西宁韩文秀、碾伯冶主麻、巴燕戎马成林、大通刘四伏、门源包良、河州马永琳、狄道马维翰及丹噶尔等地回民各聚众千余至数千，纷纷揭竿而起。七月，韩文秀带领下的西宁府城三关（东关、南关、北关）回民同时并举，与城外四周已起事的回军相呼应。中日甲午战争结束后，清政府于光绪二十一年（1895 年）六月，调集各路大军镇压河湟各地反清力量。甘军董福祥、宁夏军牛师韩、陕军叶占魁、湘军魏光焘及洮州藏族杨土司等部陆续进入青海东部地区。清政府命新疆巡抚陶模带兵进入甘肃，署理陕甘总督；命董福祥提督甘肃军务，统一指挥各路军队。在强大的军事进攻下，各地反清斗争先后失败。光绪二十二年（1896 年）三月，董福祥亲至西宁，疯狂进攻各地反清力量，韩文秀等先后牺牲。河湟地区的反清烈火终被扑灭。

董福祥像

这次武装反清斗争是同治年间回族、撒拉族起义的继续，反映了近代青海穆斯林群众聚居地区社会矛盾的特殊性和民族、宗教问题的复杂性。其实质虽然是一场反对清王朝剥削、压迫的阶级斗争，但由于宗教首领和回族地主分子把持了武装力量的领导权，因此，始终未能，也不会达到反对本民族内外封建剥削和压迫的目的。同时，个别地方的回族、汉族和土族地主分子，制造民族对立，煽动民族仇恨，一定程度上破坏了长期以来河湟地区各民族友好相处的局面，挫伤了民族之间的感情。

随着河湟地区反清斗争的失败，同治十年（1871 年）冬投降清军的马占鳌之子、董福祥部裨将马安良开始崛起，以后分衍出几支西北回族军阀。

光绪二十二年（1896年），马安良主持所谓“事变”“善后”，存在于循化撒拉族中的土司制度成了他势力扩展的障碍。清廷废除了撒拉族的土司制度和世袭尕最制度，乡约改由每工推举，官府认可，三年一换。每个孔木散的“哈尔”由各户轮流充当。这一变革，强化了清朝地方政府对撒拉族基层社会组织的控制，在客观上对撒拉族社会的发展起到了积极作用。

第三节 基督教与天主教传入青海和清末青海人民的反清活动

一、清廷查处在青宗室成员信教事件

清初，西方一些天主教传教士来华传教，天主教在京津一带广泛传播。德国人汤若望等担任清朝钦天监的官职，广交朝臣，一些清宗室成员后来也信奉天主教。清圣祖康熙帝第九子允禟与一些外国传教士过从甚密。雍正元年（1723年），允禟受其兄雍正帝排斥，被借机发往西宁“军前效力”。允禟行前约葡萄牙籍神甫穆经远同来青海。于是，穆经远成为进入青海地区的第一个西方传教士。同年，信奉天主教的清宗室多罗贝勒苏努之子勒什亨和乌尔陈因庇护和同情允禟，也被清廷发往西宁，此为天主教徒来青之始。他们在西宁一带企图从事传教活动，违反了清廷禁止宗室成员信教的规定，清廷得知后，于雍正三年（1725年），将此4人押解回京，给予严厉制裁。天主教在青海的早期活动昙花一现。

二、基督教与天主教在西宁属地设堂传教

鸦片战争后，帝国主义列强的各种势力进入中国，外国传教士的传教活动受到清政府的保护。光绪四年（1878年），基督教在甘青地区划分3个布道区，西宁为其一。光绪十七年（1891年），英国籍牧师胡立礼夫妇，在西宁北斗宫街设立了青海地区第一所福音堂，到处散发译成汉文、藏文和阿拉伯文的《新旧约全书》、《马可福音》等宗教书刊，基督教新教开始传入青海。光绪三十年（1904年），他们在西宁教场街购得房产，扩建福音堂，增建礼堂、宿舍，并招收学生，以教授文化知识的手段吸收教徒。辛亥革命前后，福音堂的设立扩展到大通、丹噶尔、碾伯、巴燕戎、贵德、循化等地，共10余处，信徒约300人左右。

光绪五年（1879年），罗马教皇将中国划分为5大教区。宣统二年（1910年），甘肃教区主教派比利时籍神甫康国泰来到西宁，他在南大街建立天主教堂传教，此为天主教传入青海之始。以后在碾伯、大通、丹噶尔、西宁西川、鲁沙尔、互助威远堡等地先后设立天主堂20余处，清末教徒近千人。

这些外国传教士在传教的同时，还开办了一些学校、医院和慈善机构，个别人还兼做畜产品生意，谋取经济利益，而且还常常欺压百姓，引起各族人民群众不满。光绪二十五年（1899年），英国传教士僖得生夫妇在今同仁地区强行低价购买羊毛等土特产品，重利盘剥，激起群众愤懑，麻巴、浪加等庄藏族群众将僖得生夫妇住所包围，并要求驱逐之，迫使清朝地方官吏不得不将其遣送出境。

三、西方殖民主义势力在青海的活动

早在道光二十四年（1844年），法国人古伯察等就曾到青海湖一带进行了“考察”活动。此后，英、美、俄、德、法、日等帝国主义国家先后20多次派遣人员前来青海活动，[1]有的历时数月，有的长达数年。他们之中有进行科学考察的，也有探险旅行的，其中不少人经过考察和研究，撰写出了具有较高科学价值的报告和论著，在青海地学、生物学等学科领域产生了最早的一批成果。但其中也不乏搜集我国各种情报者。有的竟然以“洋大人”自居，无视我国主权，伤害少数民族同胞，因而，引起了青海各族人民群众的反对。光绪二十八年至三十年（1902~1904年），德国陆军中尉菲尔希纳率领黄河上游考察队在西宁、丹噶尔、扎陵湖、鄂陵湖等地绘制地图达40多幅，并窃取了青海地区大量经济情报。宣统二年（1910年），俄国军队大佐柯兹罗夫在青海中部地区进行活动，搜集了青海许多政治、经济、文化等方面的资料，回国后出版了《中国之藩部探索》。特别是光绪十年（1884年）八月，俄国普尔热瓦尔斯基率领21人的所谓探险队，荷枪实弹潜入扎陵湖、鄂陵湖地区，探测两湖南岸及星宿海东部地形，公然将扎陵湖命名为“探险队湖”，将鄂陵湖命名为“俄罗斯人湖”。还在鄂陵湖岸和弄朗公河（勒纳曲）两次开抢，打死打伤藏族同胞40余人。

在清代，西方殖民主义势力对青海的渗透主要集中在光绪年间（1875~1908年），除俄、德等国三番五次派人入青“考察”外，英、法、美、日等国也有人深入到柴达木盆地、黄河河源、青海北部山区、河湟各地进行了类似的活动。

四、清朝末年“黄标会”的反清活动

义和团运动失败之后，丹噶尔脚户（即“车夫”）李旺在陕西潼关一带结识

① 祁明荣主编：《黄河源头考察文集》，青海人民出版社1982年版，第104~120页。

了密谋再举的山东籍义和团成员裴道人，偕同回到丹噶尔后，联络西宁人董生贵（蜡匠）、黄福鸾夫妇和童广善、安钻地等人及一些帮会成员成立“黄标会”，利用封建迷信形式，组织发动群众，进行反清活动。他们联络西宁办事大臣衙门通事（即“翻译”）李通云、李步云，丹噶尔察汉素秀才谢琨，以及哥老会成员，宣传清朝“国运将终”，四处张贴“扫清灭洋”揭帖，并“拥戴”李步云的堂弟，时在西宁大什字海莱铺当学徒的西川扎麻隆13岁男童李瞻云为“皇帝”，以为号召。宣统二年（1910年）农历六月初六，黄标会乘大通元朔山庙会，举行近200人的聚会，部署起事反清的准备工作。次年春季，李旺等人将活动范围分为丹噶尔、西宁、大通、碾伯4区，各区下分若干组，各组由专人负责指挥联络和掌管名册，李旺自封为“兵马先行大元帅”。夏季，黄标会会员发展到数万人，并在拦隆、白崖、西宁、拉沙尔庄等地囤集了大量粮食，准备起事。因行事不密，有地主、兵痞探知，向官府告密，西宁镇总兵张定邦立即调兵2 000余名前往镇压。李旺闻讯后来不及通知各地会员，在西宁拦隆庄仓猝组织千余人迎敌。宣统三年（1911年）农历六月一日，双方在拦隆庄激战一昼夜，李旺率众以棍棒、石块、火枪作武器，奋勇抵抗，终因不敌而后撤，并于三日黎明前率众转攻丹噶尔，旋又遭到清军伏击，撤至丹噶尔城西20里的上纳隆庄，苦战一夜，伤亡甚重，后被当地民团击溃，李旺等人被俘。九月二十三日，李通云、董蜡匠夫妇等在西宁遇害；李旺、李步云、谢琨、安钻地等8人于十一月六日被杀于丹噶尔，裴道人死于狱中。

黄标会裴道人等密谋起事的岩洞
（湟源县宗家沟）

黄标会事件是在义和团运动影响下的一次有组织、有准备、有纲领的反清斗争。反清斗争的领导者们利用落后的会道门组织形式联络群众，以“皇帝”作号召，没有脱离旧式农民斗争的模式，显然不合时代潮流，其失败也是必然的。

五、西宁西川元山尔起义

1911年10月，武昌起义爆发，各省纷纷响应，相继独立。消息传来，西宁为之震动。陕甘哥老会首领张云山为了牵制清军东下，派人到甘肃各地活动，与西宁会党成员取得了联系，重新点燃了河湟地区的反清烈火。

“黄标会”西宁西川、鲁沙尔地区负责人乔寿山，在对清斗争失败后逃脱了追捕。此时，在西宁会党首领湖南人任得慧、固原人孙大旗等人的协助和鼓动下，积极进行反清活动。为壮大力量，他们策动西宁西郊大营盘镇标新军数百人共同举事，人数共达3 000余人。乔寿山自任“兵马大元帅”，任得慧任“副元帅”，白玉虎任“总兵”，以“响应民军起义、推翻满清、杀尽洋人”为号召，准备于农历十月十五日乘西川葛家寨庙会之际举事，计划先攻镇海堡、多巴，然后联合镇标新军夺取西宁，响应武昌起义。

乔寿山等人在西宁元山尔庄大庙设坛祭旗，不慎举事机密被镇海堡千总白某侦知。西宁总兵张定邦闻报，立即对大营盘镇标新军严加防犯。乔寿山闻讯后，仓猝结集群众，编为前、后、左、右、中5营，十月十三日在西宁元山尔提前起事，当日千余名起义群众按照部署抵达葛家寨。张定邦于同日率清军向葛家寨发动袭击，乔寿山、白玉虎等冒险突围，下落不明，孙大旗等被俘。十五日，清军在西宁城西门外通济桥头将被俘反清群众120余人全部杀害，两天后任得慧被捕遇难，元山尔反清斗争遂告失败。

元山尔反清事件是在辛亥革命影响下爆发的一次农民起义，是丹噶尔“黄标会”反清斗争的继续和发展，更是遍及全国的伟大辛亥革命的组成部分。它提出了“推翻清朝，杀尽洋人”的口号，并联络新军，决心光复地方。但是，未能和孙中山领导的资产阶级革命派直接取得联系，也没有认真分析武昌起义后在全国新形势下青海地区的特殊情况，低估了清朝地方反动势力，因此在极短的时间内就遭到了失败。

清末青海人民群众的反清斗争，虽然规模较小，在全国影响甚微，但起义者用自己的鲜血和生命唤起民众觉醒，传播了民主革命思想，使腐朽没落的清朝地方官吏为之震惊，加速了清朝在青海统治的结束，在青海近代史上留下了悲壮而光彩的一页。

第四节　清代青海的经济

一、畜牧业和农业的发展

清代环湖、河曲及青南等地区以畜牧业经济为主。牧业的经营，仍为逐水草游牧。青南地区常常发生自然灾害，疫病也经常流行，因此，牲畜增殖率不高，畜产品量低质差。草原、草山名义上为部落所有，实质上完全由蒙藏王公、千百户支配。既是生产资料、又是生活资料的牲畜，绝大多数也被他们占有。王公千百户利用其占有的大量牲畜和对草地的支配权，通过租牧、雇牧、贷牧和无偿放牧等方式对牧民进行剥削，以领主身份向牧民征税，通常情况下每 5 只羊抽 1 只，每 10 头牛抽 1 头，每户牧民每年还要交酥油 10 斤左右。另外，牧民不定期地为王公千百户服徭役，承担运输、建筑等差役。广大贫苦牧民生活十分艰难。由于牧业经济的自给自足和长期的封闭性，牧业区封建领主的统治得以巩固和长期延续。根据各时期畜产品贸易数量推算，乾隆年间，青海牧区马、牛、羊总数约 350 万头左右，经过一百数十年的发展，到清末时约有 500 万头左右。①

清政府沿用明制，继续在陕西、甘肃、新疆设立官办牧场，所养马匹除供给各驻防官兵就地拨补外，还运往内地。乾隆元年（1736 年），清政府在巴燕戎设置西宁镇标马场，以游击 1 名总管马场，养马 1 200 匹，分为 5 群，每群有牝马 200 匹，牡马 40 匹，马匹每 3 年稽核一次。②乾隆二十五年（1760 年），曾从乌鲁木齐将中亚优良马种“天极马”130 余匹引入青海。③乾隆三十四年（1769 年），西宁镇标马场有马 3 700 余匹。另外，还设有西宁镇驼场，有常备骆驼 1 000 余峰。

清代青海地区农业主要分布在东部河湟地区。河湟谷地农田除部分官有土地和官吏士绅、富商大贾及自耕农、半自耕农的私有土地外，大部分被各家土司占有。其中西祁土司占有军马田 4 000 余顷，西李土司占有军马田 5 000 余顷。军马田是封建王朝封授给土司的封地，有的由土司属民无偿耕种，收获物缴土司，其中部分发给土兵；有的直接分给土兵各自经营，收获归己，但应调出征，一切马匹、武装、粮草均由土兵自备。经过数代后，军马田变为土司私产，部分土兵对土地取得了永久使用权。土司把军马田以外的带有一定“公有”性质的大部分土地按“份地”交给属民耕种，但土司有权随时收回另行分配。土司及其亲属，还直接掌握一部分土地，称为“私田”，租给佃户耕种，这部分土地不纳田赋，但租额很高，超过属民“份地”租赋的总和。租种私田的，大部分是外地流入土司封地的贫苦农民，他们不是正式属民，无权得到“份地”，土司衙门和土舍（土司宅邸）的大部分劳役，均由他们承担。农民除给土司缴纳地租外，还要向当地县衙缴纳田赋。部分失去土地无以为生的农民流向牧业区，投附王公千百户和寺院，以求生存，因此，牧业区小片耕地逐渐有所扩大。

藏传佛教寺院占有大量土地或草场和牲畜。寺院的土地和草场主要来自封建王朝的封赐和蒙藏贵族的布施，并在官府的保护下得到发展。塔尔寺、佑宁寺、

① 芈一之：《青海地方史略》青海省统战部 1979 年铅印本，第 246 页。

② 王昱主编：《青海方志资料类编》，青海人民出版社 1988 年版，第 858 页。

③ 《清史稿》卷一四一《兵志十二·马政》。

广惠寺都占有数万亩耕地和草场。寺院还领有寺属民户，如广惠寺有农牧民附户400户。寺院的土地、牲畜主要采取租佃制和佃仆制经营方式，宗教上层是名副其实的封建领主。佃仆制主要实行于寺属附户，他们除了缴纳实物租外，还要为寺院提供劳役和贡物，世代成为寺院佃仆。租佃制主要实行于寺院势力范围内的各族农牧民，承租者除交纳田租外，还需无偿为寺院缴纳一定数量的烧柴、饲草或提供劳役。有的寺院部分土地、牲畜由一些农牧民无偿耕、牧，产品归寺院所有。信教群众中相当多的青年脱离生产，入寺为僧。劳动力的减少，影响了农牧业的正常发展。另外，伊斯兰教寺院和宗教上层人物私人广占良田的现象也较为普遍。

顺治二年（1645年），西宁卫有编户人口109 000多人。到乾隆十一年（1746年），西宁、大通、贵德等地共有人口245 000余人，在这101年中，人口增加约120%以上。乾隆中、后期，在青海地区的人口中，汉族主要分布于西宁、碾伯、大通、循化、贵德等地，有近200 000人；土族主要分布于碾伯、西宁、大通等地，约40 000余人；撒拉族主要聚居在循化，乾隆四十五年（1780年）有20 000人左右，苏四十三事件后，只剩15 000人左右；回族主要分布于西宁、大通、循化、化隆、贵德、丹噶尔等地，约90 000万余人。青海蒙古族在17世纪中叶至18世纪初，约有200 000人，雍正初年，划编二十九旗时，约有近100 000人，分布于今天的海南、海北、海西及黄南等地区，散处各地者不在此内。罗卜藏丹津事件中，蒙古族的牲畜损失很多，牧业生产始终未能恢复到以前的水平。加上王公贵族对属民的剥削，蒙古族人民生活日渐困苦，部分北迁外流，到嘉庆中期锐减到不足50 000人。青海藏族分布于今黄南、玉树、果洛、海南、海北、海西、大通、循化、贵德等地。河湟地区的藏族逐步转为以定居农耕为主的约有160 000余人，牧业区藏族约有70 000人左右，共计230 000余人。乾隆中、后期，青海地区人口合计约700 000余万人。咸丰三年（1853年），西宁府属共有民屯丁口874 000余人，加上蒙、藏族牧业编户人口约130 000余人，合计人口101万余人，比百年前增加了44%左右。①人口的增加，表明了农、牧业生产有所发展。19世纪60年代至90年代，由于清政府对西北回民起义的镇压，以及甘、青地区连年的旱灾，青海东部人口死亡、逃散甚众，光绪三十四年（1908年），西宁府属3县4厅，人口仅存361 000余人。②社会经济的发展呈现停滞和倒退状态。

乾隆中期，青海地区登记在册的各类耕地面积有208万余亩，实际耕种的面

① 以上数字均据乾隆《西宁府新志》卷十六，光绪暨民国《西宁府续志》卷四、卷五，乾隆《循化厅志》卷四，光绪《丹噶尔厅志》卷三，乾隆《甘肃通志》卷十三，民国《甘肃通志稿·民族五·户口》及其所载综计。

② [民国]《甘肃通志稿·民族五·户口》。

积还要多于此数，[1]其中水地约占20%左右，农业人口人均占有耕地5亩左右。据《西宁志》记载，顺治十四年（1657年），西宁等地仅有水利灌溉干渠20条。到乾隆十二年（1747年），西宁、碾伯、大通、贵德等地有干渠193条。[2]乾隆三十四年（1769年），循化撒拉族各工大都修筑了水渠，共计干渠9条，每条干渠分为几道，如街子工水渠有7道之多，总计可灌溉田地近5万亩。[3]乾隆中期，河湟地区仅西宁县的东西南北四川就有干渠136道。[4]这些清代青海农业区的水渠大多修于18世纪中期至19世纪上半叶，可以说青海农业在该段时期内得到了长足发展。咸丰年间，西宁、碾伯、大通、贵德、巴燕戎、循化、丹噶尔等地共有农田500万亩左右。100多年间农田面积增加了47%。[5]

灌渠

清代中期农业生产的恢复和发展，首先表现在大量开垦荒地、扩大耕地面积上。雍正二年（1724年），川陕总督年羹尧在《青海善后事宜十三条》中提出，发内地“五省罪当遣者”往青海大通河等地和甘肃布隆吉尔（今安西地区）屯田。[6]雍正十年（1732年），西宁办事大臣达鼐在今海西州一带，试办农业屯垦，但未见成效。次年部分清军在今都兰县夏日哈一带试种青稞、大麦等，收效亦微。但在官府的一再“劝垦”、“招垦”之下，东部农业区开垦荒地的工作取得了一定成效。据乾隆初年的统计，西宁、碾伯、贵德、循化等地应征赋田亩比明末原额增加了450余顷。[7]乾隆五年（1740年），清政府下令，凡农田地边地角未开垦荒地，悉听开垦，永不起科，并且严禁豪强争夺。从乾隆十二年至道光二十四年（1747~1844年）近百年间，西宁、碾伯、大通、贵德等县厅的屯田、科田、秋站田数量，平均增长约24%左右；西宁、碾伯、大通、丹噶尔、巴燕戎等县厅的番粮地数量，平均增长约12%。[8]

① 崔永红：《青海经济史》（古代卷），青海人民出版社1998年版，第170~175页。

② 乾隆《西宁府新志》卷六。

③ 乾隆《循化志》卷四。

④ 乾隆《西宁府新志》卷六。

⑤ 据光绪暨民国《西宁府续志》卷四、卷五，乾隆《循化志》卷四所载综计，包括了16家土司的军马田。

⑥ 《清史稿》卷二百九十五《年羹尧传》。

⑦ 据顺治《西宁志》卷一、乾隆《甘肃通志》卷十五、乾隆《西宁府新志》卷六、光绪暨民国《西宁府续志》卷四、宣统《甘肃新通志》卷十、乾隆《循化志》卷四所载综计。

⑧ 据乾隆《西宁府新志》、光绪暨民国《西宁府续志》所载计算。

光绪三十三年（1907年），清政府推行新政，两广总督岑春煊提出改设青海为行省，陕甘总督升允认为，莫如“先在青海蒙番地方查荒招垦以为分省基础”。[①]于是，决定先行试垦。次年，西宁办事大臣庆恕会同升允奏准举办青海垦务，在西宁设青海垦务总局，制定招垦章程，派员到黄河沿岸蒙古族、藏族地区勘查可耕地，并令蒙藏王公千百户出具“缴地切结”，由其所属招集垦户领地承垦。招垦章程规定，垦种熟荒地需立即呈报，当年起科；开垦生荒地，3年后起科。并将垦地分为上、中、下三等，征粮数额分别为每亩五升、三升、二升。所征粮食中，六成为赋税，交西宁办事大臣衙门；四成为佃租，由垦地所在蒙旗、部落的王公千百户收取。凡领垦者，均需领取垦地执照，根据垦地等级，每亩缴纳执照费银一钱二分、一钱、八分不等。

庆恕所办垦务，垦地大多在黄河沿岸气候温和、土壤肥沃地区。小片农业区的出现和扩大，使这些地区的粮食能够少量自给，客观上减轻了蒙藏人民长途运粮的负担。而且，一批汉族和回族农民进入牧区居住，与蒙藏人民和睦相处，也促进了民族交流。但是，由于地方官府直接插手承办垦务，削弱了王公千百户的权力，因此，王公千百户不予积极支持，加之地处边远，移民困难，限制了新垦地农业生产的发展。庆怒所办垦务，使耕地有所增加，但成效未著而清朝覆亡。

二、商业的繁荣与丹噶尔城的兴盛

清初继续实行“茶马互市”制度。清世祖顺治二年（1645年），恢复西宁、甘州等5处茶马司，由陕西茶马御史督理。西宁茶马司交易地点先在西川镇海堡，后移至多巴。清初，西宁、庄浪、甘州3茶马司定额设茶引28 996道，[②]其中西宁茶马司额设茶引9 712道，每引正茶100斤，另有附茶14斤左右，作为商人运费。茶马比价是，上马给茶12篦、中马9篦、下马6篦。每篦10斤，合两封。

清圣祖康熙七年（1668年），裁撤陕西茶马御史，茶马事务由巡抚兼理。康熙四十四年（1705年），中止以茶易马事务，将茶叶变价折银，以充兵饷；准予商人对茶叶自由贸易。雍正三年（1725年），西宁地区的茶税征收事务，改由西宁府管理。九年（1731年），因用兵新疆，恢复了“茶马互市”，仍设西宁等地茶马司。四年后，军事行动结束，所需马匹可以通过贡赋形式征集，因此，延续近千年的茶马互市制度至此正式宣告结束。西宁等茶马司将库存茶叶易换粮食，充实边仓。茶马司改为“茶司”，不再管理易马之事，但仍为清政府实行茶叶专卖的专门机构。以后西宁茶司的茶务归兰州道管理，由商人纳税销茶，茶马贸易

① 慕寿祺：《甘宁青史略正编》卷二六。

② 光绪暨民国《西宁府续志》卷四。

转由民间经营。

清朝前期伴随着官营茶马互市，青海的民间贸易有了一定的发展。西宁、镇海堡，多巴、北川白塔儿（今大通县城关镇）先后成为民族贸易中心。据《秦边纪略》记载："多巴，居然大市，黑番、回回筑土室成衢"，"白塔儿……四方之夷往来如织"。18 世纪中叶，西宁的商贸繁荣超过了河洲。据《清文献通考》记载："以河（州）司虽附近蒙古，而一切交易俱在西宁，从不一赴河州"。连喀尔喀蒙古"亦贸易于……西宁口"。[1]整个清代，西宁不但是青海地区的政治、文化中心，也是经济中心、民族贸易的重要集散地。从乾隆初年开始，内地商人开始在西宁长期居住经商，山西、陕西、四川、直隶等地商人还分别建立会馆，形成了封建商帮，"晋益老"、"合盛裕"即是西宁最早的由山西商人创办的商号。光绪十四年（1888 年），在青海地区的山西、陕西商人集资于西宁城东门外路北，建"山陕会馆"，二十一年（1895 年）该会馆被焚，5 年后在城内后街（今西宁市兴隆巷）重建。该同业组织，形成了青海商贸界颇具影响的"山陕商帮"，在商贸活动中占有重要地位。到清朝末年，许多商号在内地和天津口岸还设立了商业分支机构，将内地布匹、百货等运销青海，同时把青海地区的畜产品、药材等土特产运销内地。咸丰、同治年间，青海汉族和回族商人的商业活动开始发展起来，一些寺院也开始从事商业活动，但规模有限。宣统三年（1911 年）西宁府商务会成立。

雍正二年（1724 年）清政府规定每年二、八月进行边口贸易，以后又改为每季仲月为青海蒙古各部与内地贸易时间，以那拉萨拉（日月山）为集市。不久之后，把贸易地点改在丹噶尔寺（今青海湟源县境）。雍正五年（1727 年）筑丹噶尔城。乾隆六年（1741 年）和乾隆八年，新疆准噶尔部在与内地贸易中断近 20 年之后，两次利用清政府准其入藏"熬茶"[2]的机会，专程前来丹噶尔贸易。第一次时间长达四个月之久，共得价"银十万五千余两"；第二次仅皮张一项就得价"银七万八千余两"。由于贸易发展，定居丹噶尔的人口增加，清政府于乾隆九年（1744 年）在

丹噶尔古城

① [清]梁份：《秦边纪略》卷一。

② 熬茶：茶叶是蒙藏人民的生活必需品，每当到寺院布施，多献茶，由寺院熬煮茶水施舍拜佛求经者。故将进藏拜佛参加宗教集会称为"熬茶"。

丹噶尔商贸驼队

丹噶尔派驻主簿。嘉庆、道光年间，丹噶尔“商业特盛，青海西藏番货云集，内地各省，商客辐辏，每年进口货价至百二十万两之多”。[①]参加交换的产品有200多种，内地农业、手工业产品由此进入青海牧区和西藏、新疆等地，这些地区的畜产品也由此进入内地。丹噶尔成为雍正以后近200年间青海、西藏、甘南等蒙藏地区民族贸易中介和中心市场。咸丰年间丹噶尔有人口19 000余人，[②]“营商业者约有千人，资以食者四千余人”，[③]商业人口约占1／4。清代，除官方组织的贸易外，青海地区的民间贸易也得到很大发展，各地逐渐形成了一些季节性大型集市和牛羊、粮面、柴草、石煤、青盐、羊毛等专市。丹噶尔、西宁等地商业贸易市场的长期存在，使青藏高原成为全国性市场的一个有机组成部分，加深了内地与边远地区在经济上的联系。

同治以后，青海蒙藏贸易商路开始逐渐发生变化。玉树地区的畜产品进入西藏，流入印度，为英国商人攫取；果洛一带的畜产品泄于松潘川商；海西蒙古族的畜产品入于新疆，为俄商所吸收。同时，不少商人直接深入牧区收购、贩运和贸易，致使西宁、丹噶尔、循化等地中介市场的作用逐步有所减弱。光绪以后，国外商品进入青海，青海畜牧业产品也逐渐落入外商之手。19世纪末，青海羊毛在国际市场开始享有盛誉，被称为“西宁毛”。光绪二十六年（1900年）前后，英、美、德、俄等帝国主义国家商人，在西宁、丹噶尔、循化等地设立仁记、新泰、平和、美最时、瓦利等20余家洋行，坐地购买或派人前往牧区收购畜产品。宣统二年（1910年）后，丹噶尔市场上羊毛年销售量达一百数十万斤，并呈现增长趋势。全青海地区达六七百万斤。光绪三十三年（1907年），英国人希尔兹在其筹办兰州邮政的报告中说：“西宁的主要商业，握在八家洋行手里”。洋行不仅垄断了羊毛价格，也一度占据了青海地区的输出、输入贸易的主要地位，洋货日渐增多，并开始进入寻常百姓家。

随着外资洋行的开设，丹噶尔、循化等地，逐渐产生了买办商人。他们的先祖大多是茶马互市时期的通事或既经商又公干的衙役，称为“官歇家”。茶马互

① 光绪《丹噶尔厅志》卷五。

② 光绪暨民国《西宁府续志》卷四。

③ 光绪《丹噶尔厅志》卷五。

市停止后，他们代代子承父业成为民间民族贸易的中介人，集商业经纪人、货栈店主、牙侩、翻译于一身，有的接受委托代为卖出买进货品，被称作“歇家”。洋行在青海设立后，与其订立合同，利用歇家收购畜产品。歇家领取洋行现金或物品，然后按议定条款向洋行交货，成为外国资本的“买办商人”，后来有的歇家发展成为民族资本家。清代青海地区的各种商业和贸易活动，主要仍采取以物易物的交换方式，虽然有铜钱、金、银等金属货币流通，但在实际交易中使用不多。光绪时，西宁曾有七八家大商号，分别发行“五百文”钱票，在市面流通，不久相继倒闭。光绪三十四年（1908年），甘肃省当局因西宁钱币流通不畅，曾设“甘肃官银钱局西宁分局”，发行“五百文”、“一千文”钱票和“一两”、“二两”银票，在青海东部地区流通，但无贷款汇兑。

清代末期，青海手工业在商业贸易的带动、刺激下，也逐步有所发展。在丹噶尔进入交换的产品中，约有1/4左右的品种是青海当地自己加工制造的。当时的手工业，还是以家庭手工业为主，主要有皮张加工、缝纫、制毡、制褐、金银器皿制作等，工匠以木匠、石匠、泥瓦匠为多。《西宁志》记载，西宁等地手工毛织技术发达，盛产褐子（毛织布）。玉树产的褐子与西藏氆氇、康巴毪子齐名于整个蒙藏地区，循化苏只工撒拉族纺织的褐子也深受各族群众喜爱，巴燕戎格出产的藏刀享有盛名，玉树安冲藏刀更是驰名于康区。

粮食加工方面，利用丰富的水力资源推广水力磨面，成为当时的一个特点。乾隆年间，西宁、碾伯、大通三县共有水磨2 200盘左右，加上旱磨共计3 100余盘，年征磨、油梁税银930余两。[①]按当时三县人口计算，平均100多人有磨一盘。道光时，西宁、碾伯、大通三县及丹噶尔厅，共有大小山磨、水磨3 473盘，大小油梁748条。[②]

三、矿业与交通

青海地区金矿蕴藏丰富，各族人民开采沙金的历史由来已久。乾隆和光绪年间，西宁府两度采取“官督商办”方式招商承开金矿，由商人包缴课金。其中规模最大的是北大通（今海北州门源县）境内的札马尔图金矿，乾隆年间雇有矿工500余人。[③]果洛玛沁雪山，碾伯药草台、千户湾，巴燕戎尕洞沟、科沿沟等地也设场采金。由于生产方式极端落后，产量很低，难以经营而先后停办。咸丰四年（1854年），陕甘总督易棠在大通河流域野牛沟等处招募猎户1 000多人开采

① 王昱主编：《青海方志资料类编》，青海人民出版社1988年版，第365页。

② 光绪暨民国《西宁府续志》卷四。

③ 慕寿祺编：《甘宁青史略正编》卷十九。

金矿，也未能持久。民间百姓自发采金的活动延续不断。光绪十四年（1888年），沿西宁至结古大道，从丹噶尔至各产金点，分段驻兵，监督采运。北大通、碾伯、巴燕戎科沿沟等地金矿，光绪三十四年（1908年），收课金80余两，宣统二年（1910年）增至400余两；柴达木地区、玉树通天河两岸等处金矿，光绪二十七年（1901年）前，每年仅收课金30余两，三十三年（1907）增至120余两，宣统元年（1909年），达320余两。[①]

嘉庆十一年（1806年），个别商人曾请求开采今祁连县八宝山铅矿，被甘肃提督拒绝。19世纪初，已有人在柴达木地区锡铁山采炼过铅锌矿。咸丰十一年（1861年），清政府派人在锡铁山设铅局，专门采炼铅锌。说明青海丰富的矿藏资源开始被人们认识和利用。光绪三十三年（1907年），甘肃当局还专门派员到青海加里科（今海北祁连一带）等地考察铜矿。总的来说，地方当局在青海地区考察和开采金属矿藏，尚处于初级阶段，目的是为了解决洋务运动以来所办军事工业的原料问题。由于地处偏远，交通运输困难，高寒缺氧，技术问题难以解等原因，所以，旋办旋停。

清代青海地区矿业开采活动中，影响较大的是盐和煤的开采。柴达木盆地茶卡等8处盐湖归当地蒙古王公管辖，盐资源的挖制规模比前代有所发展。雍正初罗卜藏丹津叛乱，茶卡和柯柯盐池曾一度停止开采，此后采运规模缓慢发展。另外，果洛地区的哈姜湖盐和玉树地区的矿泉盐也有了初步开采。光绪三十四年（1908年），甘肃省成立丹噶尔盐局，对茶卡盐实行统购统销。清末，青海地区食盐已由商人和蒙藏群众运销甘肃、四川、陕西、西藏等地。大通煤矿发现于14世纪末叶，从那时起，附近回、汉、土各族人民就进行采挖，以充燃料。清代沿袭明末以来的采煤业，并酌情征收税金。清康熙年间，开始出现私人煤窑，矿主雇佣农民开采，并运销西宁等地。光绪年间，西宁镇总兵何作霖和邓增曾先后投资经营大通煤矿，控制了部分矿井，由于产量太低，获利较少，先后均抽回投资。到清朝末年，大通煤矿共有12个矿井出煤，工人约300人左右，日产煤炭约96吨，主要运销西宁等东部农业区各城镇。

青海自古就是内地连接西藏、新疆等边疆地区的重要通道。西藏“贡道由西宁以达于京师”，西宁西去至木鲁乌苏河（长江上游今通天河）有30程，计1 710里，途经丹噶尔、恰卜恰、大河坝、玛多、扎陵湖、鄂陵湖、曲麻莱等地。从木鲁乌苏河至西藏大昭寺有37程，计1 960里，途经得列楚卡、温泉、唐古拉山口、安多、喀喇乌苏（黑河）、当雄等地。共计67程，3 670余里。西藏宗教上层及地方贡使入京、驻藏大臣往返、书信传递，和清圣祖康熙五十七年（1718年）七世

① 《西宁矿产调查册》第8页，民国间编，甘肃图书馆藏。

达赖从塔尔寺入藏坐床，均经此道。青海地区通往新疆的孔道主要是西北端的噶斯口（今海西州茫崖镇西）。清高宗乾隆初年，准噶尔部两次派300余人入藏“熬茶”，为班禅布施，均由哈密南下，经孔库都克从噶斯口进入青海地区，又经察罕乌苏（今海西州都兰县）到丹噶尔进行贸易，然后由青藏大道入藏。此外，青海的主要交通干线还有玉树、果洛通往四川甘孜、阿坝地区和由祁连山区至甘肃河西走廊的线路等。

民间交通工具

青海地区的运输，主要靠陆路，经营者多为常见的车户、脚户。水运不很发达，只是在循化、贵德、民和官亭等地，有一些人专门从事渡口运输。清朝末年，外国洋行利用黄河上的皮筏运输羊毛等畜产品，水运应运而兴。循化、民和等地一些农民，用羊皮筏子在黄河上承运大批羊毛等畜产品到兰州、包头一带，被称为“筏客”。宣统二年（1910年）十二月，清政府船政总局在兰州设皋兰分局，在西宁、银川、包头等地一度设办事机构，青海地区的大批畜产品经黄河水运至包头等地后，再由旱路运往张家口、天津等地出口。清末黄河水道运输并未能够真正对青海经济的发展作出更多的长期贡献，却为外国资本主义提供了收购青海物资的便利条件。第一次世界大战爆发前后，随着外国洋行的撤离，青海黄河段长途水运迅速衰败，从此一蹶不振。

官亭古渡

清初沿用明制，在东部农业区设立驿站。以黄河为界，河北从甘肃平番（今永登）至西宁设7个马驿，并有递铺；河南从甘肃河州至贵德设6驿，后改为至循化，设4驿。乾隆元年（1736年），以西宁为中心，形成了5条主要驿路，即西宁至兰州，西宁至丹噶尔，西宁至贵德，西宁至循化，西宁至大通，共计18个驿站。到清末，主要道路共约20条，长约3万多里，桥梁50余座，渡口30余处，基本形成了以西宁府为中心的网状道路。

清驿站图

光绪三十二年（1906年），西宁府改驿归邮，筹设邮政，一方面筹备邮政局，一面先行营业，步班邮路由兰州延伸至西宁。次年八月，西宁府邮政分局正式成立，开办国内函件及包件业务。西宁府邮政分局属西安副邮政总局管辖，并先后开办了碾伯、享堂、丹噶尔、贵德四个代办局，各地驿站相继撤销。宣统二年（1910年），兰州邮政分局改为副邮政总局，青海境内各邮政局、所统归其管辖。邮政事业在青海地区的出现和开始向全社会开放，改变了几千年驿传状况，加快了信息传递。

伴随矿业的兴起和交通的发展，清朝末年青海地区逐渐产生了一些为数不多的专门从事水、陆运输，采掘和畜产品初级加工的劳动者，他们是近代青海的早期雇佣劳动者。

四、赋税制度

清代青海粮赋的征收办法较明代简单，征收额也有所减少，征赋范围主要在东部河湟谷地等农业区，清末发展到西部新垦地区。清政府规定青海藏族农业人口不论种地多少，每年每户纳“番粮一斗”；西宁等地汉、回农业人口，水地每下籽一石，征粮“二斗五升”，旱地每下籽一石，征粮“一斗”。①雍正年间，西宁府根据当地具体情况，将所有耕地划为屯科田、秋站田、垦田、番粮田四种，前三种按亩征赋，后一种按下籽量征赋。整个清代，青海地区农产品不能完全自给。循化厅在乾隆年间，每年征收田赋1 100余石，只等于驻循化地区清军所需粮食、饲料5 000余石的1／5。乾隆十二年（1747年），西宁，碾伯、大通、贵德等地共征粮赋45 000余石，在整个清代算是少有的征收高峰，但仍不足兵粮及官府之需要。“湟中一郡之地，不特不及江南一县之赋……故十之九皆取给于内郡”，②如遇水旱等灾害，清政府只好减免田赋。在藏族游牧地区，废除茶马互市制度后，先实行“以马代赋”，规定各部落每百户人家每年贡马一匹。以后又实行“贡马折银”方法，直接向藏族部落征收货币赋税，规定每匹贡马折银八两，每户征银八分。雍正年间，玉树四十族，共有8 000余户，每年征银690余两。③在牧业区，由于交通的需要，还有一些常年从事“以役代赋”的部落，如黄河上游玉树地区的将赛、宗举、戎模、雅拉四部落，负责通天河过渡；觉巴拉、喇布两部落，承担递送公文等差役，均不纳贡赋，体现了我国赋税史上青藏高原的特殊性。

在商业贸易中，清政府只对汉族、回族商人的货物征收过境税。乾隆年间，每年征收商税正额银1 500余两，乾隆十年（1745年），实际征得税银4 500余

① 乾隆《西宁府新志》卷十六《田赋·贡斌》。

② 乾隆《西宁府新志》卷十六《田赋·贡斌》。

③ 光绪暨民国《西宁府续志》卷五。

两。对于蒙古族、藏族在青海地区的贸易，特别是在丹噶尔的贸易实行特殊政策，“往返货物，皆不征厘税”。[①]这种对青海蒙古族、藏族的免税政策，刺激了青海地区畜牧业产品与农业产品交换的发展，促进了西宁、丹噶尔等地的贸易繁荣，有利于青海与内地的经济交流，是清政府一项具有远见的经济政策。

清朝初期，对青海地区的食盐运销也实行免税政策。雍正三年（1725年），平定罗卜藏丹津叛乱后，清廷移西宁通判于盐池，为盐捕通判，管理盐务。不久，因划分蒙、藏各部落牧地，封授王公、千百户，撤销通判，各地盐池分属千百户、王公管辖。乾隆十七年（1752年），清政府拟在茶卡盐池设立盐局，征收盐税，遭到蒙古王公反对，西宁道佥事杨应琚上奏请仍按旧例，任其贩卖，免于征税，得到清廷批准。乾隆二十八年（1763年），清政府曾经对青海盐池食盐产销制定盐律，也未执行。光绪三十三年（1907年），茶卡盐池由甘肃省官办设局经营，开始征收盐税。次年，丹噶尔厅盐局成立，规定每百斤青盐征收税银二钱，外销另行加税，禁止私运私销。由于对盐贩买卖多方刁难，敲诈勒索，丹噶尔一带盐贩曾于宣统二年（1910年），在王大等人率领下，聚集数十人，捣毁盐局。后遭清军镇压。

清初颁发西宁的茶引，每年计约5 000道左右，共50多万斤。康熙四十三年（1704年），清政府曾一度放宽了私茶禁令，规定行人携带10斤以下的，停止搜捕。此后，西宁府每年茶引增至9 000多引，近100万斤。雍正十三年（1735年），新疆战事结束，马匹需求量减少，茶马互市制度正式结束以后，清政府开始征收茶税，规定每封税银二钱五分，商人可以按引纳税，运销青海各地，每年可收茶税银5万两左右。同治十三年（1874年），每引茶共16封，收正课银3两，[②]较雍正时税银有所减少。

第五节　清代青海的文教与卫生

一、书院、学堂与经堂教育

清代初、中期的教育形式主要是义学、社学、书院和武学。清末才有了学堂。上述教育形式大多是为了应付科举考试。书院和义学多由官署倡设，社学由

① 光绪暨民国《西宁府续志》卷五。

② 光绪暨民国《西宁府续志》卷四。

官府批准，民间自办，而武学则是专为绿营兵子弟设的习武学校。社学和义学以讲授四书五经为主，书院则讲授宋明理学，有的还研习天文地理、诗赋词章等。康熙末年以后，青海地区的教育开始有了一定的发展。雍正三年（1725 年），将西宁卫儒学改为西宁府儒学，并设立西宁县儒学，派教授、教谕和训导等学官进行管理和授业。此后，在道、府、镇、县一些地方文武官吏的倡导和支持下，各界出资筹捐经费，创设校舍，聘请师资，先后在西宁府属 3 县 4 厅设义学近 90 处，在藏、汉、土等各族杂居地区和回族聚居区创设社学 20 余处。雍正十二年（1734 年）八月，西宁道佥事杨应琚等人捐资，在府中街北创建贡院，解决了以往文、武考生远赴临洮、凉州等地应试的困难问题。从乾隆元年（1736 年）至光绪十三年（1887 年），清朝地方政府先后在西宁设立五峰书院、约礼书院（后更名为湟中书院），在大通设立三川书院、大雅书院（后更名为崇山书院）、泰兴书院，在丹噶尔设海峰书院，在碾伯设乐都书院（后更名为凤山书院），在贵德设河阴书院，在循化设龙支书院。多数书院注重考课，成为与科举制度配合密切的“官学”。

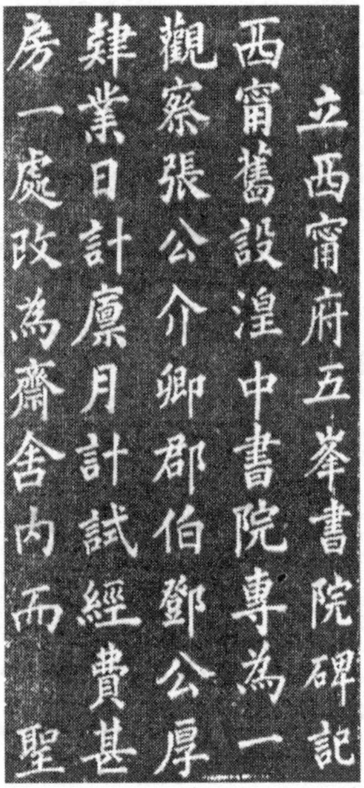

西宁五峰书院碑

丹噶尔海峰书院

举办义学、社学、书院，在一定程度上促进了青海地区教育的发展，同时，培养出了一批为封建统治服务的文人。乾隆至光绪年间，青海地区考中进士 13 人，举人 45 人。另有武进士 2 人，武举人 61 人。①

① 王昱主编：《青海方志资料类编》，青海人民出版社 1988 年版，第 1576~1584 页。

光绪三十一年（1905年），在“废科举、兴学堂”的新政声中，各地儒学、书院、义学、社学一律改为各类学堂。西宁府五峰书院改为西宁府中学堂，所属各县书院均改为县级高等小学堂，义学、社学均改为初等小学堂。当时由甘肃省管辖的青海东部七县（厅）均成立了地方教育行政机构——劝学所。学堂采用新的教学方法和管理制度，但是，脱胎于封建儒学的新式学堂仍然有明显的旧学痕迹。由于校舍简陋，经费匮乏，设备不足，教师奇缺，许多新设课程如英文、物理、化学等聘不到相应教师。远离城镇的乡村，私塾依然存在。据光绪三十二年（1906年）《甘肃教育官报》第四期载，西宁府中学堂“博物一科竟以《本草纲目》为课本”。不久以后，西宁中学堂并入甘肃第一中学。

在清代的青海地方文化中，信奉藏传佛教的蒙古族、藏族和土族子弟入寺为僧，是接受教育的一种主要途径。每一座寺院都是当地文化教育的重要场所。黄教圣地塔尔寺不仅是藏族文化的宝库，而且是佛学的高等学堂，寺内设有显宗、密宗、天文、医学四大学院。显宗、密宗学院专门由僧侣研究佛学，培养高僧。医学、天文学院也培养出了不少科技人才。清代青海的寺院教育，产生了一批很有造诣的宗教界学者，在宗教文化史上享有很高声誉。二世章嘉阿旺罗桑曲旦（1642~1714年），一生著述200余部，主要有《菩提道次第教授颂文》等。三世章嘉饶贝多杰（1717~1786年），博闻广记，精通汉、蒙、藏三种文字，有几十部著作和译著问世，其中《诸佛神像集》曾在俄、德等国印行。三世松布益西班觉尔（1704~1788年），通晓佛教经典和藏医，擅长历史，学识渊博，一生著述近70部，所著《如意宝树史》是藏文历史著作中的名著之一，受到国内外藏学研究者的推崇，有英、德、俄文译本，晚年又撰写了《医疗海洋心宝简集》等5部医学著作。四世敏珠尔丹增程勒（1789~1838年）也是著名的宗教学者，著有藏文地理书——《世界广论》，是一部突破宗教观念局限、采用当时国外舆图资料撰成的世界地理著述，19世纪末先后被翻译为英文和俄文。

清朝前期，青海蒙古贵族，特别是王、公、札萨克，均延请“巴黑协”（教师）或由王府“笔恰其”（秘书）、“通事”（翻译）来教授子弟，学习蒙藏语言文字、宗教礼仪、民族习惯法，以及《理藩院则例》和《卫拉特法典》等，为从政作准备。清朝后期，青海蒙古族势力逐渐衰败，不少王、公、台吉衣食不济，无力延师，其子弟也就只有和普通蒙古族子弟一样入寺学经了。宣统二年（1910年），西宁办事大臣庆恕奏准清政府从丹噶尔盐税中拨发白银八百两，在今西宁马坊三圣庙址设立蒙古半日学堂，令蒙古族王公子弟入学。但因蒙古族贵族担心其子弟入学后会“洋化”或被扣为“人质”，故多雇人顶替或送礼行贿请免入学。蒙古半日学堂以后改为“宁海蒙番小学”，加收藏族千百户子弟读书。

清代青海地区的回族、撒拉族教育，以清真寺的经堂教育为主。清朝末年，青海地区有大小清真寺200余处，西宁东关清真大寺闻名遐迩，是伊斯兰经堂教育的最高学府之一，循化也成为西北伊斯兰经堂教育和学术研究中心之一。经堂教育分为小学和大学两部制及初级、中级、高级三个阶段，分别在一般清真寺、宗寺和总寺中完成。大多数回族男童7岁左右入清真寺学习阿拉伯文和宗教基本知识，几年后便进入社会，从事各种职业。少数人继续深造后，有的成为宗教职业者。乾隆十一年（1746年），西宁道在郡城东关倡设回民社学，延师教读。嘉庆九年（1804年），又在西宁等地设立回民社学4所。西宁东关回民社学在青海地区回族、撒拉族群众中影响最大，条件也最好。由于回族子弟入学的很少，大多数仍在清真寺接受教育，故上述社学先后关闭。同治以后，清政府在大通、巴燕戎、西宁等地的回族聚居区再度创办回民义学，仅贵德一地，光绪二年（1876年）就设有6处。但就读者不多，各地回民义学形同虚设。

二、文化与艺术

清世祖顺治十四年（1657年），分守西宁道苏铣，纂成《西宁志》，又名《西镇志》，是青海现存最早的较为完整的地方志书。它保存了明代至清初西宁地区政治、经济、军事、社会等方面的丰富资料，对兵防武备，中央王朝与地方的关系等记载，尤为详备。清高宗乾隆十二年（1747年），西宁道佥事杨应琚纂成乾隆《西宁府新志》，此书为纲目式结构，文字优雅简洁，是现存最完备的一部青海古代地方志书，对于地理、武备的记载甚为详细，张维《陇右方志录》赞为明清陇右方志中的佳作，是研究青海地方史必不可少的宝贵资料。清代编修的青海地方志书还有成书于康熙五十一年（1712年）的《碾伯所志》，成书于乾隆五十七年（1792年）的《循化志》，成书于光绪四年（1878年）的光绪暨民国《西宁府续志》，成书于光绪三十四年（1908年）的《丹噶尔厅志》，以及乾隆朝纪昀奉命编撰的《河源纪略》，嘉庆朝西宁办事大臣文孚编成的《青海事宜节略》等等。这些志书记载了清代青海各地各方面的情况，保存了重要史料，成为宝贵的文化遗产。

青海各族人民是勤劳、勇敢、富有智慧的，他们在青藏高原壮丽奇异的自然地理环境中发挥才华，创作了许多富有各民族特点的文学作品，既有大量的民间口头作品，又有大量的文字佳作。藏族、蒙古族、土族中长篇史诗《格萨尔王传》和民间故事《阿克顿巴的故事》、《七兄弟星》、《具神通的人尸》、《斯巴宰牛》等已广为口头传讲。土族的长篇叙事诗《祁家延西》，撒拉族的长篇抒情诗《撒拉赛西巴尕》，汉族的民间故事《银线儿姑娘》等也都源于清代。藏族学者夏嘎尔仓（1781~1851年），著有《夏嘎尔仓全集》，其中第一部《奇幻集》内容多为神话和寓言故事，是清代藏族民间文学的汇集。隆务寺夏日仓一世噶丹嘉措（1607~1671年），是清代安多地区颇有声望的学者，晚年被誉为“安多诗人”，他的传世之作《噶丹嘉措全集》内容十分丰富，是研究藏族文学史的宝贵资料。

清代的青海地方志书中，辑录了大量当时创作的诗、词、赋和散文等文学作品，如乾隆《西宁府新志》、光绪暨民国《西宁府续志》所选录的许多词诗作品，地方特点浓厚，描述了青海地区的风土人情和壮丽山川。杨应琚是清代青海地方官，也是一位有才华的诗人，在青海留下了许多优秀的山水诗。这一时期还产生了一批青海本地诗人，如顺治年间的李愈棠，著有《苕华诗集》；乾隆时期的吴栻，著有《洗心斋全集》；光绪年间的来维礼，著有《双鱼草堂诗集》，还有张恩、朱向芳、李树荣、屈笔山等人，都是清代青海诗人的杰出代表。本地诗人的涌现和大量诗词的问世，从一个侧面反映了清代青海文化的发展。

青海各族人民酷爱艺术，清代已逐渐形成了具有民族特色的民歌、舞蹈等民间艺术形式。河湟地区具有代表性的民歌“花儿”，音调高亢、豪放，乾隆年间诗人吴镇（1721~1797年）有“花儿饶比兴，番女亦风流”的赞誉。嘉庆、道光年间诗人叶礼作青海竹枝词“男撚羊毛女耕田，邀同姊妹手相牵，高声合唱花儿曲，个个新花美少年”，描写了男女青年唱“花儿”的生动场面。藏族民歌分为“拉伊”和“尕尔”，“拉伊”多为徒歌，光唱不舞；“尕尔”为舞曲，边唱边舞，在今黄南、海南一带又称为“则柔”，多为两人对舞，动作轻柔。还有弦子舞和锅庄，多为两对以上的集体舞，动作刚劲敏捷。土族群众每逢喜庆围成一圈，载歌载舞，称为“安昭舞”。撒拉族的“骆驼舞”在清代中期以后的循化地区时常演出，家喻户晓。

东科尔寺法会

17世纪中叶，藏传佛教寺院中的“跳欠”舞蹈，逐渐与民间文学创作相结合，发展成为藏戏。但整个清代，青海的藏戏流行还很不广泛。“贤孝”和“平弦”分别在明代和清朝中期传入青海。到清朝后期，成为独具特色的青海地方坐唱曲艺，流行于西宁、大通、碾伯、丹噶尔等地，曲目多为历史故事、神话和民间传说。皮影戏到清代中期以后，在青海发展成为地方剧种，独具特色，一般5人为一个戏班，走乡串户演唱。此外，道情、倒江水、打搅儿等地方说唱艺术，也逐渐传入或产生。

清代青海地区的建筑艺术，较为突出地表现在寺庙建筑上。著名藏传佛教寺院广惠寺曾在雍正末年重建，其大经堂系五层木结构大楼，配有厢房，飞檐翘角，丹栋虹梁，回廊画壁，十分壮丽。伊斯兰教寺院西宁东关清真大寺也多次进行了修葺，是具有汉、藏、阿拉伯等民族多重风格的典型的古代西北伊斯兰建筑。特别是塔尔寺，自明代建立后，清代不断扩建。位于塔尔寺最高处的大拉让就建于清代，这座汉藏结合的建筑，由山门、牌坊、配殿、经堂、起居室等组成，古朴典雅，结构独特，依山而建，俯瞰全寺。大厨房中的五口大铜锅，是清代后期所铸，其中最大的一口，直径为 2.6 米，深 1.3 米，显示出高超的铸铜技术。清圣祖康熙五十年（1711 年），对大金瓦寺进行了大规模装饰，改覆镏金铜瓦。康熙五十六年（1717 年）修建花寺，殿堂为重檐歇山式建筑，殿内雕梁画柱，尤为精美。清高宗乾隆四十一年（1776 年），在阿嘉活佛主持下，修建了寺前广场上的八宝如意塔。八座白塔方底圆顶，圆体部分的正面，浮雕着各种不同图案和藏、梵经文，分别记载佛教始祖释迦牟尼生平中的八件大事。嘉庆七年（1802 年），将小金瓦寺改覆镏金铜瓦，院内几面墙上，有以佛教神话、轮回护法故事为主题的彩色壁画，壁画线条流畅，色彩鲜明，采用了俯视和散点透视技法，有很高的艺术价值。塔尔寺经过不断续修，清代已成为青海地区藏族、蒙古族古代文化艺术的宝库，珍藏着许多宝贵文物和数以万计的手工艺品。该寺的酥油花、堆绣、绘画，被誉为塔尔寺艺术“三绝”。

酥油花文成公主成亲

热贡艺术，又称作“吾屯艺术”，是发祥于今青海省黄南州同仁县吾屯上下庄及年都乎、郭日麻、尕赛日等村庄的以绘画、雕塑为主的宗教艺术流派，起源于 14 世纪，在 17 世纪中叶以后，随着藏传佛教的兴盛，得以蓬勃发展。它包括彩绘、彩塑、堆绣、砖雕、木雕、石刻、酥油花、图案、建筑装饰等一系列艺术形式。长期以来的文化交流活动，使它汲取了西藏佛

“吾屯艺术”清代唐卡

画，四川甘孜木刻、砖雕和敦煌壁画的艺术表现手法，创造出了具有青海藏族特点和地方特色的绘画、雕塑、堆绣、建筑装饰等艺术，在国内外享有很高声誉。热贡艺术中的唐卡（卷轴画），主要内容是佛像和佛教故事，画风质朴，设色匀称、协调，采用天然矿、植物颜料，线条勾勒流畅、柔和，造型生动传神，深受国内外艺术家和收藏者的青睐。

三、青海初设卫生防疫机构

清代青海医疗卫生十分落后，主要靠有限的民间中医和蒙、藏医治病救伤，常常疾病蔓延。同治十一年至十三年（1872~1874 年），青海地区天花流行，西宁府开始设立种痘局，由外地聘来医生何殿甲主持局务，采用花痂接种新方法防治天花，并招收学徒传授种痘技术。这是青海最早、也是清代青海唯一的卫生防疫机构。种痘局在西宁和周围各县接种疫苗，并派人到牧区诊病和种痘，这对当时天花流行的控制起了积极作用，也为以后青海卫生和防疫工作的开展开了先河。

第八章　民国时期的青海

第一节　民国时期青海的政治

一、辛亥革命后马麒初据西宁

辛亥革命推翻了清王朝长达267年的统治，埋葬了中国历史上延续了两千多年的封建君主专制，建立了中华民国。由于领导革命的资产阶级的软弱性，辛亥革命的成果后来却被封建地主和买办资产阶级所窃取。

升允像

武昌起义后，1911年10月22日，陕西革命军起而响应，攻占西安，建立了军政府。清陕甘前任总督升允署理陕西巡抚，组织了以马安良为总统、循化营参将马麒为帮统的“精锐西军”16营，企图扑灭陕西革命。但10月19日，甘肃宁夏府革命党人也发动了起义，占领了府城（今银川市），精锐西军不得不兵分两路，由马麒率所部马步7营北上，以其弟马麟为先锋，驰往宁夏进行镇压。宁夏革命在马麒和分统马麟两兄弟所部的屠杀下遭到失败。但此时全国各地革命风暴风起云涌，清廷已是自顾不暇。袁世凯就任临时大总统后，于1912年3月10日以临时大总统名义通电全国停战，精锐西军只好卷旗西返。不久，西军遣散，马麒被任为洮岷协副将，率西军余部2 300余人驻防河州。

北洋军阀政府成立后，甘肃布政使赵维熙、谘议局局长张林焱和昭武军统领

马麒像

马福祥 3 人致电袁世凯，表示拥护共和。1912 年 3 月袁世凯任命赵维熙为甘肃都督。此时，清西宁办事大臣庆恕、西宁道台胡孚骏，因清室垮台而先后离去。4 月，北洋政府任命金承荫为西宁道尹，马福祥为青海办事长官兼西宁镇总兵，但金、马二人因故未能到职。袁世凯于同年 8 月又任命原西宁府尹廉兴为青海办事长官。由于马安良的推荐，马麒被任命为西宁镇总兵。马麒到任后，即与廉兴商议派人前往牧区联络蒙藏各部落头人，通知祭海事宜。民国二年（1913 年）8 月 15 日，青海各地蒙藏王公千百户云集青海湖旁察汗城，马麒陪同廉兴前往主祭，与会者按照传统会盟于察汗城北的海神庙。廉兴、马麒在会上宣布清帝退位、民国成立的消息，并以青海左右翼正副盟长与二十九旗王公、贝勒、台吉名义，致电中央，表示：“共和成立，五族一家，联合各族，同敦亲睦。”会后还派代表前往兰州会见甘肃都督赵维熙，并表示：“青海地方安定，唯以中央号令是尊。”马麒拥护北洋政府的言行得到袁世凯的通电表彰。自此，青海全境正式归附中华民国，但因封建体制并未摧毁，民国以后，青海和全国许多地方一样，陷入了封建军阀的统治中。

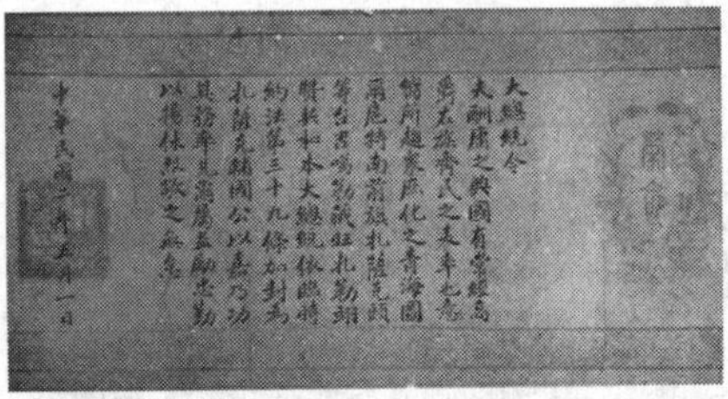

1913 年加封土尔扈特南前旗扎萨克头等台吉噶勒藏旺托勒为扎萨克辅国公之大总统令

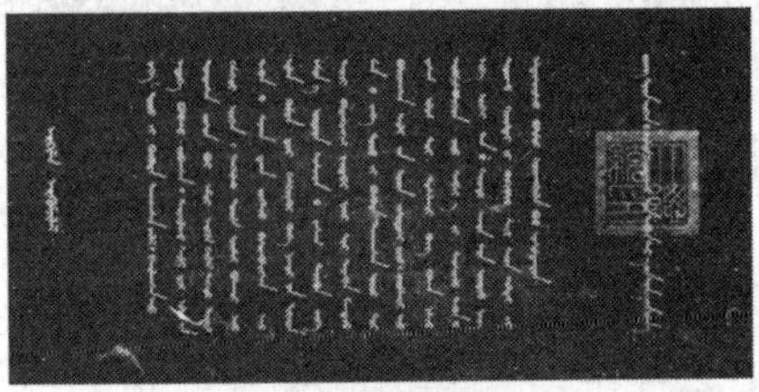

大总统令(蒙文版)

民国二年（1913 年）北洋政府划一行政建置，西宁道下废西宁府，各厅一律改县。即除原有的西宁、碾伯、大通 3 县外，改丹噶尔厅为湟源县，改巴燕戎格厅为巴戎县，改贵德厅为贵德县，改循化厅为循化县。同时加封青海蒙藏王公千百户。民国六年（1917 年）又增设都兰理事与玉树理事。此时，甘肃西宁道共辖“七县二理事”。

马麒坐镇西宁后，便以自己的亲属为骨干，组建了“宁海军”，扩军至 3 000 余人，拥有长短枪 2 000 余支，成为陇右一支举足轻重的武装力量。民国三年（1914 年），廉兴设立皮毛公估局，企图增加税收以作公署经费，引起了商界的不满和王公千百户的反对。早在精锐西军解体后，清室余孽升允便退居于西宁林家崖，马麒于是鼓动湟源皮毛巨商李耀廷等向督府控告廉兴“窝藏”升允、设局筹措经费图谋不轨，因此，民国四年（1915年）甘督张广建令马麒押送廉兴回兰查办。后来廉兴被释放并委为平凉道尹，马麒因此而取代了青海办事长官。民国三年（1914年），甘肃都督张炳华呈准袁世凯，增设“蒙番宣慰使”，以西宁镇总兵马麟兼任此职，坐镇西宁。民国四年（1915年）10月3日，北洋政府撤消了青海办事长官，蒙藏事务改由青海蒙番宣慰使独自办理。同年，改西宁镇总兵为西宁镇守使，继而又改为甘边宁海镇守使，马麒仍兼蒙番宣慰使和甘边宁海镇守使二职，集军政大权于一身，从此开始了马氏军阀盘踞青海近四十年的历史。

马麒虽排挤了廉兴，赶走了升允，但清室余孽的复辟活动并未停止。民国五年（1916年），宗社党人吕光，自称清室六皇子，以“承制总督内外勤王忠义马步全军一等忠顺公”名义，由东北经宁夏至拉卜楞一带，纠集当地一些反动分子打出“复清灭民”的旗帜发动起事，后又转至同仁保安，设立“王府”，以宣统八年年号张贴文告，煽动隆务寺蒙、藏群众起事。在马安良与马麒分派军队进剿后，吕光又率部分死党逃往贵德，于民国六年（1917年）4月29日攻占了贵德县城。与此同时，互助等地一些土族头人也组织了“复清会”进行复辟活动。马麒除派马麟率宁海军主力于5月21日攻复贵德县城外，又镇压了互助地区的复辟活动。吕光在贵德被捕，后据北洋政府电令，被处死于西宁，清室余孽在青海地区的复辟活动遂告结束。

二、国民军的到来与青海省的建立

民国十三年（1924年）冯玉祥倒戈，与奉系军阀张作霖联合推翻了当时的曹锟政府，支持皖系军阀段祺瑞为“中华民国执政”，冯玉祥部自此改称为国民军。民国十四年（1925年）初，冯玉祥任西北边防督办。同年10月，国民军进入甘肃，第二师师长刘郁芬以代理甘肃军务督办身份，接管了省政权。但原陇东镇守使张兆钾、陇南镇守使孔繁锦等地方军阀，为了保持对各该地区的统治权，发动了抗拒国民军的战争。甘边宁海镇守使马麒坐观成败，未与国民军发生正面冲突，因而在国民军击败张、孔以后，宁海军改编为国民军一个混成旅（第九旅），国民军并责其另组骑兵一旅赴华北作战（国民军南口战败后，该旅在旅长马步元率领下乘乱潜逃回青）。民国十五年（1926年）9月17日，冯玉祥在五原誓师参加北伐，国民军改称国民革命军第二集团军，马麒所部被编为二集团军暂编第二十六师。不久，冯部西北边防督办公署边事处处长林兢被任命为西宁道尹，后改称为行政长官，改甘边宁海镇守使为青海护军使，其职仍由马麒担任。在稳定了甘肃东南各地后，国民军准备西入青海，接管青海军政大权。马麒幕僚黎丹、李迺棻、朱绣、周希武等主张和平交权保存实力以图未来，但其下属军官抵触情绪很大，叫嚷要以武力抗衡。马麒审时度势，决定派周希武、朱绣等五人前往兰州接洽欢迎国民军入青事宜，途经老鸦峡莲花台时遭马麒属下军官伏击，周、朱二人被乱枪打死，马麒只好派其长子马步青赴兰，迎接国民军入青。

中原大战前蒋介石(中)与冯玉祥(左)、阎锡山(右)合影

民国十七年（1928年）6月，国民政府定都南京，蒋介石出任国民政府主席。时任行政院副院长的冯玉祥为巩固和扩大在西北的地盘，向国民政府提出了“青海关系国防至为重要”，以及青海、宁夏距甘肃省城过远，不易发展等，拟将甘肃省所辖青海、宁夏分别建为行省的提案。民国十七年9月5日，国民党中央政治会议第153次会议作出决议，将青海改为行省，建立青海省政府，省政府委员暂定5人，设民政、财政、建设、教育4厅。9月21日，国民政府任命孙连仲、马麒、黎丹、林兢、郭立志5人为省府委员会委员，旋又增补九世班禅额尔德尼为委员。孙连仲兼任主席。10月17日，国民党中央政治会议第159次会议决定并于19日发布命令：将原甘肃西宁道属西宁、大通、碾伯、循化、巴戎、湟源、贵德7县与原西宁办事长官所属青海牧区（包括厄鲁特蒙古和硕特部21旗、绰罗斯部2旗、土尔扈特部4旗、辉特部1旗、喀尔喀1旗、察汗诺门汗1旗，玉树土司25族、环海7族、果洛族等）划出，成立青海省，并决定以西宁为省会。民国十八年（1929年）1月29日，国民政府颁发第189号指令，令旧宁夏、青海两道，遵令各依固有区域，分别划归宁夏、青海两省，自民国十八年1月1日起，各县一切行政，分别由宁夏、青海两省政府处理。民国十八年（1929年）元月18日，孙连仲率3万国民军进入青海西宁。19日，孙出席在西宁小教场召开有万余人参加的“军民联欢会”。20日，孙正式就任青海省政府主席职。新建立的青海省，除将原来的巴戎县改为巴燕县（后又改为化隆县）、碾伯县改为乐都县外，又增置互助、民和、同仁、门源、共和5县，并将玉树、都兰两理事分别改为玉树县和都兰县。20世纪30年代后，青海省又新设囊谦、称多、同德、海晏、兴海、湟中等县，还成立了省直辖市西宁市，使省辖县达19个、省辖市1个。除此之外，还在广大牧区设置过一批行政督察区和设置局。[①]

孙连仲像

① 参见王昱：《青海省志·建置沿革志》，青海人民出版社，2001年，第433~466页。

至此，青海省行政建置已具规模，辖地与今大致相仿。民国二十年（1931 年）国民政府“明令取消青海省土司各职”，从此青海东部农业区土民直接归由县乡地方当局管辖。

马仲英像

国民军进入青海后，马氏家族并不甘心退出政治舞台。民国十七年（1928 年）4 月，马麒族侄（宁海军骑兵十一营营长马宝之子）、营副马仲英由西宁逃往河州，以“保卫家乡”为名，组织“黑虎吸冯军”，聚众反抗国民军，3 次包围河州城。马仲英后又自称“西北讨逆军总司令”，因年仅 17 岁，人称“尕司令”。他虽然得到马安良的第四子、回族军阀马廷贤的支持，但终被国民军援军打败。此后，他又率众攻陷甘肃卓尼，经拉卜楞于当年 12 月窜入青海，洗劫同仁保安，攻占贵德县城。不久又北渡黄河，向西宁进发。此时国民军已驻西宁，马仲英便率部经湟中康城一带抵湟源城下，驻军马步元部拒绝抵抗，撤出城外，湟源商民紧急组织民团自卫。民国十八年（1929 年）2 月 15 日上午，马仲英部攻入城内烧、杀、劫、掠，死难者达 2 000 余人，时称“小北京”的商业重埠，顿时被洗劫一空，待国民军下午赶到时，马仲英部已北去大通转往河西。马麒对马仲英为保卫马氏军阀统治地盘而在河州起而反抗国民军的行为，听之任之，对其部属参加马仲英的行列不加制止。后来见事态发展严重，恐祸及自身，于是便出面收抚，遭到马仲英的拒绝。湟源屠城血案发生后，马麒为洗刷自己，派马麟率部追歼，反被马仲英击败于门源地区。后马仲英率部流窜至河西、宁夏等地，所到之处杀人越货，无辜百姓惨遭屠戮，给甘、宁、青数省人民带来了巨大灾难。

民国时期的丹噶尔古城

在这场地方封建势力反抗国民军的“河湟事变”中，各族人民死伤严重。据不完全统计，整个西北地区死难者达 20 余万人之多。在这场政治斗争中，马麒见革命势力不可挡，因此，始终未与国民军公开决裂。时任团长驻防化隆的其子马步芳，也积极配合国民军高树勋部的清乡行动，并贿送军资以及军马百匹等，受到高树勋的赏识，进而通过孙连仲，准其收抚马麒旧部不足千人，仍称国民革命军第二集团军独立第九混成旅，以马步芳任旅长，从而使马氏家族剩余武装得以保存。

青海建省以后，孙连仲常住兰州，青海省政实际由高树勋代理。不久，冯玉祥与蒋介石关系恶化，酝酿“中原会战”，冯部开始由西北陆续东调。民国十八年9月，高树勋部亦奉命东下，临行之前调马步芳部移驻省城接防，并由高转请孙连仲，又经冯玉祥批准，任命马麒暂时主持青海省政府政务。马麒东山再起后，立即扩充军队，在第九旅的基础上，组建青海暂编第一师，以马步芳任师长。国民军东下后，甘肃人心惶惶，马麒应暂理甘肃省政的王祯之请，派马麟率部赴兰维持治安，以后又组成甘肃骑兵暂编第一师，马麟自任师长。自此，青海省主席马麒的势力，又扩及甘肃。

冯玉祥语录碑

国民军纪律严明，所到之处，受到青海各族人民群众的欢迎和一些开明人士的拥护。民国十六年（1927年），碾伯县长火灿曾将冯玉祥语录铭于碑上：“我们一定要把贪官污吏、土豪劣绅扫除净尽。我们誓为人民建设极清廉的政府。我们为人民除水患、兴水利，修道路、种树木及作种种有益的事。我们要使人人均有受教育读书识字的机会。我们训练军队的标准是为人民谋利益，我们军队是人民的武力。”这些语录鼓舞了革命士气，增强了革命人民的信心。国民军的到来，使生活在封建领主与地主剥削压迫和马氏家族黑暗统治下的各族人民有了一线新生的希望。但是，随着国民军将政权重新交予封建军阀马麒而匆匆离去，青海各族人民又重陷于水深火热之境地。

马麒占据具有特殊地理位置的青海地区后，在军阀混战、政治局势动荡之中，需不断窥测形势，投靠权势人物，以求庇护。直奉大战时，马麒曾投靠吴佩孚，曹锟、吴佩孚倒台后，又转向占据西北的冯玉祥革命军，蒋介石窃取政权后又打起拥蒋倒冯的旗帜，来巩固和发展封建割据局面。与此同时，国家统治者也需要控制和利用地方军阀来巩固其统治，所以在政治上双方有着共同点。马麒重新掌管青海政权之初，每月向冯玉祥汇银接济前方，西宁还举行了各界讨蒋大会并通电全国。但当冯玉祥战败，马麒立即致电蒋介石表示拥戴。蒋介石因青海地处边远，一时无法派遣嫡系接管，在西北回族驻京代表马福祥的建议下，于民国二十年（1931年）元月6日任命马麒仍代理青海省政府主席职务，马麒遂成为国民党政府在青海地区的代理人。以后，青海暂编第一师改编为新编第九师。同年8月5日，马麒病卒，国民党中央政府调马麟由兰州返回青海，9月，继任代理青海省政府主席一职。民国二十二年（1933年）3月10日，国民政府正式任命马麟为青海省主席，任命马步芳为青海省政府委员。

三、马麟主政后的政治活动

马麟主政不久，便发生了“九·一八”事变，国内局势动荡，西北地区由于国民军的东去，也陷入了地方军阀割据的势态之下。民国二十年（1931 年）8 月，原国民军留守部队将领雷中田、国民党政府视察员马文车，在兰州发动了反蒋的“雷马事变”，扣留了甘肃代理主席马鸿宾，并通电要求改组政府。蒋介石得知事变消息后，下令陕军杨虎城部西进“戡乱”。为了阻止蒋介石的中央军深入西北，马麟亲赴兰州进行调解。时居四川的奉系军阀吴佩孚，也赶到兰州，以调解为名，由其政治处长刘泗英出面，与西北各实力人物频繁会商，以图东山再起。他们经过一阵酝酿后，于 11 月 15 日发出了以马麟领衔，有甘、青、宁、新、川五省将领 18 人联名拥吴出山的通电。通电发表后，遭到各方反对，马麟又不得不加以否认。吴佩孚见再起无望，匆匆离兰而去。12 月 11 日杨虎城部十七师师长孙蔚如率军抵兰，一场拥吴闹剧遂告结束。不久，邵力子被任命为甘肃省主席，甘肃全境落入蒋介石手中。由于马麟在“雷马事件”中的表现，蒋介石对其是否忠诚于己产生怀疑，于是，便加快了吞并青海、铲除割据的步伐。

马麟像

民国二十二年（1933 年）6 月，冯玉祥下野，为解决旧部孙殿英筹饷困难供给无着的问题，冯向蒋介石提出任命国民军第四十一军军长孙殿英为“青海西区屯垦督办”。蒋介石为了以孙制马，遂命孙部由晋、绥一带移军青海。这一决定遭到了西北诸马的反对，为了保住统治地盘，马麟与宁夏省主席马鸿逵连电“中央”要求收回成命，并以辞去主席职务相威胁。马麟一面以“地方不胜负担”为由，策动罢市、罢课，组织“各界民众拒孙来青请愿会”，派遣代表团前往南京请愿，一面调动驻扎本省及甘肃河西走廊的部队 7 个旅及青海省政府手枪团等共 4 万余人，由马步芳率领，开赴宁夏联合马鸿逵部武力拒孙。8 月 5 日，蒋介石致电马麟、马步芳：孙部给养“由中央协助，决不增加青民负担，更无碍于青海军政，请转达青海各族领袖，勿予反对”。但时任西北绥靖公署主任的朱绍良，看到臭名昭著的孙殿英不受西北诸马的欢迎，拒孙之战在所难免，便于 10 月 25 日领衔电请“中央”收回成命，北平军委会因此下令孙殿英停止向西开拔。但此时孙部已抵河套西部地区，粮秣困难，进退维谷，不得不继续推进，并与马鸿逵部发生冲突。民国二十三年（1934 年）元月 9 日，西北实力人物联名通电要求

孙殿英部队西进图

讨伐孙部，蒋介石为了借机消灭杂牌军，便下令撤销“青海西区屯垦督办公署”，免去孙殿英所兼各职，借口孙军不服军令，命令各军进剿。甘、宁、青三省联军以马鸿逵为总指挥，于2月2日发动总攻，北平军委会派轰炸机助战，战争延续到3月中旬，孙军失败北撤，孙殿英通电离军，部队由绥远省主席傅作义编遣，拒孙之战遂告结束。这次战争，青马部队作为主力之一，伤亡3 000余人，但却显示了实力。西北诸马的拧成一团，也给蒋介石留下了深刻的印象，于是，便改武力征服为拉拢、收买和利用。不久，在朱绍良的请求下，新编第九师便被改编为正规军陆军第一百师，以后又扩编为陆军新编第二军，后又改编为第八十二军，马步芳被任命为军长。同时，将马麟就任青海省主席时留驻甘肃的旧部暂编第一师，扩编为陆军骑兵第五军，以马步青为军长，并移驻凉州。

四、马步芳执政与青海政治的演变

青海建省后，地方政权凡传5任，除国民军孙连仲及其部下高树勋相继任省主席职约1年外，其余时间则由马氏兄弟、父子连任，形成了马氏军阀统治青海的局面。马麟主政后，仍然执行马麒在世时的保守路线，维持封建“家天下”局面。但此时全国各地军阀混战基本结束，以蒋介石为代表的大地主大资产阶级已经建立了统一的政权。在这样的情况下，如何顺应时局，在新的条件下保存马氏家族在青海的统治地位，以马步芳为代表的一批青壮年军人与马麟为首的老派政客和军队头目之间就此产生思想分歧，因而导致了马氏家族内部的矛盾，为马步芳夺取政权提供了条件。马步芳首先鼓动亲信逼走了黎丹、李迺棻等老一辈骨干，又以马麟的秘书长冯国瑞贪污公款为由，迫其逃离青海，砍掉了马麟的“左右臂”。民国二十一年（1932年），马麟为解决财政困难，滥印维持券，一时物价飞涨，1元只顶2角，引起西宁百姓大闹官钱局。次年，又发生了中小学教职员罢课索薪事件，马麟陷于窘境。马步芳利用这一形势，展开了倒叔活动，于民国二十三年（1934年）春天，派人在乐都拦路抢夺了马麟运往河州老家的大批银洋，并将此事公诸于世，一时舆论哗然，马麟狼狈不堪。后见维持困难，于民国二十五年（1936年）6月借口“旧疾复发”，向蒋介石请假6个月，返河州乩藏老家，后于民国三十四年（1945年）病卒于故里。

马麟离青后，民国二十五年（1936年）6月蒋介石令马步芳代理青海省政府主席职务。于是，马步芳更加加紧投靠蒋介石，并表明其整军反共计划，特别是他派军队在河西走廊疯狂阻击和围攻红西路军，残害和虐待红军被俘人员，得到蒋介石的赏识和信任，民国二十七年（1938年）3月，任命马步芳为青海省政府主席。马步芳上台以后，推行了一些新的政治措施，提出“编组保甲、训练壮丁、推广识字、修筑公路、厉行禁烟、积极造林”的“六大中心工作”，标榜励精图治，以适应新的形势。为了收买人心，还提出“清理县政”、“提倡教育”、“开发青海”等口号。为了应付财政上的困难局面，一是实行官商制度，决定官营皮毛和土产品等，以筹措军政费用；二是派出青海各民族和党政军赴京代表团，向国民政府要款，以补经费之不足。军事方面，他培植亲信，举办军官教育团，改行新式操练，从天津等地购进一批新式枪弹装备了部队，使这支老式的封建军队在很短时期内有了新的变化。由于以上种种措施，青海省的社会面貌和马麟时期的保守局面相比，有了一些改变。但因其政权代表封建地主阶级的根本利益，所以，所谓“廉政”、“开发”、“减轻人民负担”等，也只徒有其说。

马步青像

抗日战争爆发后，尤其是抗战后期，国民党“中央”为了扩大后方，开辟对外陆路通道，决定加强对新疆地区的控制。为达此目的，调嫡系部队进驻河西走廊，于民国三十一年（1942年）4月，任命驻扎河西地区的骑兵第五军军长马步青为柴达木屯垦督办，令其率部南移。马步青在无力反抗的情况下，不得不交出盘踞11年之久的河西地区，于同年夏天移入青海。马步芳一面为马氏家族统治

蒋介石巡视青海时与马步芳合影

马步芳（左2）迎候来青视察的蒋介石（右1）

地盘的缩小而怨愤不已，一面又对骑五军进入青海依靠青海给养而不得不听命于己感到高兴。这为马步芳吞并其兄兵力，壮大自己的实力提供了条件。同年8月26日，蒋介石视察西北飞抵西宁，马步芳利用这次机会再次向蒋表示效忠，蒋亦对马步芳在青海的所谓“政绩”予以表扬。

民国三十二年（1943年）1月1日，蒋介石命令青海的八十二军及骑五军合组为第四十集团军，马步芳、马步青分任正、副总司令。马步芳乘机推荐其子马继援和外甥马呈祥，分任八十二军和骑五军军长。四十集团军的成立，标志着马麒以后马氏军阀武装力量再一次组合，同时，也标志着马步芳权势的增大和马步青军事生涯的衰落。自此以后，统一起来的“青马”，便成了西北政局中一支举足轻重的军事力量。民国三十四年（1945年）5月，蒋介石命令骑五军开赴新疆，以加强对新疆地区的控制。

五、玉树归属之争与青藏战争

清末民初，西藏亲英分子的分裂活动加剧，藏军乘机北上，企图占领“康”区。民国二年（1913年），北洋政府命令川边经略使尹昌衡反击藏军的北进。川军西进途中占据了今玉树和昂欠两县地，向北洋政府报称：“隆庆二十五族报效投诚，愿归川管。”北洋政府不知“隆庆”即“昂欠”之讹音，隆庆二十五族即玉树二十五族，向来属于“西宁办事大臣”辖地，竟批准“隆庆归四川，玉树归甘肃”，因而引起了一场两省争夺玉树地区统治权之争。时任西宁镇总兵官的马麒，一面电报北洋政府“川军侵犯青海”，一面派兵迅速开赴结古。后来北洋政府接受甘督张广建的建议，派原忠武军统领周务学携周希武、牛载坤等前往玉树实地勘察，确认其地应属“青海办事长官”。于是，北洋政府撤销了由川边经略使管理之决定。民国四年（1915年）5月，川军东撤，马麒派其弟马麟为玉树防守支队司令率兵驻守，以后又设立玉树理事，管理当地民政。

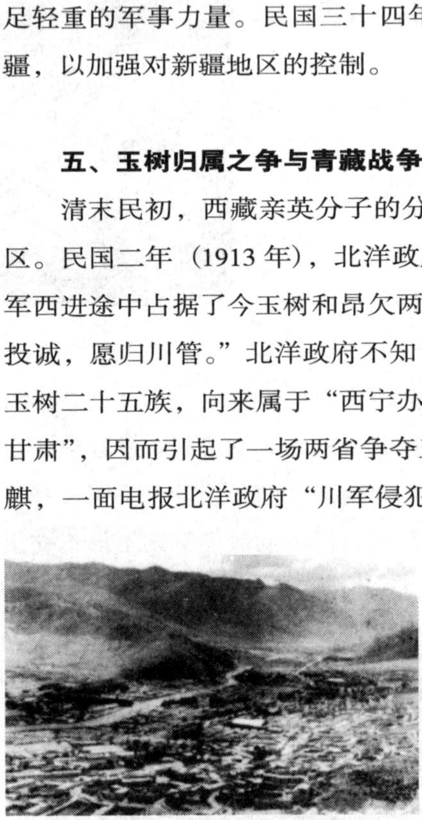

玉树结古镇

民国二年（1913年）10月至翌年7月，由英帝国主义策划，在印度西姆拉召开有中、英双方代表参加的会议，西藏地方政府也派代表参加了这次会议。会上英方代表麦克马洪一手把持会议，拟定了一个《西姆拉条约》，否定中国对西藏的主权，阴谋把西藏从中国分割出去；会下英方私同西藏代表秘密换文，划了一条所谓的“麦克马洪线”，妄图把中国大片领土划归英属印度，置于英帝国主义的势力控制下。这个消息传到国内，遭到国人的强烈反对，中国政府代表陈贻范拒绝在《西姆拉条约》上签字。1917年秋，英国唆使藏军向西康进攻，攻陷四川同普、德格等10余县。民国七年（1918年）5月，英方利用川藏边界矛盾再次提出划分内外藏界线问题，拟将当拉岭（唐古拉山）以北、昆仑山以南的青海南部地区和川西南及云南藏区划为“内藏”，要求中国不设官、不驻兵。对于英帝国主义和西藏亲英分子的又一次分裂中国领土的企图，民国八年（1919年）马麒发表著名的“艳电”，坚决反对把青海南部划分到“内藏”、分裂中国领土的阴谋，电云：“……年来藏人虽攻陷川边十余县，而兵力尚未能越当拉岭以北。今川边划界已为奇耻，乃欲并甘肃素所管辖卫藏兵力未及之地，割以奉之，蹙地千里，辱国已甚，……今若以昆仑以南划为内藏，势必撤去玉树驻兵，取消已设之官员，不独堕国家已成之功，且孤番民倚重之心。……尤可骇者，玉树川边吻齿相依，……今若将德格以西等处划分为外藏，则德格等县再无恢复之日，玉、康声气从此永断，中央饷械无路到达，康定将陷于绝地，条约岂可恃哉？……不独青、藏界线应请照前清会典旧图为准，即川边与西藏亦各有定界，岂可轻易变更？总而言之，西藏本中国属土，年来与川边构怨，譬犹兄弟阋墙，自应由兄弟解决，万不能由他人从旁干预。吾国苟有一息生气，所有划界会议，应从根本否认。此约一签，终古难复，大好河山，一笔断送，凡属五族，谁不解体?……事关国家存亡，此而不言，将使他族谓中国无人，麒实耻之！麒实愤之！是以披肝露胆，沥血以告。”[①]马麒坚决反对外国插手西藏分裂中国领土的坚定态度，引起了许多省份和民间团体的通电响应。也引起全国舆论的关注，认为在各省反对划界的电文中，“唯甘边宁海镇守使马麒电，能援引历史和地理上的正确理据，反对将玉树地方划为内藏，不但可以使中央政府为之惶谢，即英人阅之，亦当无辞复争矣。”[②]马麒反对划分内外藏，防止了统治地盘的丢失，客观上维护了祖国的统一和领土完整。

英帝国主义划分内外藏，扩大其势力范围的企图没有得逞，但以后藏军进驻昌都，并先后攻占西康甘孜、德格等县，威胁到青海南部的安全。针对这种情况，青海当局经国民政府批准，于民国十九年（1930年）底，在玉树地区成立了边防委员会，在西宁成立了青海南部边区警备司令部，以马步芳为司令，下辖步、骑兵各一个旅，分兵防守于今海南至玉树一线。次年6月，旅长马彪率少数兵力增防玉树。民国二十一年（1932年），西藏沙旺千布（昌都总管）贡布阿丕以苏尔莽黄教尕旦寺与白教德赛寺争夺田地属权问题为借口，调集4 000余人，并以克色代本（团长）为指挥，进攻玉树大、小苏尔莽地区。藏军入境后，由于

① 《青海历史纪要》，青海人民出版社1987年12月，第353~355页。

② 任乃强：《西康图经》。

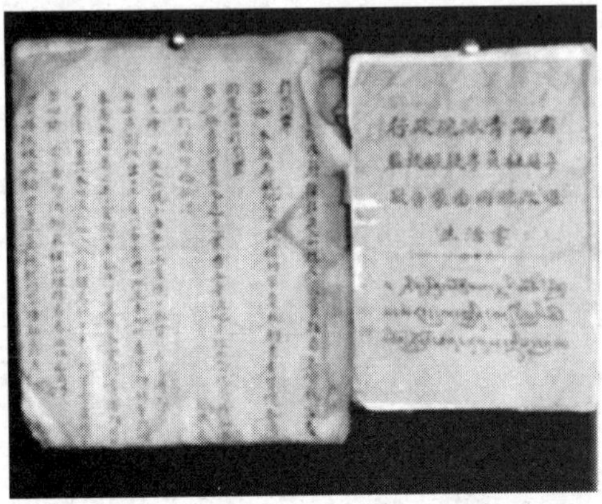

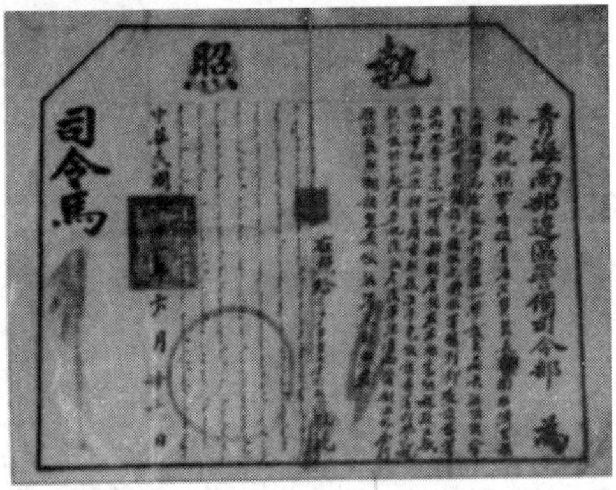

青海南部边区警备司令部执照

青海守兵有限，马步芳一方面电令马彪退出苏尔莽，派其秘书王家棡及玉树地区千百户代表与藏方进行谈判；一方面派马驯为玉树宣抚使，率马忠义团赶赴玉树增援。6 月 18 日马驯抵达玉树，派人与藏方接洽，遭到藏方拒绝。藏兵占领大、小苏尔莽以后，继续向结古推进。与此同时，占领西康石渠、邓柯等地之藏军也向西推进，进入青海歇武和直门达等地，切断了玉树与西宁之间的交通，结古镇陷入南、北两路藏军的包围中。鉴于玉树形势危急，蒋介石下令马麟和马步芳迅速增兵解围。军政部为此拨给青海步枪 2 000 支，手枪 100 支以及无线电通讯设备等。马步芳先后派团长喇平福、旅长马禄率部赴援，7 月中旬双方激战于歇武和通天河一带，青海军队将北路藏军逐出省境。8 月 2 日夜，援军在守军的配合下，一举击溃藏军，结古解围。9 月，青海军队将南路藏军逐出大、小苏尔莽。与此同时，西康方面刘文辉部也配合青海军队的攻势，向藏军发动反攻，先后收复了甘孜、德格等县。10 月初，两省军队对藏兵大本营昌都形成了包围。由于藏军的失败，西藏地方当局即以十三世达赖名义致电“中央”，请求蒋介石传令青、康两省军队停止进攻，谈判议和。民国二十二年（1933 年）4 月 10 日，青海当局以马驯为代表，与西藏地方政府代表土旦公吉等 3 人在青藏边界举行谈判，签定了《青藏和约》。不久，青海军队由昌都地区后撤，行前释放了所有被俘藏军官兵。

青藏战争历时一年有余，双方死亡各数百人。这次战争是对西藏地方政府中亲英势力和扩张势力的一次沉重打击，通过是役也显示了马麟、马步芳的军事实力。同时，马氏军阀的势力范围，扩及到了康区（今川西南）的邓柯、石渠，远至德格一带。民国三十二年（1943 年），马步芳为了防止藏军再度北进并加强对青海南部和川西一些县的控制，将原设于西宁的青海南部边区警备司令部迁置于玉树结古。

六、马氏军阀的反动统治与青海各族人民的反抗斗争

为了对地域辽阔、居住分散的少数民族实行有效控制，马氏军阀效仿前代统治者的羁縻政策，将王公千百户制度纳入其基层行政管理制度的系列中，利用各民族上层人物为其政权服务。自清代创立“祭海”制度以来，祭海典礼曾一度中断。民国二年（1913 年），青海办事长官廉兴和西宁镇总兵马麒通过祭海劝说青海蒙藏王公千百户承认共和后，祭海仍循旧例举行。国民党政府为稳定西北地区局势，抚慰青海蒙藏王公千百户，常派大员来青海主持祭海仪式，以扩大政治影响。马氏军阀也积极安排“祭海”活动，以树立统治威望。少数民族部落首领为了保持对各部落的统治权，也寻求马氏军阀的庇护。因此，每当马氏军阀受到威胁时，便有“青海蒙藏王公千百户”名义的通电，表示对马麒、马麟以及马步芳

1937 年祭海后在栋科尔寺会盟

统治的支持。他们还在马氏的操纵下，往往派出代表前往“中央”表达“民意”，要钱要枪，成了马氏军阀向上讨价还价的筹码。

针对青海多民族信教的情况，马麒统治青海后，注意利用宗教的影响为其统治服务。对藏传佛教的著名人物，如隆务寺、广惠寺、佑宁寺、塔尔寺的活佛夏日仓、敏珠尔、土观、阿嘉等，均在政治上予以安排，或在经济上给予资助。此外，马氏军阀还利用其地位与权力，支持和影响了黄教领袖达赖和班禅。民国二十六年（1937 年），西藏纪仓活佛在今青海平安县祁家川寻得灵童拉木登珠，拟按传统方式秘密带往拉萨，与康、藏各地灵童一道，抽签确定其中之一为十四世

达赖。为使青海灵童获认，马步芳以青海蒙藏王公千百户名义，坚持免除抽签，要求国民党政府直接指认拉木登珠为十四世达赖。民国二十八年（1939年）7月1日，马步芳派师长马元海护送拉木登珠由西宁起程赴藏。民国二十九年（1940年）2月5日，国民党政府终于发布命令："青海灵童拉木登珠慧性湛深，灵异特著，查系十三辈达赖喇嘛转世，应即免于抽签，特准继任为第十四辈达赖喇嘛"，并派蒙藏委员会委员长吴忠信主持了在拉萨举行的坐床典礼。马氏军阀通过此举，密切了与西藏地方当局的关系，也增强了其在青海蒙、藏、土族等信奉藏传佛教群众中的地位。民国三十八年（1949年）8月8日，马步芳在其政权行将垮台前，还以国民党政府副使身份，派员在塔尔寺参与主持了循化县扁都沟灵童宫保慈丹为十世班禅额尔德尼的坐床典礼。

十世班禅

马氏军阀信奉并推行马果园创立的伊斯兰教新兴教派。为了对青海回族和撒拉族群众进行控制，于民国八年（1919年）重修了西宁东关清真大寺，以马果园为教长，并安排新兴教阿訇主持各县清真寺。民国十一年（1922年）又组织了宁海（青海）回教促进会，马麒、马麟和马步芳先后任理事长（会长）长达20余年。回教促进会标榜以"促进回教青年学子教育并阐发回教真谛为宗旨"，实则培养回族青年为其统治服务，并通过其控制辖区内的所有伊斯兰教徒。

马氏政权是以封建宗法制度为基础的集团，"宁海军"的营长，多是马氏子弟及其姻亲，"第四十集团军"师以上军官中，亲族占80%以上。马步芳掌权后，又多用其早先驻地化隆、循化两县的回族和撒拉族人，当时民间流传有："乐都的文书两化的官，互助大通的一二三"[①]的说法。为了给"家天下"的局面蒙上一块面纱，马氏军阀也不得不提出"民族平等"的口号，拉拢一些汉族和其他民族的代表人物进入其统治集团，如黎丹、李迺棻、朱绣、周希武、姚钧等。这些人是马氏家族统治青海早期的主要智囊人物和行政官员。他们在作出反对"西姆拉会议"、迎接国民军入青、抗击孙殿英入省以及投靠国民党中央政府等重大政治问题决策上起了重要作用。马步芳掌权以后，老一辈智囊人物相继被排挤出政治舞台，为了保持统治阶级内部的团结，马步芳提出了一个"团体主义"的

① 意为文书多出自文化水准较高的乐都县，军官、文官多出自化隆、循化二县；"一二三"为士兵操练时所喊口令的简称，即普通士兵多出自互助、大通等县。

政治口号，使以往的狭隘封建家族观念，添上了地方民族主义的色彩，因此，具有更大的欺骗性和号召力。“团体主义”的提出，为蒋介石的势力进入青海制造了障碍。早在民国二十年（1931 年），南京国民党中央派人前来青海组建党部，后被青海地方势力排挤出境。民国二十三年（1934 年）国民党要员戴传贤、宋子文前来青海，笼络地方势力，并派“中央政治学校”青海籍毕业生马绍武为特派员之一，返省重建有马氏军阀主要成员参加的“国民党青海省党务特派员办事处”。民国二十七年（1938 年）11 月 7 日，国民党青海省执行委员会正式成立，马步芳兼主任委员，委员多为马步芳提名，活动受其控制。国民党中央虽对这种情况不满，但还是明令认可，以图利用马步芳稳定边局。马步芳也极力抵制共产主义思想与共产党在青海的活动，民国二十一年（1932 年），中共甘宁青工委派共产党员程士诚前来西宁活动，遭到暗杀。抗战期间，湟中籍青海“留（北）平”学生寇从善赴陕北参加了中国共产党，受命返回青海发展党的组织，因马步芳统治严密，难以立足而不得不离青赴甘。

马氏军阀统治青海的一个特点是实行军事专制，以保持事实上的半割据状态。以武装起家的马氏家族，始终把扩充自己的武装力量作为争霸地盘的资本。马麒初据西宁脱离“精锐西军”系统并建立独立武装时，“宁海军”兵力不过 3 000 余人，随着国民军的离去和马麒的再次主政，其所部迅速扩增，抗日战争期间，正规军已发展到 10 万人之多。解放战争时期，计有 4 个军，1 个骑兵师，2 个独立旅，3 个保安团，共计 15 万人。此外，还有 40 个民团的武装，约 7 万人左右。军队与民团人数已占青海全省人口的 1/6，一时间“拔兵”成了青海各族人民的灾难。对于马步芳强行扩军所带来的恶果，当时的《西北问题》杂志十三、十四期合刊，有如下评论：“中国有两件最杀人的事情，一件是四川的钱粮，一件是青海的拔门兵。”马氏军阀利用这一武装力量有效地拒阻了孙殿英入青，抗击了西藏地方军的北进，防止了蒋介石的吞并，并使其承认了马氏军阀对青海的统治。这支军队在中国工农红军长征期间，残酷围攻、屠杀红军西路军；在解放战争时期，成了国民党在西北战场反共的主力之一，马步芳也因此而成了“西北军政长官”。

马氏军阀不但利用这支军队在国民党统治集团中取得了一席之地，也利用它作为对青海各民族人民群众进行残酷镇压的工具。民国三十四年（1945 年）4 月，《华宝藏向蒙藏委员会呈文》中有如下控诉：“藏民素以设寺念经为目的，指靠山产牧养牲畜度活糊口，近被青海队伍蹂躏，所有小的等马匹、羊毛出产全归于队伍收要，虽说发价，不过十分之半，内中受苦甚众，民不聊生……小的欲求兰州长官将保安寺藏民痛苦解救而全生命，不料青海长官闻听大发烈怒，于民国三十二年二月十七日将小的田爷及强壮之人杀去七百余口……”类似的血腥屠杀在马氏军阀统治青海时期屡见不鲜，尤以对青海南部果洛地区藏族人民的屠杀为甚。早在马麒任青海蒙番宣慰使后，曾派人在玛积雪山开采金矿，开矿人员常与当地群众发生冲突，因而引起果洛藏民的不满。民国九年（1920年）8月，上果洛贡玛仓部落头人尕日麻吐多率众抢劫了送往玉树的军需品，抢去驮牛500余头及所载粮食等物，击伤驮队士兵10余人。于是马麒报经北洋政府批准，派马麟为“司令”，率兵3 000并调驻防玉树的宁海军第九营及玉树二十五族藏民武装开赴果洛，包围并袭击了贡玛仓部落。以后，还镇压了阿木却乎等部落，但在返途中遭到贡玛仓部落反击，伤亡惨重。民国二十四年（1935年），马步芳派旅长马朴率部深入白玉寺，设置了果洛行政督察专员公署，但马步芳军队大部撤回后，果洛人民为反暴政，又袭击了公署留守部队。民国二十七年（1938年）2月，马步芳又派旅长喇平福进驻白玉寺，留骑兵1连驻守。由于强行催索草头税，纵兵强奸妇女，夺取财物，激起群众不满，遂聚众歼灭了这个连，处死了喇平福。马步芳闻报后，调马得胜团前往报复，屠杀无辜牧民千余人，虏回妇女小孩300余口及各类牲畜8万余头（只），康赛部落被迫迁逃川北。康干部落头人康克明等投奔拉卜楞地区保安司令黄正清，在黄的支持下，派出代表转赴重庆向蒙藏委员会控诉马步芳的暴行，并要求果洛改隶于四川。马步芳得知这个情况后，又于民国三十年（1941年）4月，再次派兵分路进攻果洛，杀死牧民1 800余人，掠回牲畜10余万头（只）。前后经过七次攻杀，果洛地区所剩人口有限，经济生活遭到了破坏，藏民陷入了水深火热的景况中。另外，自民国二十四年（1935年）以后，迁入青海海西和海南地区的哈萨克族5 700余户，在与青海蒙古争夺地盘的斗争中，损失很大，后又遭到马步芳军队的屠杀，被迫四处逃亡，青海解放时只剩600户。

对马氏政权的反动统治，青海各族人民的反抗始终没有停止。果洛藏族和海西哈萨克族反镇压的斗争未了，军队内部也发生了暴动。民国三十四年（1945年）8月，八十二军炮兵团营长、原马继援的卫士马乙思哈，与前来兵营探望的妻舅席老三，联络士兵20余人，利用马步芳赴重庆开会，乐家湾兵营大部官兵放假，只留骑兵团守营的机会，于8月16日晚发动兵变。变兵冲入军司令部，直奔军长宿舍，因当晚马继援赴城未归而幸免于难，变兵击毙了军参谋长金耀星，后以金的名义通过电话诱骑兵团长马英等军官来司令部开会，马因枪声而心生疑窦，当得知兵变后，立即率部包围了司令部，变兵寡不敌众，被迫逃散，暴动遂告失败。事后，所有参加兵变者均被搜捕枪毙，株连群众达300多人。事隔不到一年，接任玉树防守司令的马正魁克扣军饷，虐待士兵，激起两连士兵的仇恨，在团副马进龙、连长马如海等率领下发生哗变。民国三十五年（1946年）6月19日夜，变兵包围司令部，打死马正魁及其卫士，占据了军需库，捣毁了电台并监禁了玉树专员马骏。马步芳闻报后，立即调派骑兵前往玉树进行镇压。变兵在向西转移中遭到了藏族千百户武装的阻击，后来在向东转移中，又与川军和藏军发生冲突，后来在马步芳派人诱骗下，只好返回玉树称多地区表示投降。8月下旬，这两个连剩余之150多人奉调回省，后经审讯，全部杀害于西宁。

马步芳的倒行逆施，也引起了青海青年们的反对，民国三十一年（1942年）冬，省立第一中学学生樊世良的日记中有不满马步芳之言论，后遭暗杀。民国三十五年（1946年），拥蒋反马激进青年韩宝善等，曾在西宁撰写了《控诉青海省主席马步芳》的材料，揭发马步芳欺骗中央、妄图割据、贪赃枉法、血腥屠杀、奸污妇女、倒卖黄金等罪行。这份材料后来由南京青海拥蒋反马分子印刷成册，趁制宪国大会议开幕之机，向国大代表广为散发，使马受到抨击，一时声名狼籍。但蒋介石为了利用马步芳为其效力，对马并未加以追究，反以“为政之难，自古同慨。奸人所侮，请勿介意”之词加以电慰。除了上述反抗活动外，青海广大农村反抗地主阶级剥削压迫的斗争也屡有发生，只是缺乏有组织的领导，因而没有形成大的力量。

七、青马军队围攻红军西路军

民国二十四年（1935年），中国工农红军在举世闻名的二万五千里长征中，克服了重重困难，摆脱了国民党军队和沿途地方武装的追击和阻截，从江西中央苏区转战数省到达四川西部“康”区。蒋介石命令上述地区组织兵力堵截红军。青海于6月10日成立了保安处，马步芳自兼处长，划全省为10个保安区（后改为15个），编组保安团105团，共有团丁15万余人，拥有旧式马、步枪5万余支。民团均由地主土豪、民族头人等担任官佐，还分期分批进行了军事训练。马步芳拟设3道防线防堵红军北上。8月5日，马步芳前往果洛素乎日麻（今久治境内）视察所谓“第一线”的藏族保安团，返回省城后，又布置在甘青交界地带修筑碉堡，并集中正规军主力防守河湟地区。

红军一、四方面军在四川懋功（今小金县）会师后，中共中央通过召开两河口会议和沙窝会议，明确了两军会师后北上的战略方针，并决定将一、四方面军混编成左、右两路军。但张国焘对中央决定阳奉阴违，擅自率左路军和右路军中四方面军的两个军南下川西，结果遭受重大损失，被迫于1936年2月退至康区甘孜一带，与红二方面军会师。张国焘取消自立的第二“中央”，同意二、四方面军共同北上。是年7月初，红四方面军的左、中、右三个纵队分别在朱德、徐向前、董振堂率领下从甘孜等地出发北上，二方面军则组成两个梯队随四方面军左纵队跟进。7月3日至27日，红四方面军左纵队先遣军及跟进的红二方面军各部共约2万余人先后途经今青海果洛藏族自治州班玛县。大致路线是：经四川色达县到班玛县知钦乡的唐摇沟，出班玛县到四川壤塘县西倾寺、鱼托寺，再入班玛县境，经今灯塔、班前、亚尔堂、江日堂各乡至作木沟，然后沿克柯河南岸向四川阿坝前进。红军长征进入今青海的目的主要是避开川康之敌，绕道敌军相对薄弱区筹粮，以补充军需。红军经过果洛地区，先后20多天，约2万余人，在当地广泛进行了抗日宣传，班玛亚尔堂子母达沟口石岩上，当年红军书写的“北上响应全国抗日反蒋斗争!安庆宣”标语，至今仍然清晰可见，成了青海现存革命遗迹之一，“红军沟”因此而得名。

班玛红军标语

红军一、二、四方面军会师于甘肃会宁后，为了执行党中央决定的宁夏战役计划，四方面军指挥部、红五军、红九军和红三十军等共21 800人于民国二十五年（1936年）10月25日至10月底，先后从甘肃靖远县几个渡口渡过黄河。红军渡河以后，迅速击溃了马步青骑五师的河防部队，进入兰州以北的景泰地区。蒋介石急令胡宗南、马鸿逵、马步芳、马步青所部，疯狂堵截西征的红军部队。11月初，红三十军在政治委员李先念和代军长程世才的率领下，在一条山激战八昼夜，击毙马步青的骑五师少将参谋长兼“前敌总指挥”马廷祥，毙伤敌军官兵2 500余人，后向西转移。“宁夏战役”计划受阻后，11月11日，过河红军正式组成了红军“西路军”，陈昌浩任西路军军政委员会主席、徐向前任副主席，委员有11人。西路军总指挥为徐向前，政治委员为陈昌浩，全军为2.18万人。西路军向河西走廊中部挺进，开始了孤军西征的艰难里程。11月13日，中共中央书记处致电共产国际：“渡河者现组织西路军，受徐向前、陈昌浩指挥，人数2.2万，令其依国际新指示向接近新疆之方向前进。”①与此同时，国民党中央军委会于11月2日任命马步芳为“西北剿匪第二防区司令兼第五纵队司令”。马步芳即任命马元海为“前线总指挥”，统一指挥新二军、海南警备司令部和骑五师所属部队及青海各县“民团”，与红军西路军作战。11月15日，红九军攻克古浪，但马元海驱其主力马彪、韩起禄2个旅及4个独立团，在赶来助战的胡宗南第一军杨德亮旅和空军第十五航空队飞

① 伍修权：《尊重史实、实事求是》，《人民日报》1990年7月29日。

机的配合下，于16、17、18日发动了三次反扑。红九军战士英勇作战，杀敌近千人，但因寡不敌众，部队损失严重，军参谋长陈伯稚、二十五师师长王海清、二十七师政委易汉文牺牲，红军战士伤亡2 000余人，部队不得不于18日撤出古浪，后在永昌一带与红五军和红三十军汇合。

红西路军骑兵之一部

红五军和红三十军经武威城南星夜西进，三十军于11月18日攻克永昌，21日攻克山丹。此后，红西路军在东起凉州四十里铺、西至山丹的地段上与敌数度激战，12月25日红军撤出永昌继续西进，29日攻克临泽。民国二十六年（1937年）元月1日，五军攻克高台。高台解放后，红军西路军决定在张掖以西建立根据地，为此，在高台成立了抗日义勇军司令部，建立了高台苏维埃政权。但在此前，敌军在武威召开了军事会议，决定了追击和包围西路军的作战计划。会后，马元海率6个旅、3个团和源源赶来的青海“民团”追赶红军，于元月中旬包围了高台，敌我双方进行了激烈的肉搏战。红五军孤军作战7昼夜，杀伤敌军3 000余人，终因寡不敌众，军长董振堂、政治部主任杨克明和二十四师师长吴代朝英勇战死，红五军主力2 000余人除极少数突出重围外，绝大部分壮烈牺牲。

董振堂

高台战役后，临泽等地相继失守，红三十军和五军、九军余部共1.4万余人集结在张掖以南的倪家营子一带。此时，中央连续来电，指示西路军东返。1月27日，红军在西洞堡与龙首堡之间歼灭了具有新式装备的青海省宪兵团，毙敌

800余名。马步芳继续增调部队和“民团”总达7万余人，层层包围西路军。在一个多月的苦战中，红军毙伤敌军近万人，但自身也付出了沉重的代价，伤亡数千人，不得不突围自救。突围后，部队仍处处受阻，陈昌浩决定回师倪家营子。结果红九军在龙首堡被敌军打散，红三十军在倪家营子二次陷入重围，经过7昼夜的血战，伤亡严重，不得不再次突围，星夜进入祁连山。红九军为了掩护全军突围，在梨园口与敌骑兵激战3昼夜，政委陈海松牺牲，原九军军长孙玉清被俘，只有极少数人冲出重围进入祁连山。进山以后，西路军总共剩下近3 000人。3月13日下午，西路军指挥部在石窝山头召开会议，决定将红三十军千余人编为左支队，由李先念、程世才等率领；红九军400余人编为右支队，由王树声、朱良才率领；另外，由张荣率病号及妇女，分别深入左、右大山打游击。西路军军政委员会主席陈昌浩、总指挥徐向前离队回陕北向党中央汇报。后来右支队在“黄番”（今肃北裕固族）地区康隆寺一带与敌搜山部队遭遇，大部同志牺牲，少数几人辗转回到了陕北。左支队在无线电中收到党中央要他们赶往新疆的指示，经40多天的行军，在安西附近出山并冲出敌军重围，于4月底抵达甘、新交界星星峡，在党中央代表陈云和滕代远的迎接和安排下，由新疆省主席盛世才派车接入新疆。西路军此时只剩400多人。

孙玉清

西路军烈士墓碑

西路军与数倍于己之马氏军阀的军队在河西地区作战，孤军深入，人生地疏，补给十分困难，加上其它种种主客观原因，所以失败了。西路军的失败，是红军历史上最惨痛的一次挫折。而马步芳却以红军指战员的鲜血，换得了蒋介石的赞赏，不久，便由“代主席”升任“青海省政府主席”。河西被俘红军6 000余人，其中包括红三十军八十八师师长熊厚发在内的伤病员3 000余人被害，红九军军长孙玉清被民团俘后押解西宁被秘密杀害，其余3 000余名在国共再次合作达成抗日协定后，经中共代表营救，大部回到陕北革命根据地。

红军西路军虽然失败了，但广大指战员在极端困难的条件下，披坚执锐，喋血奋战，历时近五个月之久，先后共消灭敌军25 000余人，牵制10多万国民党军队扼守黄河，有力地策应了河东红军和友军的战略行动，对争取西安事变的和平解决、推动抗日民族统一战线的形成，做出不可磨灭的贡献。

八、青海军民的抗日救国活动

民国二十年（1931年）“九·一八”事变和民国二十六年（1937年）“七·七”芦沟桥事变发生以后，随着全国人民抗日救亡活动的深入开展，地处后方的青海各族各界人民也积极行动起来，以各种不同的形式参加抗日救国活动，强烈抗议日本帝国主义的侵略行径，表达自己的爱国热情。

“九一八”事变发生的消息传到青海后，首先引起了西宁地区各学校师生的极大愤慨。省立第一师范学校的学生首先成立了“抗日义勇队”，省立第一中学、省立第一职业学校等师生也分别成立了“抗日义勇队”。各县学校也奋起响应，民和、乐都、互助、大通、贵德、湟源、化隆、循化等县的中、小学校也先后成立了“抗日宣传队”。进而，全省各地各学校的抗日宣传组织联合起来，成立了全省学生抗日义勇军联合处，统一定名为“青海全省学生抗日义勇军”，于民国二十年（1931年）11月3日，在西宁小教场举行誓师大会，发表通电，散发宣传品，并举行了示威游行，表现出青年学生坚决抗日的态度和决心。全省学生抗日义勇军联合处主办一份“学生抗日旬刊”，进行广泛的抗日宣传。西宁回中（即回教促进会立西宁高级中学）师生创办的《星月》半月刊中，有许多宣传抗日救国的内容。民国二十一年（1932年）8月，以全省学生抗日义勇军名义命名的各种组织，被国民党青海省党务特派员办事处下令撤销。

“七·七”芦沟桥事变爆发后，青海各族各界人民与全国人民一样，积极投入到抗日救国活动中，在短期内成立了青海省人民抗敌后援会、国民精神总动员会青海分会、西宁教育界学生会以及妇女会、工会、商会等各界抗日团体，开展了多种多样的抗日宣传和声援活动。抗战期间，青海各族各界人民多次发起和开展献金、献飞机、捐寒衣、捐皮货、献军马、认购救国公债、供应军粮、寄慰问信等多种形式的活动，为前方将士送温暖，以实际行动支援国家打击日本侵略者。民国二十八年（1939年），藏传佛教大师、爱国人士喜饶嘉措偕学者杨质夫等人，前往青海蒙藏地区及各大寺院进行抗日宣传活动。同年，青海蒙古族驻京人员也派代表深入青海蒙古二十九旗，开展抗日宣传活动。青海牧区蒙藏王公千百户、寺院僧众和少数民族群众为支援抗战，做出了应有的贡献。

抗战期间，全国著名人士也深入青海，开展抗日救国宣传慰问活动。民国二十六年（1937年）下半年，国民党“国民参政会”组织各阶层知名人士分赴全国各地慰问，前来青海西宁的有爱国华侨陈嘉庚先生和著名作家老舍先生等人，他们作抗日宣传报告、召开座谈会，介绍全国各地军民的抗日爱国行动，号召青海各界人民团结抗日。同年，作曲家王洛宾，电影导演郑君里，音乐家王云阶、陈大铮、王海天，舞蹈家吴晓邦，歌唱家吴樾萌，戏剧家李朴园、崔超等全国文艺界知名人士，随“西北战地服务团”来到西宁。他们组织“青海抗战剧团”，公演抗日进步话剧，表演文艺节目，举办抗日画展，教唱革命歌曲等，他们的宣传活动激发了青海人民的抗日救国的爱国热情，撒播了新文化的种子，给青海人民留下了深刻的印象。

民国二十六年（1937年）8月，蒋介石电令马步青与马步芳，共同组调一个骑兵师参加对日作战。马步芳和马步青即从青海八十二军和时驻河西的骑五军，以及青海一些民团中抽调8 000人，组成暂编骑兵第一师，以马彪为师长，于9月19日起程东下参加对日作战。西宁各族群众隆重集会欢送，出征将士受到鼓舞，纷纷表示杀敌卫国，不辜负父老乡亲之重托。这个师先后在陕西、河南、安徽等省驻防，后来扩编为骑八师和骑二师两个师，青海曾调派部队予以补充，总兵力一度达到23 000人。抗战结束后，其中一个师参加了接收徐州的工作。蒋介石裁军时，两个师又合并为一个师，即骑兵第八师，后经马步芳请求，调返青海。

青海骑兵师东下以后，先是担任河防，开往黄泛区后，即参加了打击日寇的军事行动。民国二十八年（1939年）2月10日，马彪师进驻淮阳一带，当月20日，日军从淮阳出发西进，骑一师二旅奋力阻击，一度攻占淮阳西关，与日寇和汪伪军展开了激烈的白刃战，歼敌1 000余人，俘虏数十人。但二旅也遭到了很大的损失，旅长马秉忠和两名营长牺牲，马彪派第一旅渡河支援，旅长马元祥也中弹负伤。是役全师伤亡2 000余人。在以后的宝塔战役中，这个师百余名战士被迫背水作战，弹尽粮绝，投河殉国。民国二十九年（1940年）2月中旬，日寇袭击涡阳、蒙城，骑一师英勇抵抗，缴获了一批军马和机枪，马彪曾派人将一些战利品送回青海展览。

抗日阵亡将士纪念亭

民国三十年（1941年）6月18日，日寇派飞机48架侵扰西宁、乐都、民和等地上空，进行侦察、威慑后未投炸弹返回。6月23日中午，日军派飞机27架，由山西运城飞临西宁上空，在乐家湾、韵家口、羊沟湾等处，以及城内公安街（今文化街）、饮马街、玉井巷、法院街、观门街等处进行疯狂轰炸和扫射，敌机共投下炸弹250余枚，燃烧弹30余枚，市民死亡43人，重伤28人，受难民户160户，炸毁机关9处，毁屋520余间，财产损失达法币10万多元。日本帝国主义的野蛮侵略行径，激起了青海各族人民的极大愤恨，大家纷纷行动起来，参加抗日救亡运动。

日本零式战斗机

民国三十一年（1942年）2月，马彪奉调任何柱国骑兵军副军长，后又调为军事参议院中将参议。马步芳请准以马步康继任师长。这个师在八年抗战中，转战万里，英勇作战，少将副师长卢广伟在敌机轰炸中牺牲，战士伤亡数千人。他们在保卫祖国大好河山，反击日寇侵略的战争中，建立了功勋。另外，骑八师在对日作战的同时，也参加过反共内战，三旅孟全禄部奉蒋介石之命，配合国民党“中央军”曾经进攻我新四军。一旅马元祥部袭击新四军四支队，杀害战士50余人，并俘去新四军干部学校学员200多人，掠枪200余支。这个师在驻防华中时，除了参加内战外，还曾在长江和黄河流域进行武装走私活动，乘机牟取暴利。走私军官曾被第一战区司令长官卫立煌缴械，后经马步芳致电卫立煌请求从宽处理，旅长孟全禄以下虽被释放，副旅长马夺魁却被枪毙，成了这次事件的替罪羊。

第二节　民国时期青海的经济

一、经济各业发展状况

1.畜牧业、农业和林业缓慢发展

民国时期，青海牧畜草场近六亿亩，占全省农牧业土地总面积的98%以上；畜牧业年产值一般维持在七八千万元，占全省农牧业生产总值的60%左右。显然，畜牧业经济仍然是青海地区的主要经济成份。这一时期，农、牧区各族人民之间的经济往来和联系更加密切，牧区过去没有得到利用的一些畜产品和土特产品，具有了商品的性质。农业区每年向牧区提供的大量手工产品与技术，对劳动手段的提高产生了积极的作用。但由于落后的生产关系所束缚，畜牧业生产的发展变化不大。牧区生产工具落后，广袤的牧草场仍未加以改造。牧业生产一直停

留在靠天养畜的低级水平上，缺乏对自然灾害的抵抗力。据新中国建立初期对牧区16个县的7 100万亩草原的调查，鼠害面积即达4 045万亩，虫害面积达763万亩，牧草损失率为70%。[①]同时，牧区草场由于滥牧、滥垦而不断退化和沙化，载畜能力很低，平均养1只羊就需要28.7亩的可利用草场。限于客观条件和改造自然的能力，牧区牲畜一般并无棚圈。海南、海北等地偶有畜圈者，也极其简陋。个别王公千百户有选育种羊的情况，官办牧场偶尔购买过外国马匹与本地马杂交改良，但广大牧区的畜种改良与培育尚未得到推行。牲畜疫病严重，民国十年（1921年）祁连一带发生牛瘟，死牛即达10万余头。民国十九年（1930年），牧区普遍发生畜疫，仅海南、玉树地区就死亡牛羊400余万头（只）。民国二十五年（1936年），海南、海北地区又发生兽疫，西北防疫处曾派人来青防治，由于牧区群众不相信科学，只有1个头人同意在12头牛身上注射疫苗以作试验，因而疫情得不到控制。青海当局于20世纪30年代中期曾成立兽疫防治机构，40年代初筹建血清厂，但当时制造的预防牛瘟羊痘的血清疫苗，“只是兽医机关实验室的样品，这里的人不但没见过，连听也没有听说过。”[②]由于牧区自然条件差、劳动手段落后和生产经济脆弱，牲畜净增率很低，民国时期牲畜数量最多的年份只有1 000余万头（只）。

青海东部河湟地区主要以农业经济为主，但大多农户向来利用滩坡荒地兼牧牲畜。畜牧条件较之牧区为好，牲畜发展相对较快。据20世纪30年代丘咸初著《青海农村调查》记载，农村地主平均每户拥有家畜价值银元283.8元，贫穷小户拥有家畜价值41.4元，半自耕农拥有牲畜价值72.4元，自耕农拥有牲畜价值131.8元。大牲畜作为役畜，羊和猪等为各家自养自给，商品成份不大。1949年，青海农业区有大小牲畜101万头（只），占全省牲畜总数的13.5%。猪10万余头，占全省生猪总数的90%以上。

青海宜农地区主要集中在东部的黄河、湟水、大通河流域。西部和南部牧区的江河谷地，也有零星小块农田。民国初期，青海农田不逾500万亩。为了增加赋税收入，大规模举办垦务，到1949年，全省农田面积已达679万亩。[③]与民国初期相比，增加了1／3强。农业区各县还先后修复和开通主干水渠184条、支渠239条，渠道总长2 508公里，灌溉面积为646 780亩。省府主持修建的芳惠渠等大小水利工程共16处，通水工程总长178公里，受益面积为136 160亩。[④]

① 《青海畜牧业经济发展史》，青海人民出版社1983年版，第79页。

② 《西北通讯》1947年创刊号，第30页。

③ 中国第二历史档案馆（一），3378号。

④ 西北军政委员会1950年编《西北农林统计》，省志编委全宗资料102卷《历代水利简况》等。

1949 年，全省总计水田面积有 782 940 亩。此与清朝雍乾时期的灌溉渠道总数比，略有发展，但进步不大。

二牛抬杠

青海东部农业区，汉、回、土、撒拉、藏等各族人民长期杂居、互相影响，社会经济大体上处在同一发展水平。农业主要耕作方式是“二牛抬杠”，生产工具大部分是就地取材制作，部分铁制工具由邻近省份输入。农民一般无力饲养骡、马，所以，役用牛、驴者居多。农作物栽培面积最多者为青稞，约占总耕地面积的 30%~34%，是民国时期青海东部农村的主要食粮和牧区的主要补充食物。小麦占 28%~30%，主要用于交纳粮赋。此外，还有马铃薯（洋芋）、油菜、胡麻等。①由于气候原因，农作物大多一年一熟。耕作制度，一般视地力情况和作物的种植种类，采用休耕或轮作。播种多采用犁沟溜种或撒播办法。肥料除农家肥外，主要依靠焚烧草皮后的野灰。田间管理也不如内地精细。春播、秋收打碾皆用人力和畜力，并无机械。不过，民国时期的农业较之以前还是有所改进，如利用豆类作物根瘤菌肥田的原理进行豆麦倒茬，保证地力的恢复等。此外，农民已普遍重视选种，并注意引进新品种。在一些川水地区，瓜果蔬菜种类也明显增多。

打碾

西部和南部牧区的小块农业，比东部农业区要简单、落后得多。这里主要种植青稞，生产工具中铁器农具很少，玉树等地还采用“以横木缚于两牛之角，中属长木引犁，知用头力，而不知用肩力”②的耕作方法。土地经营相当粗放，一些地方春种以后，随畜群转移，不浇水、施肥和除草，只待秋收。牧区中的小块农业，虽然规模不大、产量有限，但对调剂牧民的

牛角顶杠

① 中国第二历史档案馆（八三），1376 号；汤惠荪等人著《青海农业调查》上编三，青海省图书馆藏，民国二十五年刻印本。

② 《玉树调查记》卷下《实业》，青海人民出版社 1985 年版。

食物结构和改善牧民的生活，起了重要作用。

总的看来，全省农业生产力在民国时期发展变化不大，水地有限，山地居多，耕作管理仍然是广种薄收、粗放经营，加上自然灾害的侵袭和封建生产关系的束缚，粮食生产一直很不景气。据民国二十三年（1934 年）的调查统计，东部农业县平均亩产水平：小麦只有 89.5 斤，青稞 94.7 斤，洋芋 437.37 斤。[①] 1949 年，全省粮食总产量 5 900 余万斤，平均亩产仍不足百斤。

民国时期，全省有林地面积 220 余万亩，仅占全省土地总面积的 2‰。林木资源主要是天然林，有松、柏、桦、杨等树种。长期以来，林地多为当地部落或寺院占有，民国时期将主要天然林区收归国有，然而由于历史上长期滥垦滥伐，采而不育，林区大多呈现一派残败景象。从民国二十六年（1937 年）到民国三十年（1941 年），祁连林区被当地驻军“采取大规模之剃头式砍伐，每伐一株，竟将母树及幼苗一扫而光，致林地变为荒山，其遗留高达三尺左右之根株，至今（1944 年）尚历历可见”。[②]久负盛名的大通鹞子沟松林，被伐面积达 35 600 亩，木材数量达 177 000 立方米。[③]循化地区的尕愣、卑塘、中库等处森林也“因保护乏人，督察无术，遂致砍伐殆尽”。[④]民国十六年（1927 年）以后，青海当局为昭示政绩，于每年植树季节动员植树造林，截至民国三十六年（1947 年）底，20 年中全省共植树 4 200 余万株，占地约合 9 389 公顷。[⑤]其中虚报和枯死之数当不在小数，因此，林木保存率大大低于统计数字。

2. 工业生产形式的变化与矿业资源的初步利用

民国时期，青海大多数资源还没有被人们充分认识和利用，工矿业资源只是初步的开发和加工。由于社会分工很不发达，手工业主要仍以家庭副业的形式存在着。皮毛加工在全省农牧民家庭副业中具有突出的地位。皮张的鞣制和皮衣的缝制，一般家庭都能操持。毛毡为青海各族人民的生活必需品，但擀毡工具简陋，生产效率低。本地农牧民习惯穿用的羊毛褐衫，多为自产，部分进入商品市场。牧区编织牛毛帐房是一项较大工程，需要集中数家劳力进行，织一顶帐房要花费数月时间。制毯业由于制作程序复杂、技术性较强，能生产的地方不多，较著名的有湟中县加牙村，该村许多人均能栽毯，产品除省内销售外，还远销甘肃、西藏等地。湟源靴匠多至 80 多家，年产藏靴 10 万余双，产品畅销青海、西

① 国民政府资源委员会农垦组 1936 年编印《青海农业调查》上编三。

② 国民政府农林部祁连山国有林区管理处 1944 年编印《祁连山国有林区初查报告》。

③ 《大通回族土族自治县概况》，青海人民出版社 1986 年版，第 51 页。

④ 王昱　李庆涛编：《青海风土概况调查集》，青海人民出版社 1985 年版，第 114 页。

⑤ 《西北通讯》（1948 年）第 2 卷第 9 期。

藏、甘肃和宁夏等地。铁器加工以撒拉族制作的腰刀较为著名。熟铜器具以大通衙门庄产品最精。民国二十四年(1935年)，西宁东关出现全省第一家专业性五金修理铺——“义聚成”铁厂，起初只修理马车和自行车，20世纪40年代能够生产犁铧等多种农具，1949年有工匠16人，年产值为9 000元。该厂经营方式带有资本主义初期手工作坊生产的某些特征。粮油加工业在民国时期有了较大发展，西宁城西水磨沟一带建有立轮磨与平轮磨并列、平轮双盘并列的磨坊，城北湟水之滨还建有8盘并列的磨坊，大大提高了粮食加工的生产效率。不过，广大农业区仍普遍使用小型水磨或旱磨，牧区则使用家庭小型手推磨。

磨房(内)

湟水上的五盘磨

酿造业兴盛于农业区各县，特别是湟源陈醋，其色浓味佳，在西北和西藏地区享有极高声誉，每年产销量达10吨左右。互助威远镇酿酒作坊多至12家，大多由山西客商开办，雇佣当地农民做工，年产酒七八万公斤，畅销于全省各地和甘肃一些地区。

采矿业主要有采金、采盐、采煤等类。采金点遍及全省河谷地带，而采金方法仍沿用土法淘取，据称“西宁沿河一带，披沙拣金者，动辄千数百人”，[①]仅大通河流域，每年就产金1万英两。[②]盐业生产，分池盐、土盐、泉水盐三类。民国时期已开采的盐池，主要有茶卡盐池和哈姜盐池，年产量在6万担（每担100斤）左右。用浸泡熬煮法生产的土盐，产地在青海东部，其中以循化别列庄土盐较为著名，民国三十年（1941年）这里有盐锅15口，专营者30余户，年产土盐600余担。泉水盐分布在囊谦县一带，属畦晒盐，解放前有盐场8处，年产盐四五万担。[③]煤矿，主要有大通、互助两处，采煤工具落后，依靠人挖肩背。大通煤矿在民国前期仍为富豪私开，小煤峒沟的12口井，每井日产煤7吨。民国

① 慕寿祺编：《甘宁青史略》卷二十七。

② 中华西北协会编《青海》1934年版本，第22页。

③ 青海省盐务局全宗资料第2卷。

二十六年（1937年），每井日产煤达20余吨，窑户增至15家，次年大通煤矿收归省府官营。互助县五峰煤窑，县府于民国二十年（1931年）发给执照，农民凭照采挖，日出煤12吨左右。

青海官营工矿业于民国时期发展起来，其主要形式有两种：一种是地方官府直接组织生产的工矿企业。民国十八年（1929年）在省立第一职业学校内附设裁绒厂，随后又相继开办了民生厂（不到一年即关闭）、军械所、义源厂、青海印刷局、芳惠纺织厂、青海火柴厂、瓷器厂、桥头石灰厂、烤胶厂、鞍件厂、焦炭厂、铁迈炭厂、东方木厂、西宁火电厂等。原来私营的大通煤窑、小峡瓷窑等，也先后收归官营。民国三十三年（1944年），为应军需，马步芳在以上工矿企业的基础上加以发展，重点在西宁建成了三酸厂、玻璃厂、制革厂、机器厂、洗毛厂、纺织厂、牛奶场，连同原来的火柴厂，被统称为“八大工厂”。此外，还建有水力发电厂和地毯厂等。在代表着青海近代工业发展水平的机器厂、三酸厂、洗毛厂和电厂中，机器厂仅有电焊机一部、20马力的发电机六部、各种大小机床20多台和几个小化铁炉；三酸厂设备主要有7.5马力锅炉1座、浓酸锅1口、皂化锅2口，只能生产质量低劣的硫酸和黄磷，始终未生产出盐酸和硝酸；洗毛厂直到民国三十七年（1948年）才开始投入生产，设备主要有20马力的锅炉1座、陈旧的洗毛机械1套、打土机2部、打包机5部，因冬季停工，全年只能生产7个月；西宁电厂只有发电总量为90千瓦的柴油机3部，故障频出，经常停产；民国三十七年（1948年）建成西宁水力发电厂，全部设备仅有200千瓦和41千瓦的发电机各1部，实际发电量180千瓦，用电户数1 154户，装灯8 701盏，每日供电3~5万度左右。

官营工矿业的另一种表现形式，是政府派官监督和控制民营生产。如马步芳严格控制民间淘金业，凡淘金者必须承领“官本”，“官本”的支付，现金占1/3，其余以帐房、设备、青稞、牛羊等实物顶替，年终结算，折收砂金。当时的淘金者，多系贫苦农牧民，承领“官本”不能清偿者，往往变为世袭“沙娃”(即淘金者)。青海盐业自纳入地方财政收入渠道后，实行官督商办。民国二十四年（1935年），青海盐业由中央财政部接管，实行国家专卖制度，其经营方式仍为招商承办。抗战期间，国家加强对盐业的控制，实行官营，直到民国三十七年(1948年）才废止盐业专卖制度。

以上两种形式中，官府直接组织生产的工矿企业是青海社会经济的一种新变化。它通过引进比过去先进的技术设备，给长期闭塞落后的青海带来了近代工业生产的新气息，客观上将青海的社会生产力推到了一个新的发展阶段。同时，一些厂矿多多少少地采用了带有资本主义性质的雇佣劳动及货币工资制度，并且使个别产品具有了资本主义商品属性。但是，这些官营厂矿中，拥有动力机器设备的企业只是少数几个，而且规模较小、设备简陋、技术落后，其它官营工矿企业则基本上是古老形式的作坊手工劳动。从生产目的看，主要是为了解决地方军阀的各种军需，产品一般不参加市场交换，而是通过政府调拨直接进入使用领域。从所有制看，这些厂矿属于地方官府所有，经费主要来自政府拨款，厂矿的工人则主要来自强派的民伕、兵丁或“罪犯”，只有极少数技术人员属于雇聘性质。从经营管理上看，封建的人事关系淹没了一切规章制度，厂矿大权完全操在官僚和军阀手里。官营工矿企业的基本特征，仍属于封建主义性质。

3.商业的发展与民族资产阶级的萌生

在国内外资本主义商品经济的冲击和影响下，青海地区的商业、金融业也发生了一些变化：

(1) 商品种类与数量有所增加。除由内地输入青海的传统商品如布匹、丝绸、茶叶、生产工具和日用百货外，外国商品如布匹、火柴、西药等也输入青海市场，洋货中日本货居多，英国货大多经由印度、西藏运销青海蒙藏地区，美国货于抗日战争胜利后在青海独占鳌头。青海输出的商品，主要有羊毛、皮张、食盐等。羊毛主要销往国外，年销量多在七八百万斤左右，一些年份曾达到 1 000 余万斤，最低年份也有二三百万斤。各类皮张年销量一般在 200 万张左右，青盐年销三四百万斤。[①]此外，农业区的部分粮食、蔬菜、瓜果等农副产品，牧区的部分羊肠、牛尾和药材等，也进入市场，具有了商品的性质。

西宁古城西大街旧貌

西宁古城北大街旧貌

(2) 省内贸易集市有了较大的发展。西宁为青海最大的贸易市场，出入青海的大部分商品均集散于此。20 世纪 30 年代，每年经销入省商品约值 600 余万元，经销出省商品约值 800 余万元。[②]道门街（今东大街）一带，是西宁最繁

① 《拓荒》1 卷 1 期、3 卷 1 期，《新青海》4 卷 5 期等。

② 中国第二历史档案馆资料（二八），12149 号。

华的综合性贸易市场。农村集市网也初步形成，除各县县城外，省政府先后在西宁县的后子河、多巴、邦巴、平戎驿，大通县的桥头，互助县的张其寨，贵德县的康扬家，乐都县的高庙、瞿昙寺等地建立了定期集市。为了巩固这批集市，还采取了发放集市贷款和行政性保护措施。①此外，定期与不定期的庙会、花儿会、观经会等，也成为农村物资交流的重要场合。牧业区商品交换极不发达，多在寺院附近或径往农业区集市以物易物，唯结古镇为比较繁盛的商业集散之地。40年代，随着牧区行政建置和垦荒移民区的发展，在一些居民点逐渐出现了一些店铺。民国三十三年（1944年）以后，官办“德兴海”商号先后在各县治地和重要居民点开设了分店，初步形成了一批固定市场。

玉树商贸集会

（3）本地商人数量增加，商人同业组织兴起。民国时期，青海地区的商人仍以山西、陕西人为最多，资金也较雄厚。而新的变化是，青海籍商人队伍逐渐壮大起来。西宁较大的商号如裕丰昶、福顺昌、永和祥、德生隆、昌顺德、洪丰店、福盛店、恒庆栈，湟源的德兴成、德义兴、忠信昌、福兴连，湟中的泰生店、万兴永等等，都是青海人经营的较有实力的商号。通晓汉、藏、蒙古语的“歇家”，大都是本地人，他们“起初不过是通番语之牙侩而已，自近年洋商以重金购毛，而不能直接与番人交易，又番人之所信者，亦唯歇家，于是歇家得以居间为利，变牙侩为栈商，买贱卖贵，不名一钱而起家致富，往往拥资巨万”。②本地藏传佛教寺院僧人也积极参与经商，足迹远至北京、天津、上海、武汉和印

丹噶尔古城一角

丹噶尔歇家大院(1925年)

① 参见《青海文史资料》第十七辑，第92页。

② 《玉树调查记》附《宁海纪行》，1986年青海人民出版社，第141页。

度加尔各答等地。小商小贩是私营商业中人数最多的一个阶层，除本地汉、藏、土、撒拉、蒙古人外，回族商人约占一半以上。随着商人的增多，商人同业组织也发展起来。民国时期的青海商业大致有洋行、会馆、商会等三种组织系统。洋行属于外国资本在青海的商业办事机构，清末进入青海，到第一次世界大战时均先后撤走。创建于光绪年间的“山陕会馆”，除在西宁设总会馆外，后来又陆续建有湟源、大通、民和上川口等处的分会馆，民国时期得以延续发展。会馆对内减缓激烈竞争和倾轧，对外保护入馆商人及商号的利益，使一大批私人商号在地方官僚资本的夹缝里得以保存。商会新兴于民国初年，各县设商会，县以下有分会。民国三十年（1941 年）成立了青海省商会联合会，各县商会遂成为省商会联合会的下属机构。但民国时期的青海商会，不仅没有起到反对封建官府压迫、保护同行利益的作用，反而助纣为虐，成为发展商品经济的障碍。

（4）官营商业膨胀性发展。官营商业是地方军阀为筹集军费和豢养庞大的官僚集团而发展起来的。民国四年（1915 年），甘边宁海镇守使马麒任命“宁海军”军需处长为“德顺昌”号总经理，开始了军、政、商一体的官营商业。民国二十七年（1938 年），省政府主席马步芳兼并协和商栈，并将原来的“义源祥”商号易名为“德兴海”商号，令省政府秘书长兼任协和商栈总经理，财政厅长兼任德兴海商栈的总经理。两大商号的分支机构负责人，则由各县、市地方的军政长官兼任。在商务活动中，两大商号各有偏重，协和商栈主要统购统销全省羊毛、皮张等，德兴海则主要经营百货、布匹、粮茶、食盐、砂金、木材、药材等。两大商号还在外地广设分号或办事处，建立起遍布省内外的官商网络。官营商业利用政治特权，在青海境内不纳税捐，货物运输以徭役形式向各族群众摊派，商品以垄断形式从各地收买，残次滞销商品以行政手段强行推销，甚至直接动用财政款项，将行政经费、教育经费乃至中央拨省的各种钱款，移做商业资金。由于以上有利条件，青海官营商业愈办愈大，盈利日丰，成为维持青海地方军阀封建统治的重要经济支柱。这种官营商业实际上是一种封建官僚资本。

（5）民族资产阶级开始萌生。随着私营商业贸易的发展，西宁等地出现了拥有百万资金的巨商。他们广建商号，并开始将商业资本投放于其他产业，成为带有民族资产阶级性质的工商实业家。如湟源县李子发等两个商人，曾于民国三十二年（1943 年）集资合办了“振兴毛织厂”，从业人员 300 人（为时不久即倒闭）。马辅臣在民国初年包揽青海盐业的产、运、销，迅速成为暴发富户，同时又贩运粮、茶、布匹和木材等，积累了巨额资金，他利用部分商业资金于民国二十九年（1940 年）在兰州开办了汽车厂，后来又在临夏筹建了 1 个发电厂。湟源巨商李耀庭，因包收牧区草头税并兼营商业贸易而获取暴利，拥有资金170多万银元，他利用这些资金扩建商号并投资办学，开始向实业家身份转化。不过，青海当时具有工商实业家性质的商人为数寥寥，而且大多是以与统治青海的马氏家族的特殊关系，靠权位获致暴利。他们兴办工商实业的同时，也广置田产，有的巨商实际上是官僚、商人、地主三位一体，具有浓厚的封建性。尤其在以马步芳为代表的地方官僚资本形成以后，原来的大商家在官僚资本的排斥、打压下，大多破产倒闭或将资产转移于省外。民国时期的青海，商业资本向产业资本转化的政治环境和经济基础尚未具备，在这样的历史条件下，民族资产阶级刚刚萌发即遭扼杀。

(6) 金融业的产生与发展。青海建省前没有银行、钱庄和票号（清光绪年间曾有几家钱铺，但不久即倒闭），各商号在外地采购商品所需款项，全由兰州调兑，时称“兑拨银”。

民国银元

当铺业务主要是专营小生产者的抵押贷款，民国初年基本上还是高利贷机构，只是由于同时兼营存款业务，因而带有金融机构的一般特征。民国十六年（1927年），甘肃省银行在西宁设立

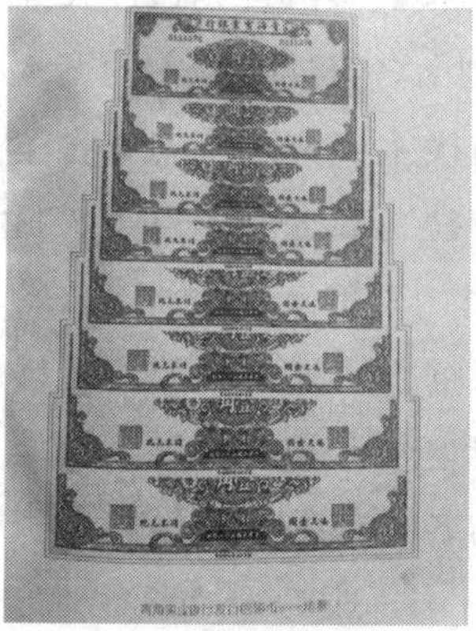

青海省发行的纸币

青海牧区流通过的银票

办事处，这是青海最早的银行组织。民国二十年（1931年），省政府成立“青海省金库”，同时还成立“青海平市官银钱局”。后来，中央政府的银行机构也逐渐进入青海，从民国二十七年（1938年）到民国二十九年（1940年），先后成立了中国农民银行西宁支行、中国银行西宁办事处、中央银行西宁支行、中央“四联总处”（即中央银行、中国银行、交通银行、中国农民银行联合办事处，简称“四联总处”）西宁支处。青海于民国三十四年（1945年）和民国三十六年（1947年），又先后成立“青海省银行”和“湟中实业银行”。金融组织的产生和发展，为青海的商业资本流通提供了必要的场所，在一定程度上促进

了青海商品货币关系的发展。但是，这些银行都是为适应政府的财政需要而产生的，对广大人民缺乏信用与物质保障，币制兴废无常，币值一日数跌，致使物价暴涨，民不聊生。

民国货币

4.现代交通、邮电设施在青海出现

民国前期，青海交通情况依旧，东部地区只有牛马车道，西部地区全凭驿站传乘。20 世纪 30 年代，由于政治、军事的需要，中央与地方开始筹划和建设青海公路，截止 1949 年解放时，全省共计筑有土路 16 条。其中，国道 4 条，即甘青公路享堂至西宁段，青藏公路西宁至玉树段，青新公路西宁至噶斯段，青康公路歇武至石渠段；省道 6 条，即西宁至临夏段，西宁至鲁沙尔段，西宁至贵德段，西宁至武威段，西宁至都兰段，西宁至张掖段；县道 6 条，即循化至同仁段，互助至大通段，民和至临夏段，湟源至海晏段，大通至包科段，黑嘴子至上五庄段。随着公路线的开辟，在跨河处建有大小桥梁 50 座。此外，还以官营和民营相结合的方式，建有船渡 9 处。公路网的初步形成，方便了各族人民的生活，加强了青海与内地的联系，促进了青海经济的发展。但是，民国时期青海公路总的情况还是线路少、质量差。常年通车里程有限。民国二十七年（1938 年），西宁至兰州间的汽车客、货营运业务正式开办。由于路况很差，运输能力有限，全省汽车保有量最高的年份（1949 年初），只有汽车 216 辆，其中公用车 176 辆、军用车 15 辆、私车 25 辆，[1]而实际投入客货运输的车辆则寥寥无几。

民国青藏公路遗址（湟源境）

青海的航空事业尚处在草创阶段。民国二十年（1931 年），省政府在西宁东郊乐家湾修筑了一个沙石跑道的简易机场。民国二十二年（1933 年），中央交通

① 欧华国：《民国时期青海汽车运输业调查述略》，《青海方志》1989 年第一期。

部决定将上海至迪化（今乌鲁木齐）的民航班机中途飞停西宁，电令青海当局扩修乐家湾机场，竣工后，欧亚航空公司曾派飞机前来试航，但始终没有投入运营。抗战期间，青海还修筑有玉树巴塘、大河坝（今兴海县境）、都兰尚格、称多嘉塘等更加简陋的机场，除巴塘和大河坝机场有军用飞机试飞数次外，其它机场则一直没有使用。民国三十八年（1949年）4月，在华组织“行政院空运大队”的美国人陈纳德（原美国第十四航空队队长）携夫人前来西宁，马步芳出于军事和官商运输的需要，对陈纳德夫妇予以隆重接待。此后不久，陈纳德即派“空运大队”的飞机出入西宁，往返运输羊毛和军火等物资。解放前夕，陈纳德还派飞机为马步芳抢运黄金和贵重物资出省，并帮助马步芳及其亲属逃离青海。

木轮车

羊皮筏子

由于青海没有铁路，公路与航空运输业又起步缓慢，因而传统的交通工具仍在全省发挥着重要作用。省政府成立有木车队、胶轮车队，民间主要还是依靠畜力驮运，或以木轮车、杠梢车（木轮加钉胶皮车）等载运。清末民初，随着畜产品国际贸易的兴旺，青海地区利用黄河和湟水的水上皮筏运输曾经兴盛一时。以后，畜产品的长途运输因国际贸易骤减而衰，但水运仍然是青海东部地区的主要运输方式之一，“每年赖皮筏运赴甘肃、宁夏之麦恒以万石计，此外，木材亦多藉水运出口。”①

民国时期，青海邮电事业有了缓慢的发展。自清末开办邮政以来，起初只有步班邮路，邮运工具依赖牲畜和大车。随着公路的开通，民国三十六年（1947年）开始有了自办汽车邮路，并委托地方交通代运邮件，一些地方还开辟了自行车邮班。但直到青海解放时，全省的邮政设施仍主要集中在东部农业区，邮运速度也很慢。果洛地区一直未能通邮。玉树地区仍主要依靠“沙薮”（乌拉驿站）制度差传公务。民国二十四年（1935年），原西康省邓柯县邮局应玉树“陕西帮”商人之请，并取得玉树驻军司令部的同意，于同年设立玉树邮政代办所，该地寄往青海东部的信件经四川、甘肃迂回传递。电信线路始于民国二年（1913年）自

① 汤惠荪等：《青海农业调查》上编，青海省图书馆藏民国二十五年刻印本。

甘肃永登架设至西宁的单线电报线路，以后又曾在全省架设总长 1 102.5 公里的线路 7 条；无线电台和电话装置也相继出现，四川成都电信局还曾在玉树结古镇成立过历时两年的电报局。但是，解放前的邮电事业，主要服务于军政机构和官僚工商界，对整个青海社会经济的发展，尚未产生重大影响。

二、统治阶级对人民群众的残酷剥削

1.土地占有关系

民国时期，青海地区的土地关系仍然是封建占有关系。全省牧场、耕地占有形式可分为王公千百户领有、地主私人占有、自耕农土地、寺院土地和官田等五种形式。

青海广大牧业区的基本土地制度，是封建领主（蒙古王公、藏族千百户、哈萨克族头人）所有制。踵元以来，青海地区的这种土地制度一直是通过中央王朝的直接封授而确定的，主要生产资料牧场是受封者的世袭领地，民国时期通过重新调整而继续得以承认。在这里，牧场的分配形式有两种：一种是固定草山使用权，指领主分配给该部落牧民的牧场，牧民一般可以祖祖辈辈承袭使用；另一种是不固定草山使用权，每年在全部落领地范围内实行换季轮牧。两种形式的牧场分配、重新分配和没收的权力，均操于领主之手。其剥削方式以劳役地租为主，并向牧民收取一定的实物。突发事件和特殊情况所需款项，按户数或牲畜数目进行摊派。此外，领主还采用雇工、租贷等形式剥削牧民。随着商品贸易关系的发展，牧区开始出现牧场的买卖和出租，如玉树地区的迭达部落在 20 世纪 30 年代将通天河以东的“河东八庄”卖给拉布寺，扎武百户买了布庆百户的增达部落和结古附近的歇武草场等等。同时，政府在牧区放垦农田，也促使了领主土地所有权的分割和转移。如都兰县政府强制收回部分蒙古王旗的一些牧场，让各族百姓承领开垦，只向国家纳税，不再为王公承担封建义务。由于牧场的买卖、出租和转让，牧区便产生了牧主制这种新的生产关系。但是，这种新变化还没有突破领主土地所有制的社会经济结构。在广大牧业区，牧场的买卖与转让，只是在个别地区的少数千百户之间进行，不仅数量少，而且买卖转让后的经营方式也没有改变①。以牧区的零星小块农田来说，“凡是种田的人必须另外替王公（千百户）种一块地，这是民众对王公（千百户)应有的义务，谁也不可避免，”②这种典型的劳役地租形态，正是封建领主制经济的基本表现形态。以牧区放垦地来说，缴纳地价的领照人多为封建贵族和寺院，

① 《青海藏族社会历史调查档案》第 28 卷。

② 《西北民族宗教史料·青海分册》，1986 年甘肃省图书馆版，第 190 页。

放垦成功之处很少，依靠政府力量对领主土地的分割尚未广泛推行，整个牧区的广大草场所有权，还是掌握在王公千百户和头人手里，因而封建领主土地所有制，仍然是牧区普遍存在的土地制度。

东部农业区土地制度的主要存在形式，是封建地主占有制和自耕农的小土地所有制，前者居于支配地位。民国二十年（1931年），农业区残存的土司世袭领地最终被废除，省政府清丈田亩，换发地契，“粮归大仓民归县”。原来的土司变为世俗地主。而原属于土司的百姓，一部分取得地权，成为自耕农民；一部分则依附于地主，成为佃农。自耕农占有的土地非常瘠薄并为数不多，大部分自耕农入不敷出，纷纷破产，不断沦为佃农或雇农。民国二十四年（1935年），佃农、自耕农兼佃农所占比例迅速增长到52.38%。[①]以后，佃农与雇农占总农户的比例继续上升。地主凭借土地占有权，通过租佃关系对农民进行地租剥削。实物地租是租佃剥削的主要形式，分定额租和分成租两种。定额租，一般是斗地斗租[②]；分成租，一般是按“业七佃三”或“业六佃四”分配。不论哪种形式，佃农必须为地主负担部分差役作为佃田条件，有的地主的部分田地还直接实行劳役地租制，有的还采用雇工剥削和高利贷剥削。

寺院土地占有制，是以宗教法缘关系为纽带建立起来的特殊的经济形态，在青海封建经济中占有突出的地位。藏传佛教寺院在民国时期有650多座，僧众56 000人。寺院的土地，主要是历代中央王朝、地方官府或部落头人封赐、划拨的。信教群众家人死亡，也常将其土地之一部或全部捐送寺院。有的寺院还以购买和强行霸占等手段兼并土地。所以，“各寺院土地权之集中，较之一般土豪尤盛。”[③]寺院土地主要集中在寺院上层手中，如互助县佑宁寺的土观活佛，个人拥有土地17 011亩，占当地耕地总面积的30%。大通县广惠寺占有耕地为当地土地总面积的55%，湟源县东科寺占有耕地58 800亩，湟中县塔尔寺占有耕地90 458亩。农业区藏传佛教寺院共占有耕地34.8万余亩。牧区寺院占有牧场面积更大，而且还拥有大量的牲畜，据解放初统计，寺院占有全省牧草场总面积的42%，拥有牲畜58万多头（只）。伊斯兰教清真寺在青海解放前有720座，宗教职业人员4 741人，拥有土地约10万亩。清真寺土地的主要来源，是信教群众的投献和信教群众死亡后无人继承的土地等。

官田在青海的主要存在形式为公田、荒地、官牧场等。民国时期，青海地方军阀大规模地拍卖官田，仅民国十六年（1927年）至二十二年（1933年）就拍

① 《青海农业调查》上编，青海省图书馆藏民国二十五年刻印本。

② 各地情况不一，一般一斗地约合3.3亩或4亩，一斗租约合100斤或150斤。

③ 《新青海》第2卷第3期。

卖生、熟官田 284 680 亩。[①]军阀、官僚地主和大商人又乘机买入，这样，大部分屯田和荒地就落入他们之手。地方政府一边拍卖官田，同时又扩大官田以增加地方财政收入，仅民国二十七年（1938 年）到二十八年（1939 年），军垦官荒即达 92 641 亩。官牧场也有所发展，从民国二十五年到三十八年（1936 到 1949 年），地方当局先后在牧区办起了门源军马场、贵德军牧厂等 20 多处官营牧场。临解放时，省营牧场牲畜总计有马 2 万余匹、牛 1.5 万余头、羊 10 万余只、骆驼 700 多头。

2.赋税和徭役制度

民国时期，青海地区的赋税徭役，主要包括田赋（牧区为“草头税”）、捐税和差役。

农业区的田赋，大致可分田赋正税和田赋附加两类。田赋正税包括屯科粮、番贡粮和新垦粮。民国初，青海农业各县每年共征粮一两万石不等，民国八年（1919 年）以后恒征粮三万七八千石。建省后税额猛升，一般在六七万石左右，有些年份高达十多万石。农民缴纳的正赋粮额，一般要占到田地收入的 20%~30% 以上。田赋附加，即一切以土地为对象的地方附征。建省前，每亩附加税银“二两七钱五分”[②]。建省后，地方军政费用剧增，田赋附加更加繁重。据民国二十五年（1936 年）对大通等六县的调查统计，田赋正税按时价计算值银 99 702 元，而田赋附加即达 234 332 元，[③]附加额为正税的 2.3 倍。

牧业区的正赋，民国初按旧例征收户赋。民国五年（1916 年）改征“草头税”，每年收白银 30 余万两，于秋季一次性征取，解缴“蒙番宣慰使行署”。[④]征收办法，马 1 匹收银元 5 角，牛 1 头收银元 3 角，羊 1 只收银元 1 角。从民国三十年（1941 年）起，草头税改称“建设费”，赋税以征收羊毛和皮张为主，税率总的趋势是逐年上升。民国三十年（1941 年）与民国十年（1921 年）相比，一般都增长了一倍以上，有的地区增长了二倍半到四倍半。

除田赋、牧业税的正赋与附加之外，还有其他名目繁多的苛捐杂税。除中央政府捐税外，仅省上在 20 世纪 30 年代开征的杂税名目就有 35 种，每年共约收银 70 万元以上。各县经费短缺时，县上开征的捐税也很庞杂，仅财政厅有案可稽的即有近 10 种。军事机关也强行摊派军马、壮丁款项以及驻军费用等，并以所谓“献金”、“借款”等名目进行敲诈勒索。

① 中国第二历史档案馆（四），3378 号。

② 慕寿祺编：《甘宁青史略》卷二十九。

③ 《新青海》民国二十五年(1936 年)第 4 卷第 3 期。

④ 慕寿祺编：《甘宁青史略》卷二十八。

差役，是青海各族人民的又一沉重负担。民国时期，举凡修路、植树、挖渠、盐粮转运以及官商和军队所需的运输等，均无偿派征于民。如民国三十年（1941 年）修筑甘青公路时，征用学生、民伕等 18 000 余人，时达半年之久。修青藏公路和青新公路时徭役规模更大，每年征调木车数千，役畜、人伕数万，施工中大批车辆毁坏，人畜也有死亡。官营工矿企业的修建，绝大部分也是靠征调民工无偿服役。官商的羊毛、皮张、粮食和木材等货物的转运，大部分征用民间车马、皮筏与民伕。军队移防的运输，如驻防时粮秣燃料的供给，更是摊派频繁，仅互助一县在民国三十四年（1945 年）就为军队负担民骡近 9 000 余头次，赶脚的民伕约 4 000 人。凡此种种，农牧民不胜其扰。

三、官僚资本的产生与发展

青海地方官僚资本，主要指以马步芳为代表的地方封建官府的垄断资本。它是在落后的封建领主所有制和地主所有制的社会经济基础上建立起来的。它的积累过程，是依赖封建统治势力支持进行超经济掠夺的过程。

扩大和侵吞赋税收入，是地方官僚资本的重要来源。青海建省后，在马步芳家族的统治下，赋税苛重。每年征收的粮赋杂税，除少数作为地方军政开支外，大部分转化为官僚资本。

地方官府还往往将国民党中央政府历年拨给青海的各项经费以及救济款项等，转移为官僚资本的基金。如修筑青新、青藏公路时，马步芳将国民党中央政府拨付的路款挪用购买黄金，仅民国三十五年（1946 年）就占用路款 10 亿元，购进黄金 2 500 两。民国三十年（1941 年），日军飞机轰炸西宁，社会各界为罹难群众捐赠救济款 18.65 万元，其中 11 万多元被挪用。民国三十一年（1942 年），环湖地区发生严重牛瘟，国民党中央政府拨给青海的赈灾救济款也被侵用。此外，还将禁烟没收的烟土，在沿海口岸城市换取黄金与军火。

聚集官僚资本的另一个重要手段是武装掠夺。据不完全统计，马步芳家族在民国时期 7 次血洗果洛地区，先后掠夺白银 52 万多两、羊毛 100 多万斤、羊 20 余万只、牛 2.7 万多头、马 2 600 匹，各种物资 500 多驮。在玉树地区多次军事镇压行动中，掠夺黄金 60 两、白银 6 000 两、羊 4.7 万多只、牛 8 400 多头、马 600 多匹。在海西地区掠夺哈萨克族牧民骆驼 3 000 多峰、牛 5 500 多头、羊 4 万多只。

为了扩大官僚资本，地方政府还通过滥发钞票进行金融投机。马麟任省政府代理主席时，曾发行“省金库维持券”410 余万元和”省临时维持券”180 万元，铸造加轧“TS”字母的铜元 30 万枚。马步芳继掌省政后，逐渐垄断金融业，民国三十四年（1945 年）发行省银行本票 2 万多元，三十五年（1946 年）发行银元角票 10 万元。三十七年（1948 年）又发行 4 种本票 2 万多元，从中进行黄金、白银的投机活动，获利 8 万银元。

垄断商业是青海地方官僚资本的重要特征。从民国二十七年（1938 年）到二十八年（1939 年），协和商栈和德兴海商号以地方政府的政治、军事力量为后盾，公开进行买卖投机，追逐商业巨额利润，在全省商业贸易中处于垄断地位。抗日战争期间，国民党政府实行经济统制政策，青海官僚商业资本随之膨胀，资本总额达 1 千万元以上。民国三十五年（1946 年）元月，马步芳在德兴海商号及协和商栈的基础上，成立了湟中实业公司。此后不久，又相继成立了湟中实业银行、西北工矿公司和西北畜牧公司，作为湟中实业公司的附设机构。至此，湟中实业公司控制了全省农业、牧业、工矿、商业、金融等各个领域，实现了地方官僚资本对青海经济的全面垄断。地方官僚垄断资本的产生和发展，是青海经济走向衰败的重要根源。

1930 年青海省财政厅发行的维持券

青海铸加 TS 铜元

四、社会经济的萧条与破败

1.农牧业生产的凋敝

随着官僚垄断资本的建立，土地兼并愈演愈烈。马氏家族率先圈占土地，广置田产。马步芳还亲自给部僚赏赐土地，任其属下利用职权低价收买田土。于是，除了马步芳这样大的官僚地主外，还出现了像“贵德王”马元海、“都兰王”马海等一大批官僚地主。与此同时，大量自耕农却沦为佃农，甚至沦为奴婢。

农牧经济凋敝的另一表现，是社会劳动力的减少。扩充军队是劳力减少的主要原因，民国时期在一个一百多万人的青海省，征拔壮丁的数目就曾达到 7 至 10 万人，严重影响了农牧业生产。军阀的屠杀，是人口减少的又一原因，如血洗果洛后，使果洛地区的一些部落老少无存、人烟断绝。还因赋税差役苛重使大量人口弃地逃亡，如大通县北区和凉州庄等处的农户因不堪重负，于民国三十年（1941 年）逃往甘肃永登的占当地农户的 3／5。疫病的发生，往往造成大批人口死亡。此外，民族之间的相互攻伐和部落之间的械斗，也是造成劳动力减少的原因之一。

农作物产量和牲畜数量的显著下降，是农牧业生产萧条破败的集中反映。据统计，民国二十年（1931 年）到 26 年（1937 年），青海农业区粮食总产量为 64 203 万斤，三十六年（1947 年）则下降到 49 137 万斤。[①]畜牧业经济也严重衰退和萎缩，民国二十六年（1937 年），全省牲畜总数曾达到 1 238 万头（只）的记录，以后便连年下降，到民国三十八年（1949 年）只剩下 748 万头（只），比民国二十六年（1937 年）降低了 38.7%。

2.工商业户大批倒闭

由于地方官僚资本控制银行贷款、垄断原料、操纵市场并无止境地向工商行业摊派苛捐杂税和差役，加上国内外廉价商品涌入青海市场，各种私营工商业在 20 世纪 40 年代纷纷破产倒闭。湟中县在解放前倒闭的商户，占该县商户总数的 70%。门源县在民国初有 30 多家商户，到民国三十七年（1948 年）只剩存 8 家。过去实力雄厚，一度在羊毛、百货等方面获利较大的泰元涌、世诚和、德合生、德兴旺等山陕商号，也先后停业关门。一些商号，如济元长、济成亨等，陆续撤销外地分号，缩小营业规模。有的商号将资金转移农村，购买土地房产。勉强维持下来的私营商业资本，也日益枯竭，资本额过去在数万乃至几十万的商户，到解放前夕已属罕见。享誉中外的“西宁毛”，40 年代以前的销量常有七八百万斤，最高达到千万斤以上，解放前夕则只有三四百万斤。昔日繁盛的商业贸易地，诸如湟源、贵德、结古、大通等集市，解放前夕呈现一派萧条破落景象。传统的民间手工业和私营作坊，也受到严重摧残并因商业市场的萧条而纷纷倒闭。

3.财政金融的破产

青海地区财政紊乱、通货膨胀的现象，自 20 世纪 30 年代马麟主政时就已出现。当时，马麟为了弥补财政赤字，滥发纸币，致使货币贬值、物价飞涨。国民党四大家族掌握的银行机构进入青海以后，法币开始流通，但最后变得一文不值。仅民国三十七年（1948 年）4 月 17 日中央银行西宁分行一次销毁的库存法币，即达 4 300 多亿元。解放前夕货币制度更加混乱，中央银行相继换发金圆券、银圆券、关金券，省银行、湟中实业银行又各发行“本票”、“角票”数种，更加剧了通货膨胀。人们纷纷将纸币兑换银元或实物，财政金融彻底破产。此

① 西北军政委员会农林部 1950 年编《西北农林统计》。

外，公债券信用的丧失，也是财政金融破产的重要表现之一。20世纪40年代以前，国民党中央政府曾数度向青海派募公债券，当时因政府不能如期还本付息，以致债券信誉日衰。民国三十一年（1942年）以后，省财政经费归中央拨付，蒋介石为拉拢地方军阀以巩固其统治，给青海拨发大量财政补贴，因而马步芳也卖命推销中央公债。民国三十四年（1945年），马步芳不顾上年青海农牧业遭受严重灾害的实际情况，强行向各县、市分摊500万元债券。从此，公债券完全失去信用，变成了对青海各族人民公开的搜刮和掠夺。

总之，民国时期的青海农牧业经济仍然以自然经济为主，生产率很低。民间手工业基本上未脱离农牧业而存在。官营工矿业的兴起，虽然给青海带来了近代工业新气息，个别企业还带有资本主义企业的某些特征，但仍没有迈出中世纪的门槛。商业和金融业发展是畸形的。交通条件有所改善，但社会的闭塞面貌没有发生大的变化。解放前，青海地区的生产关系，基本上是封建生产关系。地主、领主和寺院上层等封建统治阶级拥有大部分土地、牧场和牲畜，对很少有或完全没有生产资料的广大农牧民进行残酷的经济剥削。国民党政府赋税沉重，徭役无度。因此，生产力受到严重的束缚和破坏，社会经济最终走向衰败。

第三节　民国时期青海的文教与卫生事业

一、教育

民国时期的学校有国立、省立、县立、会立、教立和私立等多种形式，在性质上，可以划分为普通教育、中等师范教育、职业教育和民族教育。

1.普通教育

青海近代普教体系脱胎于清末西宁府属各县书院、社学和义学。最初，这些转轨而来的新式学堂，事实上还带着明显的旧学痕迹，尚未脱离修身讲经方式的传统樊篱。辛亥革命后，过去的学堂名称一律改为学校。民国三年（1914年）前后，湟源等地先后办起了一批国民小学和女子小学，原西宁府中学也因办学条件困难改建为西宁七属两等小学。[①]民国十三年（1924年），甘边宁海镇守使马麒在原义学旧址创立了私立锐威小学，西宁道尹黎丹办起了无我小学。民国七年（1918年），西宁基督教福音堂正式开办福音堂小学；此后，基督教和天主教在

① “西宁七属”即西宁府属三县四厅。“两等”，即初等和高等。

西宁、乐都、互助、贵德等县陆续设立了教会小学。

青海建省后，成立了教育厅，并设立了“青海省义务教育委员会”、“青海省中小学教员检查委员会”、“青海省边疆教育委员会”。教育厅根据本省教育基础落后的实际情况，筹划学校建制，充实中等教育，重点抓普及教育。由于省教育行政部门要求各县设完全小学 2 处，每村设初级小学 1 处，据 12 县的统计资料，民国二十一年至二十七年（1932~1938 年）间，小学数量已发展到高小 50 所、初小 563 所，在校学生 25 854 人，经费总额为 139 668 元。民族小学，尤其是回民小学，由于地方当局的格外眷顾，也有了很大发展。

小学教育的发展，必然会促进师范教育和中学教育的发展。民国六年（1917 年）后，师范教育在青海正式出现。民国十六年（1927 年），宁海筹边学校成立，由朱绣出任校长，该校设中学部和师范部。建省后，该校改组为省立第一中学和省立第一职业学校。省立第一中学当初还附设有甲种师范科和一个蒙藏班，尔后于民国二十一年和二十二年析出。民国十九年（1930 年），乐都县办起了全省第一所县立初级中学。

抗战期间，沿海及华北地区相继沦陷，大批教育文化界人士流亡西北，西北地区的战略大后方地位日显重要。国民党中央政府加快了对这一地区的经营，教育经费拨款明显增加。民国二十七年（1938 年），青海省政府改组后，也在教育厅下增设机构，提高中等教育的涵盖率，扩大教育网。小学教育方面，派员整理各县教育资产，集训各级小学教员，以求提高教学质量。

民国二十六年（1937 年）秋，管理中英庚子赔款董事会聘请学界人士组成西北教育设计委员会，由陶孟和、顾颉刚、王文俊等来青考察，决定在西宁筹建完全中学 1 所。次年 10 月，这所学校在西宁正式成立。初名“管理中英庚款董事会湟川中学”，后因主管部门由庚款会转到了教育部，遂改名为“国立湟川中学”。除高中和初中部外，还附设了小学和幼稚园。

湟川中学创办过程中，筹建人员与省政府议妥，学校的筹建由庚款会拨款并配备师资和图书设备（庚款会向青海其他中等学校也拨发了一笔补助款项），由地方协助购置校址和建筑材料。但马步芳要求将建校经费全数交付地方，办校事宜，由地方自理。这一要求受到筹建人员的抵制，青海当局便采取了不积极支持的态度。因此，湟川中学的校址购置和学生来源都遇到了困难，最后不得不从兰州一带招收部分学生。在解放前青海各类中等学校中，湟川中学始终以较强的师资阵容、良好校风和高升学率，引人注目。湟川中学的讲演会、辩论会、话剧、京剧和其他多种比赛，都有声有色，在青海文化界产生了一定的影响。

抗日战争时期，青海全省中小学教育结构进一步健全，规模扩大，师资设备都有相当的加强和充实。民国三十一年（1942 年），贵德县设县立初级中学，并于三十三年（1944 年）升格为省立贵德县初级中学。同年，湟源、循化两县也分别设立了省立湟源初级中学和循化积石中学。在大通、民和、玉树等地也曾兴办过初级中学，但都为时短暂。抗战胜利前夕，全省共有中学 7 所，其中省垣西宁的 3 所为完全中学，属县的 4 所为初级中学。小学也发展到了 947 所，在校学生达 51 532 人。

抗战胜利以后，原由内地来青的文教人员大都返回原地，马步芳为了筹措反共战争经费，对省属各类学校进行了迁并。民国三十五年（1946 年），省立乐都中学、贵德中学和湟源中学相继合并于省立西宁中学，但次年后又一律恢复。青海解放前夕，全省中学数量虽仍保持在原来的水平上，但小学却减少到 717 所，学生为 40 541 人。

2.师范教育和职业教育

19 世纪末维新运动期间，师范教育和职业教育已为维新人士所努力提倡。青海地区师范教育，最早是西宁府中学堂附设的一个师范班。当时，它还未从中学系统的学堂中分离出来。中国近代新文化启蒙运动兴起后的 1917 年，西宁七属两等小学堂增设乙种师范讲习科，旋升格为海东师范学校。次年，按甘肃全省学校建制改称甘肃省立第四师范学校，这是青海第一所师范教育机构。民国七年（1918 年），西宁县立女子两级小学增设师范讲习科，不久又扩建为甘肃省西宁县立女子师范学校。民国八年（1919 年），在“蒙番小学”中加设师范甲种讲习科，民国十三年（1924 年）升格为“宁海蒙番师范学校”。民国十六年（1927 年）后，这所学校改组为宁海筹边学校，分设中学部和师范部，由甘边宁海镇守使署管理。

青海建省后，原甘肃省立第四师范学校改称青海省立第一师范学校，西宁县立女子师范学校改为青海省立第一女子师范学校。民国二十二年（1933 年）省立第一中学附设的蒙藏班从该校分出，成立了青海蒙藏师范学校。

在省立师范学校之外，民国二十三年（1934 年），国民党中央在西宁筹建了中央政治学校附设蒙藏学校西宁分校。当年招收简易师范学生两班，附小学生两班。抗日战争爆发后，包头分校迁至西宁，不久同西宁分校合并。民国三十二年（1943 年），西宁分校改名为国立西宁师范学校，直属教育部。当年设后期师范部，全校实行四、二学制，结束了青海无完全中师的历史。青海建省后，师范教育机构由于种种原因变化较大，先后停办或合并的省立师范学校即有 11 所之多。以省立第一师范为例，民国二十三年（1934 年），更名为省立西宁简易师范学校；民国二十四年（1935 年），又改为西宁高级中学；民国二十五年（1936 年），恢复师范学校名称；民国二十七年（1938 年），又将该校一分为二，分迁民和、化隆。民国三十三年（1944 年），以一所小学为基础，恢复了西宁简易师范学校。民国三十五年（1946 年），迁散到民和、化隆、大通的各师范学校又回迁西宁，合并于西宁简易师范学校，校名亦改为青海省立西宁师范学校。如此频繁的迁并，使学校资产消蚀，图书流散，师生员工情绪波动，影响了教育质量的提高和师范教育的发展。这种不稳定状态，固然与教育事业的基础薄弱有关，但也是青海地方统治者对教育的发展缺乏长远计划所致。

在师范教育系统之外，民国年间，青海地区还有几所属于职业教育性质的学校。由于长期封闭的自然经济环境和近代化进程发展缓慢，作为资本主义大工业发展产物的近代职业教育，在青海缺乏内在动力。因此，职业学校不但出现较晚，而且始终难以形成规模。“宁海蒙番师范学校”曾于民国九年（1920 年）附设了编毛科，培训粗具文化的地毯工匠。民国十六年（1927 年）后，宁海筹边学校中设西宁初级职业学校，在建省后改为省立西宁初级工科职业学校，即省立第一职业学校；此后，成立了青海省立第二职业学校；民国二十八年（1939 年），两校合并，改称青海省立西宁职业学校，设工、农两科。该职业学校教学设备简陋，师资乏人，专业单一。民谚讽云“职业学校捻毛线”。农科学生也用非所学，大多分赴农村小学任教。因此，职业教育并未达到预期目的。

民国时用绞车捻毛线

抗战期间，军政部在贵德设军马场，时有兽医多人，教育部因此在贵德开办了国立青海实用职业学校。抗战胜利后，这所学校迁址湟源，改为国立青海湟源实用职业学校（即今湟源牧校前身），设置农垦、畜牧两个专业，曾先后为青海培训了一批畜牧兽医人员。此外，省立第一职业学校在抗战初期曾办有畜牧兽医训练班，以后另置为青海省立畜牧兽医学校，为马步芳骑兵部队培训兽医人员。抗战结束后，青海省卫生处在西宁设立青海省护士职业训练班，民国三十七年（1948 年）又改为省立高级护士职业学校。学生大部分来源于省立女子师范学校的学生。

总的来看，青海职业教育的发展是缓慢而不稳定的。到解放前夕，全省仅有职业学校 2 所，教职员 26 人，学生 238 人。

3.民族教育

民国以后，提倡“五族共和”，民族教育曾一度引起社会各界的关注。教育部设蒙藏教育司，并颁布《蒙藏学堂章程》。青海也相继出现了“回教教育促进会”和“蒙藏文化促进会”两个机构，形成了青海民族教育的两大系统。

青海蒙藏教育，始于清末宣统二年（1910年）青海办事大臣创办的蒙古半日学堂，当时的招生对象主要是蒙旗王公子弟。民国二年（1913年），该校改为“宁海蒙番小学校”，普遍招收蒙藏学生。民国十三年，升格为“宁海蒙番师范学校”，民国十六年（1927年）又扩建为青海筹边学校。建省后，筹边学校改组为省立第一中学，附设蒙藏班。民国二十二年（1933年），以该蒙藏班为基础，成立了青海蒙藏师范学校，每年由教育部补助经费银元24 000余元。根据教育部规定：“蒙藏青海学生概不收纳学费，其膳宿费亦由公家备办，以示提倡。”但由于传统习俗的影响，“蒙藏人民，对教育不甚信仰，亦不感觉需要，只以政治之强迫，以应差纳税视之，”①在蒙藏学校中，学生的入学率和巩固率一直都很低。蒙藏师范学校最后于民国三十三年（1944年）迁到大通，改称大通师范学校。

国民政府设蒙藏委员会后，曾制定了拨发边疆教育专款的计划。青海蒙藏上层人士洛桑香趣、阿福寿等人，于民国二十年（1931年）呈准蒙藏委员会设立青海蒙藏文化促进会。该会先后在各县和牧业区办有蒙藏小学10余所，但以后均转交各所在县区管理。民国二十三年（1934年），该会以青海南部警备司令部的名义，办有蒙藏小学一所，民国二十六年（1937年）又升格为蒙藏中学，招收蒙古王公和藏族千百户头人子弟入学。民国二十九年（1940年），蒙藏中学并入青海省地方行政干部训练团。在马氏军事独裁政权的控制下，民国时期青海蒙藏教育的成效不大，“蒙藏文化促进会”成了地方当局向国民党政府要钱的一个招牌。

喜饶嘉措像

在学校教育之外，自成系统的藏传佛教寺院的经院教育在民国时期继续存在。塔尔寺等一些较大寺院开办的各个扎仓（学院），为入寺为僧的青年学习佛学、医学和天文学知识等提供了条件。该等寺院培养出了罗桑楚臣嘉措、根敦群培、喜饶嘉措、才旦夏茸等一批较著名的蒙、藏、土族学者。

与成效甚微的蒙藏教育形成对照，民国年间的回民教育却在马麒、马步芳父

① 《筹办中央蒙藏学校青海分校计议》，《新青海》1934年第2卷第4期。

子的着意关注下，有了很大的发展，逐步占据了青海教育发展的中心地位。民国六年（1917 年），马麒在西宁东关设立同仁小学一所，亲送本族子弟入校读书；又利用回教上层对兴办教育的支持，于民国十一年（1922 年）成立宁海回教教育促进会。马麒自任会长，西宁东关清真大寺教长马骏为副会长。该会标榜以“促进回教青年学子教育并阐发回教真谛为宗旨”，先后在西宁等地设立了小学数所。青海建省后，该会改名为青海省回教教育促进会，在各县和大镇分设分会。民国二十年（1931 年）后，马步芳任总会会长。次年，会长改名为委员长。在青海当局的扶植下，回教教育促进会的经费，每年除从省政府划拨和回教人士处得到大量捐增外，还有专属该会的教育附加税，大通公平煤矿和青海印刷局也先后拨充为该会的企业。民国二十三年（1934 年），回教教育促进会系统的学校，已有中学 1 所、小学 97 所。以后屡年发展，到抗战结束，全省各分会所属小学已达 330 所左右。学生除了回族，还有撒拉族、东乡族等信仰伊斯兰教民族的子弟，共 11 407 名。总会除辖有西宁的昆仑中学外，甘肃凉州的青云中学、临夏的魁峰中学都先后纳入该会系统，每年由青海省回教教育促进会拨付经费。

昆仑中学是民国年间青海省内一所规模最大、学生人数最多的学校。极盛时期，全校教职员约千余名，中小学生达 7 000 多人。本部附设简易师范，还分设小学 8 所和幼稚园 2 处。民国二十四年（1935 年），增设高中部，易名青海省回教教育促进会会立第一中学，到 1938 年具备了中学学制。民国三十一年（1942 年）9 月，又改校名为会立昆仑中学。与省内其他学校相比，昆仑中学具有突出的军事特征。在一般文化课程之外，该校还设有军训科目，全校学生以大队、中队分队编组，配置枪械弹药，与部队联合举行战斗演习。第三分校，校址直接设在兵营，纳入青海省保安司令部的建制。20 世纪 40 年代以后，随着马步芳之子马继援在政治和军事舞台上崭露头角，一支以昆仑中学为班底的少壮派势力在青海政坛和军队中迅速崛起。

除了正规的学校教育外，以培养伊斯兰教宗教职业人员为目的的经堂教育，到民国时期也有了进一步的发展。西宁东关清真大寺不仅成为西北地区伊斯兰教的最高学府之一，培养了一批伊斯兰教知名学者，其经堂教育形式还在西北和内地许多省份产生了影响。

民国时期青海教育发展的水平总的来说是落后的。据不完全统计，1949 年全省学龄儿童的入学率，农业区为 14.1%，牧业区仅为 2.4%。平均每千人口中，农业区只有小学生 26.7 人，牧业区 3.8 人。全省每千人口中，中学生只有 0.46 人。造成青海教育发展落后的原因是多方面的，排除非教育因素，经费的短缺、师资的缺乏和学生来源的不稳定，是影响青海教育发展的三个基本问题。这些问题在不同的历史时期虽曾有过不同程度的缓解，但在马家军阀统治的政治环境下，却是不能从根本上得到解决的。尽管如此，近代教育制度在青海这个边远民族地区的确立，不能不说是历史的进步。虽然国民党中央、地方当局和各种社会团体在青海办学的目的各有不同，但在客观上促进了本地区的教育发展。

二、文化

在偏僻的高原环境下，青海地区的多元民族构成和特殊经济活动方式，催生了这一地区颇具特点的地方文化，使之较多地保留了青海各民族的优秀文化传统。辛亥革命后，随着国民军的到来，青海社会经历了一场规模宏大的社会政治变革。地方文化也在传统形式之外，出现了新的形式和内容。

1.新兴的新闻报刊事业

民国十五年（1926 年）冬，国民党西宁县党部印发了石印版《中山周报》，这是青海第一家新闻报纸。该报每期 60 份，内容以国民党党义和文艺作品为主，附带转载一些外埠报纸的新闻。次年，在西宁县党部的支持下，《妇女月刊》问世，专载妇女运动的言论与新闻。这些报刊的规模很小，维持很短一段时间后先后停办。

民国十八年（1929 年）2 月，由青海省政府公报局创刊了《新青海日报》，日出三开连丝纸石印两张，正张载国内外及本省新闻，另张辟副刊《海涛》专栏，登载文艺作品和广告，日发行量约千份。国民军东下后，该报更名为《青海日报》。民国二十二年（1933 年）8 月，一度停刊。民国二十五年（1936 年）复刊后，改用新闻纸对开一张铅印版印刷，编排和版面设计都有较大的改进。办到民国二十七年（1938 年），再度停刊。

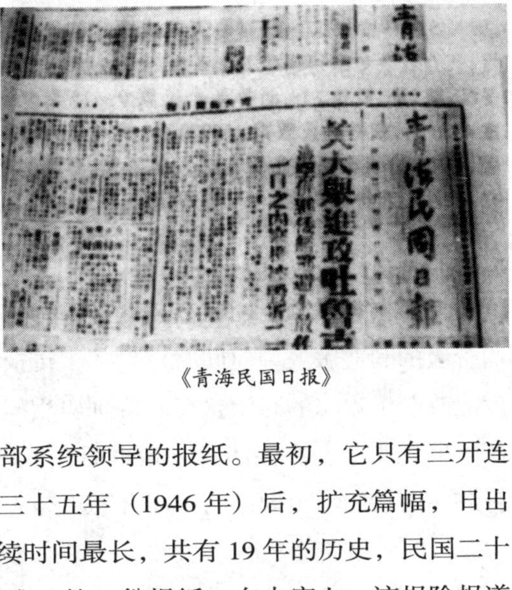
《青海民国日报》

由国民党青海省党务特派员办事处主办的《青海民国日报》，是民国年间青海第二家官报。它创刊于民国二十年（1931 年）8 月，是由国民党中宣部系统领导的报纸。最初，它只有三开连丝纸单面印一小张，不定期发行。民国三十五年（1946 年）后，扩充篇幅，日出对开一张半报纸。《青海民国日报》延续时间最长，共有 19 年的历史，民国二十七年（1938 年）后，它又几乎成为全省唯一的一份报纸。在内容上，该报除报道省内外新闻，还前后辟有《边声》等副刊近 20 种，产生了一定的社会影响。

民国时青海广播电台旧址
（碑为孙中山先生纪念碑）

从民国十八年至三十八年（1929~1949 年）间，青海各地前后出现过的报刊还有《边事月刊》、《青海政情》、《青海青年》、《青海评论》、《青海学生抗日专刊》、《乐家湾周报》、《昆仑报》以及《大通周报》、《互助周报》、《湟源周报》等多种。

在报纸杂志之外，青海曾前后出现过湟中通讯社、青海电讯社、北平正闻通讯社青海分社三个通讯社组织。民国三十八年（1949 年）8 月，在国民党政府行将垮台前夕，青海还建成广播电台一座，进行了不足一月的正式播音。

新闻事业的起步，直接带动了地方印刷业的发展。民国十七年（1928 年）底，国民军在青海设公报局，从事《青海日报》和省政府的公文印刷业务，以后又有省党部办的国民印刷局、回教教育促进会印刷局和义源工厂印刷部等。后来，省公报局改为省印刷局，并与回教教育促进会印刷局和义源工厂印刷部先后合并，发展成为湟中实业公司印刷厂。除了这些官办印刷机构，当时西宁市的民营印刷所有 10 余所。

上述报刊以及新闻媒介机构，作为国民党地方政权的喉舌，主要是为维护统治阶级的利益服务，但同时也发挥了传播文化和外界某些信息的作用，在一定程度上改善了青海的封闭状况。特别应当提到的是，在一部分去外地求学青海学生所办的刊物中，有些还具有相当的进步倾向，曾在当时产生过一定的社会影响。青海在南京的学生创办的《新青海》杂志，民国二十一年（1932 年）10 月创刊，内容以时评、青海教育、农牧、民族宗教问题为主，在研究青海实际的同时，对马氏家族在青海的虐政也多有揭露。青海留（北）平学生会创办的《海声》杂志，民国二十五年（1936 年）11 月创刊，这是一个明显带有马克思主义思想倾向的进步刊物。它根据马列主义的观点来分析国际国内形势，较系统地介绍了马克思主义的思想学说，在指出“资本主义造成了不合理的现社会”的同时，号召青年人树立新的人生观，“为全人类的事业”去奋斗。这份刊物仅发行了第一期，于“七七事变”爆发后停刊。

2.文学和艺术的发展

民国初年南北混战时期，河湟地区相对平静，曾有“世外桃园”的褒称。一批地方文士以西宁道尹黎丹为盟主，诗酒唱和，一度在地方文坛形成了“韵士骚人，乐以诗酒谭宴，风流文采，焜耀一时”[①]的局面。其中比较活跃的人物有李焕章、基生兰、周月秋、朱远峰等人，以后结集问世的诗稿有李文斋（李焕章）的《惜阴轩诗草》、《惜阴轩诗话》，基香斋（基生兰）的《敬业草堂嚼蜡吟》和黎雨民（黎丹）的《珊瑚砚斋诗集》等10余部。在这一时期，既出现了以青海山水风光和边地风情为题材的大量作品，同时由于社会环境的急骤变迁，诗人们也开始从更大的视野和广阔的社会背景中去挖掘主题。

五四以后，随着新文学运动的兴起和发展，白话小说和新体诗逐步成为文学的主流。民国二十二年（1933年）到民国二十四年（1935年），青海的文艺刊物有《到民间来》、《曙光》、《轮影》、《冰丝诗刊》等，以后相继并入《青海民国日报》，同《边声》、《学生文艺》、《民众乐园》一道成为《青海民国日报》的文艺副刊。在旅居外省的青海籍青年学生所办的刊物上，先后发表的文艺作品也不少，有些作品在思想和艺术性上都具有较高的水准。

民国时期的戏剧和音乐活动，也有了进一步的发展。民初，青海当地主要流行平弦、贤孝、道情等民间曲艺形式，音乐活动则以“萨拉调”为主体。民国十四年（1925年）以后，被称为“文明戏”的新剧和舞蹈、歌咏登上舞台，青海地方艺术的发展进入一个新的历史时期。民国十四年（1925年）冬，西宁部分学校的青年教师发起组织平民新剧社，于次年元旦首演四幕话剧《家庭镜》，其内容为揭露旧家庭的黑暗，抨击封建制度，在社会上引起强烈反响。此风一开，西宁各校纷纷组织类似的演出机构，排演了一批以反帝爱国为内容的剧目。民国十八年（1929年），省立第一女子师范学校的师生首次演出舞蹈节目，舞蹈伴随着妇女对戏剧运动的介入，开始登上青海地方艺术的殿堂。

八年抗战，是戏剧艺术的大发展时期。在全国人民空前高涨的爱国热情影响下，青海先后成立了青海省抗战剧团、青海省儿童抗战剧团、青年剧社、民众俱乐部、国立西宁师范和湟川中学学生剧社等抗战文艺团体。这些戏剧组织在省内各地巡回演出，通过生动活泼的歌舞、音乐和话剧节目，推动民众抗日

---

① 《惜阴轩诗草·朱序》。

活动，为中国人民的民族解放事业做出了积极的贡献。此外，戏剧运动的发展，还带动了民间艺术整理研究工作的起步。甘肃人张亚雄来青三年，“坐地征花”，对流传于河湟地区的“花儿”搜求考证，在民国二十九年（1940 年）出版了我国第一部《花儿集》。著名音乐家王洛宾直接从青海民歌艺术中汲取素材，创作了《在那遥远的地方》、《黄昏里的炊烟》等富有民歌气息的歌曲，至今人们仍盛唱不衰。

郭世清《猫蝶图》1943 年

李德渊书法

在美术书法领域，民国时期的青海画家郭世清，书法家李德渊、贾思复等人，都有较突出的成就。郭世清早年就学于南京艺专，后来又在敦煌莫高窟研摹壁画，为常书鸿大师的高足。他的画有油画，水彩画等，其中以工笔花鸟最为突出。李德渊的字，以柳体为骨干，外方内圆，严整匀润，自成风格，有石印本《书品》字帖行世。

3.史志著述和考古活动

20 世纪 30 年代以前，青海文化界相当重视对边事的研究，陆续形成了一批很有价值的方志学著作。周希武的《玉树调查记》、刘运新的《大通县志》、聂守仁的《甘肃大通风土调查录》、姚钧的《贵德县志稿》、杨希尧的《青海风土记》，以及丁耀奎的《西宁水道经流考》，均对地方山川物候、民情风俗、社会现状等详加论列。朱绣的《西藏六十年大事记》、阿福寿的《宁海大事记》、徐昶的《乙未军事志》、《河湟近百年大事记》等，则着重反映了青藏地区近代以来的社会政治事件与变迁。许多史志著述中，还对边政建设提出过不少建议。30 年代以后，方志纂修工作有了新的发展。继基生兰等人校订光绪暨民国《西宁府续志》，编写《志余》1 卷之后，民国三十六年（1947 年），青海省正式成立了通志编纂委员会，通令全省各级行政部门组织人力，搜集史志资料并整理出《青海地方史志资料摘抄集》初稿本，共 34 册，为正式撰修统一的青海省志做了大量的文献准备工作。但因国民党政权迅速垮台，修志工作遂罢。

在方志学研究蓬勃兴起的同时，以实物史料为研究对象的科学考古工作也在青海应时而起。民国十二年（1923 年），瑞典人安特生以中国政府矿业顾问的身份来甘肃境内进行考古。他在西宁附近的朱家寨、湟中县的卡约、下西河等地还进行过实地挖掘，根据调查和重点发掘所获得的考古资料，命名了一批考古学文化，并对甘肃远古文化提出了最早的历史分期。尽管其中有一些结论是错误的，但这毕竟为西北地区近代考古事业的发展迈开了第一步。民国二十九年（1940 年）4 月在乐都老鸦城白崖子出土的东汉三老赵宽碑，民国三十三年（1944 年）10 月在青海湖畔海晏三角城发现的汉“西海郡”城址等，都是民国时期青海考古工作中的重大发现，为研究河湟地区的历史发展提供了重要的实物资料。民国三十七年（1948 年）夏天，我国著名考古学家裴文中曾来青海湟水流域进行考古调查，使青海古文化遗存的面貌得到了进一步的揭示。

4.图书、电影和其它文化娱乐设施

民国以前，青海一直无正式的图书馆。清同治时期，左宗棠曾向当时的五峰书院捐送过一批图书，这要算是青海地区较早的一批公立藏书了。民国十四年（1925 年），西宁县教育会在西宁印心寺设图书室，有书百余册和报刊数种。民国十五年（1926 年），贵德县奉甘肃教育厅之命，成立了“贵德县通俗图书馆”，藏书 150 余种，这是青海历史上第一所近代公共图书馆。随后，湟源县成立了“湟源县通俗图书馆”；西宁县教育局凭藉清代五峰书院旧藏和黎丹捐赠的一部分书籍，成立了“西宁县教育局图书馆”；到民国十九年（1930 年），大通、互助两县也分别建立了图书馆。至此，青海全省共有公立普通图书馆 5 所，藏书 620 余部（种）。

民国二十三年（1934 年），国民政府考试院院长戴传贤来青，建议地方成立省图书馆，并捐赠了 3 224 种约计 1 万册图书。地方当局拨款 2 万元，在西宁隍庙街建成“青海省图书馆”，于民国二十四年（1935 年）4 月 15 日正式开馆。抗战初期，青海各级各类图书馆的数目一度增加到 15 个，至民国三十一年（1942

年）时，又降为 7 个。抗战结束以后，各县图书馆奉命改为民众教育馆，青海全省仅剩 1 个图书馆——青海省图书馆。

电影业在青海的发展也是比较迟缓的。民国十九年（1930 年）左右，曾有内地私商来西宁放映无声电影。当年秋，马步芳派驻天津军火采购人员购回电影放映机一部，次年曾在军队驻地及大教场放映。此后，第九师又从南京领回放映机两部，组织了电影放映队，开始在省垣及各县进行电影放映活动。民国三十一年（1942 年），省教育厅成立了电化教育辅导处。民国三十二年（1943 年），青海唯一的一所营业性电影院“湟光电影院”才在西宁开业。湟光电影院由马步芳的官僚资本湟中实业有限公司负责经营，最初设在西宁“山陕会馆”，民国三十五年（1946 年），迁入西宁东关湟中大厦东侧新址。

湟光电影院

民国二十一年（1932 年）前后，在西宁小教场成立了“青海省娱民大会场”，内设铁杠、木马等运动器具，并于民国二十三年（1934 年）举行过一次“全省学校秋季运动会”。此外，青海各地还陆续建了一批公园。

三、医疗卫生

民国初年，青海地区民间有少数中、藏医行医，社会上巫医盛行。及至民国十七年（1928 年），西宁区行政长官林竞，在西宁隍庙街药王庙始设平民医院一处。青海建省后，在平民医院的基础上组建了青海省立中山医院。该医院最初设内、外、眼兼五官、妇产四科，有简易病床 20 张，医师 10 余人，实际以门诊、出诊为主。到民国三十七年（1948 年）以后，该医院在联合国救济总署的支援下，修建病房和手术室，充实医护人员，建立护理制度，初步发展成一个设有内、外、妇产、儿、眼兼五官、检验放射等科室的综合性医院。全院职工达 80 余人，有 100 张病床。此外，民国十八年（1929 年），国民党青海省党务特派员办事处曾设立博济医院，二十年（1931 年）即歇业。民国十四年（1925 年），西宁天主教堂开办了公教医院。青海回教教育促进会也在民国二十六年（1937年）成立了芳惠医院，后来将该医院转为军队系统的野战医院。

民国二十四年（1935年），国民政府经济委员会在西宁设立了青海省卫生实验处。该处经过近两年时间的巡回医疗、防疫接种等工作，于民国二十七年（1938年）因经费停发而撤销。民国三十年（1941年），青海省政府成立了卫生处，下设防疫检验和医务保健等科室，辖有卫生队4个，分驻湟源、民和、循化、大通4县，进行巡回医疗和防疫工作。民国三十三年（1944年），除驻大通医疗队外，其余3个队均改组为各驻在地的县卫生院。民国三十六年（1947年），乐都、贵德、玉树3县也分别成立了卫生院。

在上述医疗机构之外，抗战时期，西宁市开始有了私人诊所。这些诊所一般都是单独作业，内外科综合治疗，设备极为简陋。

第四节　马氏军阀政权灭亡与青海解放*

一、青马军队阻止西北解放及其溃败

民国三十四年（1945年）7月，蒋介石在重庆召开军事会议，讨论日寇投降后的军队缩编和“剿共”部署。马步芳以“第八战区副司令长官”、“第四十集团军总司令”的身份参加了会议。会后不久，八十二军改编为八十二师，骑五军改编为骑五师，但马步芳为了保存实力，并未实际减员。民国三十六年（1947年）元月，国共和谈破裂，蒋介石发动内战，改西北行营为西北“剿匪”总司令部，以张治中为总司令，马步芳被任命为副总司令之一。马即致电蒋介石，表示其反共到底的决心，从此，马氏军阀将自己捆绑在国民党反动派发动内战的战车上，马步芳的反动武装力量后来便成为西北反共战场上的主力。民国三十六年（1947年），蒋介石命令马步芳组织“青海兵团”，配合胡宗南主力部队和“宁夏兵团”，进攻陕西解放区。4月初，马步芳派其子马继援率部进驻陇东平凉、庆阳等地。5月4日，马部深入陕甘宁边区的盘客镇、古城川一带，参加反共内

* 本节参考书目：青海省委党史资料征集委员会、青海省军区政治部编《解放青海》，青海人民出版社，1987年10月；中共青海省委党史研究室编印《中共青海党史大事记》，1997年4月；陈云峰主编《当代青海简史》，当代中国出版社，1996年9月；刘立波：《兰州攻坚战》，军事科学出版社，2007年1月。

战。不久，八十二师又恢复八十二军建制，仍以马继援为军长。

在全国战场上，到1949年初人民解放军已取得了辽沈、淮海、平津三大战役的胜利，使国民党在长江以北的主要军事力量被基本摧毁。1949年4月21日，人民解放军百万雄师强渡长江。4月23日，人民解放军占领国民党的统治中心南京，宣告了延续22年的国民党反动统治的覆灭。在西北战场上，在中国人民解放军副总司令、西北局第一书记、第一野战军司令员兼政委彭德怀等领导下，布署了打跨陕西绥靖公署主任胡宗南和国民党西北军政长官、青海省政府主席马步芳以及宁夏省主席马鸿逵等部的作战方略，人民解放军解放整个大西北的战斗势如破竹。1948年4月，西北解放军开始反攻，相继解放邠县、长武等7县。民国三十八年（1949年）4月，敌“青海兵团”二四八师在向耀县反扑的战斗中，师长马得胜被解放军炮火击毙。5月，人民解放军解放了关中要镇西安。接着，华北十八、十九兵团奉命入陕作战，于7月11日发起扶（风）眉（县）战役，歼灭胡宗南部4.3万余人，解放县城8座。这一战役彻底粉碎了胡马联合作战的企图，彻底孤立了青马（青海马步芳）、宁马（宁夏马鸿逵）的军事行动。6月初，敌青海和宁夏两兵团分3路向咸阳推进，青海兵团主力于13日夜包围了咸阳，但由于从西安方面来的解放军主力部队源源赶到，向青马军发动猛烈攻击，敌青海兵团死伤累累，急忙撤至乾县一带。之后，马继援奉命召集“中央军”、“宁夏兵团”和“青海兵团”师以上军官开会，决定组织兵力再攻咸阳，但各军为了保存实力，小有接触即行撤退，马步芳、马继援攻打咸阳的计划告吹。

彭德怀(左二)、习仲勋(左三)在西北战场

民国三十八年（1949年）5月18日，马步芳被任命为“代理西北军政长官”。25日离青赴兰。同年7月27日，国民党政府行政院正式任命其为“西北军政长官”兼“青海省政府主席”，任命其子马继援为副长官之一，负责指挥军队。此时国民党军队在全国的失败已成定局，西北战场也不例外。扶眉战役的胜利，胡宗南主力被解放军歼灭，敌军右翼失防，青海兵团不得不撤出平凉，据守六盘山以西。之后，马步芳紧急扩军，又先后组建了以马步銮为军长的一二九军、以韩起功为军长的骑兵军和以马全义为军长的步兵军及另外两个旅等。此

外，还命令驻防新疆的骑兵第五师作东返青海准备，以为后盾。马步芳还派副长官兼参谋长刘仁在静宁召开军事会议，布置抗拒解放军解放大西北的作战方案。6月底，人民解放军王震率领的左路一兵团一军、七军挺进甘肃，马继援在固关一线集结兵力准备顽抗，但宁夏兵团退守灵武，国民党中央军陇南兵团的九十一军和一二〇军龟缩天水一带不出。青海兵团骑兵十四旅被解放军一举消灭，骑八旅亦被击溃，千余名官兵被解放军俘虏，3 000 余匹战马被炮火轰毙轰散。青海兵团受到了开战以来最沉重的一次打击，不得不退至定西一线，旋又撤至兰州外围。7 月 30 日，人民解放军解放了平凉。8 月 3 日，天水城守敌闻风逃遁，天水遂获解放。

在马步芳就任“西北军政长官”之前，宁夏省主席马鸿逵曾前来民和享堂与马步芳就两马合作反共问题进行过商谈，但青、宁二马同床异梦，勾心斗角，后来在控制甘肃地盘等问题上发生矛盾，致使关系更加恶化。8 月，国民党政府行政院任命马鸿逵为“甘肃省主席”，调马步芳前往广州，以解两马隔阂。但这一切都因解放军即将兵临兰州而无法落实，马步芳与马继援不得不孤军作战，企图凭借兰州地形依山傍水之险和坚固的工事以作最后挣扎。马步芳狂呼：“拚命保命,确保西北,破产保产,挽救危机。”马氏父子心存幻想，还想通过死守兰州来挽回行将灭亡的命运。

解放军千里行进兰州

8 月中旬，中国人民解放军第一野战军在彭德怀的指挥下，迅速向兰州推进，8 月 19 日，第二和第十九兵团主力共五个军，形成了对兰州的三面包围。敌西北军政公署副长官、兰州决战前线指挥部总指挥马继援以八十二军三个主力师等 5 万余人据守兰州城区，第九军、第一二〇军和宁马第八十一军共 3 万余人

解放军攻打狗娃山

保障兰州左翼，新编骑兵军保障兰州右翼，企图凭借山险固守，并安排兵力沿黄河两岸布防。8 月 21 日，解放军以 9 个团的兵力对兰州外围东、南和西南马家山、皋兰山、沈家岭、狗娃山等几个主阵地发动了大规模的进攻，激战一日，予敌以重创，我军亦进攻受挫。彭德怀司令员指出，青马匪军是今日敌军中最有战斗力的部队，在全国也是有数的顽敌，必须要有充分的估计，做好充分的准备，一定不能轻敌骄傲和性急。野战司令部调整部署，下达战术指标，给各部队三天时间认真准备，将再次发动攻击，争取一举攻克兰州。

由于国民党中央军陇南兵团的退逃和青海新编骑兵军的不战自溃，解放军第一兵团之第一军等自天水、陇西一线长驱直入，8 月 22 日解放了马氏老巢河州（今临夏市），直接形成了对青海的攻势，解放军可以随时渡过黄河进军青海，对马步芳腹心直接构成了严重威胁。这一突然的消息，顿时打乱了所谓"兰州会战"的计划，马步芳深感后方空虚，自己已面临末日，于 24 日向国民党中央政府发出了十万火急的求援电："窜洮河西临夏附近之共军第一军、第二军，刻正向永靖、循化进犯，患在腹心，情况万急！如陕署、宁夏友军及空军再不迅速行动协歼，深恐兰州、西宁均将震动。千钧一发，迫不及待！务求火速分摧，不再迟延！"同时，直接派人于 23 日飞往宁夏催促宁夏方面出兵支援，但马鸿逵积怨未消，不为所动。敌军内部矛盾重重，自顾不暇，任何求援呼救已无济于事。至此，兰州解放已在旦夕，马步芳便于 24 日乘飞机逃离兰州返回青海，并嘱咐马继援迅速退守青海。

25 日拂晓，人民解放军围兰部队在彭德怀司令员的指挥下发起全线总攻，

解放军抢占黄河铁桥

我英雄战士浴血奋战，经一天一夜的激烈战斗，终于攻克兰州城池。与此同时，马继援召集紧急军事会议，安排撤退，但因人民解放军亦于当日发起总攻，西线阵地先被突破，撤退计划遂被打乱。午夜，敌外围部队向城区溃退，守城部队纷纷争先北逃，但因解放军抢占并封锁了黄河铁桥，截断了逃敌的主要退路，青马官兵溃不成军，各自夺路逃命，踩踏落水溺毙于黄河中的不计其数。未及渡河的部队成了“瓮中之鳖”。8 月 26 日，人民解放军解放了甘肃省省会兰州市。兰州战役是人民解放军与青马军队进行主力决战的一场恶战，也是西北解放战争史上规模最大、战斗最激烈的一次决战，共歼灭了青马主力 2.7 万余人，我军伤亡 9 376 人。兰州战役的胜利，使我军取得了西北战场战役决战的伟大胜利，彻底摧毁了马氏军阀政权赖以存在的军事支柱，拉开了解放青海的帷幕。

兰州战役中解放军俘获的青马军某部

二、青海解放

当人民解放军围兰部队正待发起总攻之际，解放军第一野战军第一兵团在王震司令员兼政委的率领下，在解放了陇西、漳县、渭源等县后，又于临洮一线击溃青马新编骑兵军，并于8月22日解放临夏，直捣马步芳老巢，动摇了守兰青马军队的军心。1949年8月26日，在兰州解放的当天，一野一兵团主力开始向青海进军。根据毛泽东主席和一野司令部的指示，王震兵团从上游渡过黄河后，将切断兰青及兰新通道，彻底粉碎马步芳及青马军队逃往新疆的企图。

解放军直逼马步芳老巢临夏

在解放战争取得全面胜利、蒋家王朝大势已去的形势下，仍自命为“西北支柱”、做“西北王”迷梦的马步芳乘飞机逃回西宁后，已经无暇他顾，立即安排出逃事宜。在兰州解放的第二天，国民党国防部长徐永昌曾飞抵青海西宁，传达蒋介石要马步芳组织力量反攻、把兰州重新夺回来的命令。马步芳听后大为不满，质问徐永昌：“我马家打光了血本，胡宗南在哪儿？马鸿逵在哪儿？你们助战的飞机又在哪儿？夺取兰州，说得轻巧！”二人不欢而散。马步芳无心周旋，责成财政厅长冶成荣将历年搜刮的大批黄金空运重庆，马本人也于8月27日携带家眷及部分军政要员乘飞机逃抵重庆。在兰州战役中，青海兵团主力几乎被人民解放军歼灭殆尽，马继援在永登收集青马八十二军和一二九军残部，仅余7 000多人，在撤逃青海的途中又大部逃散。8月25日，马继援离开兰州指挥所，经永登、天祝、互助，于8月31日逃回西宁，9月1日又携部分亲随带着黄金、白银，乘飞机逃离青海。马氏父子相继乘飞机逃走，使未能飞走的官员惊恐万状，多弃职四逃。青马军队军心大乱，完全丧失了正面作战的能力，只有部分军、师高级军官抱残守缺，率残部逃至大通桥头、湟中上五庄等地；下级军官和士兵纷纷携枪带马逃散。青马军队兵败如山倒，已没有力量抵挡人民解放军向青海进军的步伐。

马继援像

人民解放军王震所部第一兵团第一军军长贺炳炎、政委廖汉生率部队由甘肃永靖强渡黄河，沿民和、乐都西进；第二军军长郭鹏、政委王恩茂率部队从甘肃临夏翻越达里加山进入青海境内，相继解放了循化、化隆，直指西宁；第一兵团附属之六十二军的一八四师、一八五师和第二兵团第三军之第八师跟进于民和、乐都一线，准备随时增援第一线兄弟部队。第一军从永靖渡过黄河后，于30日组建先遣骑兵侦察部队600余人，日夜兼程，取道民和、乐都、平安镇，于9月5日率先进入青海省省会西宁市。此时的西宁从防御上讲已是一座空城，守城敌军已闻风溃散，解放军长驱直入，侦察部队在无任何抵抗的情况下，于当日中午一举占领西宁古城。9月6日，一军二师五团部队在一军副军长兼二师师长王尚荣的率领下，进入西宁，举行了声势浩大的入城式，西宁各族各界人民群众云集街头，隆重欢迎人民子弟兵解放西宁。西宁的解放，宣告了马步芳家族反动统治的彻底崩溃，标志着青海各族人民获得解放的开始。进军青海的第一军指战员，在解放民和、乐都之后，又解放了湟中、湟源、互助、贵德、共和、海晏、同仁、同德等县。9月9日至10日，二军主力与第一兵团团部进抵西宁，王震司令员据一野前委决定在军以上干部会上宣布，一军驻防青海，二军向新疆挺进。9月13日，第二军开始了北出祁连山向河西、新疆进军的艰苦征程。人民解放军纪律严明，秋毫无犯，在解放西宁及各县途中，受到了各族人民群众的热烈欢迎。在循化，当抢渡黄河的一船解放军指战员因负荷太重，船到河心失控遇险时，清水村20余名男女群众勇战黄河激流，奋力把木船拉到岸边，救出了两个排的干部战士，被二军政治部授予“英雄救英雄”的锦旗。当人民解放军以急行军的速度向西宁挺进时，9月6日拂晓至上午，西宁民生汽车公司工人师傅驾驶13辆卡车，从西宁到平安驿远道迎接人民子弟兵，解放军某部分4批乘车进入西宁。各界群众临时组织起来，维护当地治安，保护工厂设备，阻止散兵抢劫，保护人民安全。人民群众的主动精神和积极行动，有力推动了许多地区的迅速解放。

解放军从永靖渡黄河向青海进军

西宁解放

在人民解放军强大的军事力量面前，青马残部未触即溃。青马驻防循化、化隆等地的马全义新编步兵团在解放大军的声威下，放弃河防溃散回乡。9月8日逃遁于湟中上五庄的青马八十二军副军长赵遂、参谋长马文鼎以下 300 余名残部缴械投降。10 日、11 日，逃至海晏三角城的青马一九〇师师长马振武、三五七师师长杨修成、骑八旅旅长马英等以下 1 000 余名残部在海晏三角城相继投降。9 月 12 日，王震指派马步芳表兄、骑五师（原骑五军，驻扎新疆）师长马呈祥的舅父马辅臣等，赴新疆劝说马呈祥弃暗投明未果，马呈祥等几个顽固派头目带少数亲信经南疆出逃印度，其部队后来参加了新疆和平起义。9 月 16 日，青马 17 名投降将校联名发表投降文告。9 月 26 日，青马新编骑兵军军长韩起功从祁连到达张掖，向当地解放军缴械投降。10 月 25 日，青马政权省参议长马元海率所部少将军官马元祥、马仲彪等百余人，从今乌兰希里沟到达共和县切吉投降。至此，青马留于青海各地的军政要员大部归降，其中将校军官 200 余人，还收缴了大量的轻重武器，马步芳苦心经营的青马军队和政权便以彻底覆灭而告终。

塔尔寺僧众向省军管会献旗

蒙古族代表向王震敬献哈达

庆祝大会上王震司令员兼政委讲话

西宁解放后，人民解放军即着手建立新的人民政权。9 月 8 日，一军奉中央军委命令，成立了西宁市军事管制委员会，主任冼恒汉，副主任张国声。同日，西宁市人民政府也宣告成立，市长刘枫，副市长钱平。新生政权成立后，各族人民欢欣鼓舞，从 9 月 10 日之后，全省有近二十个地区和县，共上千名少数民族代表、活佛、旗王、头人、千户、首领等，纷纷赶赴西宁赠匾、送锦旗、献哈达，有的牵着牛羊慰问人民解放军，有的还向毛主席、朱总司令发致敬电，以各种不同方式表达他们对人民解放军和新生人民政权的信赖和拥护。9 月 18 日，西宁地区各族各界群众 3 万多人在大教场隆重集会，庆祝西宁解放。王震司令员在大会讲话中号召各族人民团结起来，在中国共产党领导下，建设新青海。

兰州战役结束后，第一野战军前委即

指派第二兵团第四军政委张仲良出任中共青海省委书记。张奉命于9月9日到达西宁，组建中共青海省委机关。组建后，中共青海省委书记为张仲良，常委为张仲良、廖汉生、贺炳炎、冼恒汉、王尚荣。1949年9月后，相继建立了中共西宁市委和乐都、民和、循化、化隆、湟中、湟源、互助、大通、贵德、共和、门源等县委；1950年，建立同仁、同德、贵德、都兰等县委和玉树地委；1951年建立海晏、祁连等县委；到1952年底，全省县以上行政区均建立了中共地方组织。中共青海省委的成立和各级地方党组织的建立建设，标志着青海各族人民和各项工作有了坚强的领导核心。

1949年9月26日，青海省人民军政委员会奉命成立，代行省人民政府职权，廖汉生任主任。

省军政委员会建立前后，中共青海省委抽调人民解放军指战员，采取以团为单位分县包干的办法，于当年9月组建了湟中、湟源、循化、化隆、互助、大通、贵德、门源、共和等县人民政府。同年10月11日，玉树专区和同仁、同德、兴海、都兰等地，则由旧政权中分化过来的地方官员或当地少数民族上层人士临时负责地方工作。各地都量才录用了一批旧政权的供职人员，吸收大量学生参加工作，西北局、华北人民革命大学、西北人民革命大学等相继给青海输送了大批干部，使上述新建人民政权得到了及时的充实和加强。青海省最后解放的是果洛地区，1952年8月4日，中央果洛工作委员会、西北军政委员会果洛工作团及果洛骑兵支队，抵达查郎寺（在今达日县境），受到当地藏族部落头人、僧侣和藏族群众的欢迎，果洛宣告解放。1954年元月1日，青海省果洛藏族自治区政府正式成立。

1949年10月1日，在北京举行中华人民共和国开国大典，毛泽东主席在天安门城楼庄严宣告中华人民共和国成立。同日，一野前委及西北局决定：一军长期留驻青海，并兼青海军区；贺炳炎任司令员，廖汉生兼任政治委员，王尚荣任

开国大典

贺炳炎像

全省各族人民大團結

青海人民省政府今日成立

主席及委員十時宣誓就職

全市各界歡騰熱烈慶祝擁護

《青海日报》报道省人民政府成立

副司令员，冼恒汉任副政委兼政治部主任，余秋里任第二政委（未到职），陈外欧任参谋长，杨文安任副参谋长。从此，青海省所驻部队和所有军务事宜统归青海军区指挥管理。

1950 年 1 月 1 日，青海省人民政府在西宁正式成立，在宁委员宣誓就职。青海省人民政府主席赵寿山，副主席张仲良、廖汉生、喜饶嘉措（藏族）、马朴（回族）；委员 21 人，委员中有 9 名为少数民族，有 8 名是各阶层的民主爱国人士。青海省人民政府下设各委、厅、处、行、院等部门，3 月 17 日，政务院通过并任命了各部门负责人。到 1950 年底，全省共建立 1 个市、1 个专区、18 个县、4 个县级区和 349 个乡的新生政权。由于我党政军民团结一致，共同奋斗，仅一年半时间即基本完成了全省的初期建政工作。在省内各级政权建设期间，吸收了一批开明绅士、部落头人、宗教首领，分别担任县以上政府的领导职务。1952 年，果洛、刚察、河南、尖扎、曲麻莱等地建立工委时，也先后吸收了一批当地少数民族上层人士，参与这些地方政权的筹备和创建工作。党的民族政策、统战政策和其他各项政策被越来越多的群众所了解，并逐步深入人心。

首届青海省人民政府主席、副主席

（左起：马辅臣、廖汉生、赵寿山、张仲良、喜饶嘉措）

青海省的解放，不但推翻了自民初以来便占据青海长达 38 年之久的马氏家族军阀统治，而且彻底摧毁了千百年来存在于青海高原的封建统治制度，使青海各族人民真正成了社会的主人。从此，在中国共产党的领导下，青海历史开始由解放了的各族人民群众来谱写新的篇章。

青海简史

青海历史大事记（远古～1949年）

汉代以前

距今约二三万年前

柴达木盆地、昆仑山区已有以采集狩猎为生的人类活动。

距今约 6 830~6 660 年

拉乙亥遗址先民生活在黄河上游河曲一带，采集农业已经出现。

距今约 5 800~4 000 年

马家窑文化人在河湟地区过着以农业经济为主的定居生活，处在母系氏族社会晚期。

距今约 4 000~3 600 年

齐家文化人活动于河湟一带。父权制在青海东部已经确立。

距今约 3 600~2 600 年

辛店文化人生息在河湟地区及其东部。卡约文化人分布在今青海东部。

距今约 2 900 年

诺木洪文化人活动于柴达木盆地一带。

公元前 476~ 前 443 年（秦厉共公时）

无弋爰剑被推为河湟羌人首领。

公元前 384~ 前 362 年（秦献公时）

羌豪忍和舞率部落留居湟中，印率本部落西迁。

公元前 361~ 前 321 年（周显王时）

羌豪研随秦太子驷朝觐周显王。

两汉时期

公元前201年（汉高祖六年）

月氏胡被匈奴击败，西逾葱岭，部分自河西走廊进入祁连山南麓，与羌人杂处，史称“小月氏”。

公元前156~前141年（汉景帝时）

羌人研种留何率种人迁至狄道、安故、临洮、氐道、羌道等地。

公元前121年（汉武帝元狩二年）

汉武帝遣骠骑将军霍去病出征河西，占领匈奴右地。

公元前112年（汉武帝元鼎五年）

先零羌与封养、牢姐种解仇结盟，北通匈奴，共攻令居、安故，围枹罕。

公元前111年（汉武帝元鼎六年）

汉武帝遣将军李息、郎中令徐自为率兵深入湟中地区，征讨先零羌等，羌人被迫西迁至西海、盐池一带。

汉筑令居塞，置护羌校尉。

公元前81年（汉昭帝始元六年）

取天水、陇西、张掖郡各二县，置金城郡。

公元前63年（汉宣帝元康三年）

先零羌与罕、幵羌等将行反汉，汉光禄大夫义渠安国率兵巡察诸羌，诱杀先零豪40余人，诸羌怒而攻打金城。

公元前61年（汉宣帝神爵元年）

汉宣帝遣后将军赵充国率兵6万，击败先零等羌。湟中诸羌纷纷归降汉朝。

公元前60年（汉宣帝神爵二年）

赵充国屯田湟中。汉在今青海境内置允吾、破羌、安夷、河关等县，金城郡扩为13县。

秋，汉置“金城属国”，安置降羌。

公元4年（汉平帝元始四年）

大司马王莽辅政，诱卑禾羌献西海之地，设西海郡，筑5县。

公元6年（汉孺子婴居摄元年）

羌人首领庞恬、傅幡等怨王莽夺地设郡，攻占西海郡。

公元7年（汉孺子婴居摄二年）

遣护羌校尉窦况率兵击败羌人，复西海郡。

公元23年（新莽地皇四年）

王莽政权崩溃，西海郡废弃，羌人还据青海湖滨。

公元33年（东汉光武帝建武九年）

东汉恢复护羌校尉，以牛邯充任，驻安夷。邯卒而职省。

公元34年（东汉光武帝建武十年）

先零豪与诸种相结，攻金城、陇西，东汉遣中郎将来歙等击破之。

公元35年（东汉光武帝建武十一年）

陇西太守马援力排放弃破羌以西之议，置长吏，缮城池，劝耕牧，安抚羌人，湟中一度安定。

公元36年（东汉光武帝建武十二年）

省金城郡属陇西，次年复置金城郡。

公元57年（东汉光武帝中元二年）

烧当羌滇吾、滇岸进扰陇西，汉遣谒者张鸿领诸郡兵战于允吾、唐谷，军败。冬，复遣中郎将窦固、捕虏将军马武等击羌。次年秋，大破于西邯。

公元76年（东汉章帝建初元年）

安夷县吏夺卑湳羌妇为妻，引起卑湳、勒姐、吾良等羌联合反抗。东汉复派吴棠为护羌校尉，驻安夷。

公元77年（东汉章帝建初二年）

烧当羌、卢水胡等反汉，东汉遣傅育代为护羌校尉，移驻临羌。

公元87年（东汉章帝章和元年）

春，傅育出击烧当羌，遭迷吾夜袭而败死。秋，护羌校尉张纡诱杀迷吾等烧当羌首领，激起诸种羌联合反汉。

公元89年（东汉和帝永元元年）

护羌校尉邓训恩威并举，羌胡归属。训联合小月氏击败迷唐，迷唐率残部远徙。

公元92年（东汉和帝永元四年）

聂尚接任护羌校尉，招迷唐还居大、小榆谷。冬，迷唐率部进扰金城。

公元93年（东汉和帝永元五年）

护羌校尉贯友攻迷唐于大、小榆谷，夹逢留河筑城坞，作大航，造河桥，迷唐避居赐支河曲。

公元98年（东汉和帝永元十年）

迷唐降，汉准迷唐率种人还居大、小榆谷。

公元 100 年（东汉和帝永元十二年）

迷唐再度反汉，胁湟中诸胡，抄掠而去。

公元 101 年（东汉和帝永元十三年）

东汉金城太守侯霸击败迷唐，迷唐远徙赐支河曲，依发羌居。

公元 102 年（东汉和帝永元十四年）

东汉遣隃麋相曹凤为金城西部都尉，将徙士屯龙耆。遣侯霸代护羌校尉，列屯夹河，广开屯田，合 34 部。

公元 107 年 ~118 年（东汉安帝永初元年 ~ 元初五年）

东汉强迫羌人随军远征西域，引起西北地区羌人大起义。战事历时 10 余年，河湟地区人民深受战争苦难。

公元 110 年（东汉安帝永初四年）

徙金城郡于襄武，约数年后迁回允吾。

公元 130 年（东汉顺帝永建五年）

护羌校尉韩皓屯田两河间，羌人为之警备。

公元 131 年（东汉顺帝永建六年）

护羌校尉马续移两河间屯田还湟中。

公元 132 年（东汉顺帝阳嘉元年）

马续以湟中地广，增置屯田。

公元 136 年 ~145 年（东汉顺帝永和元年 ~ 冲帝永嘉元年）

西北羌人第二次大起义，东西羌合逼关中，东汉朝廷受到沉重打击。

公元 159 年 ~169 年（东汉桓帝延熹二年 ~ 灵帝建宁二年）

西北羌人第三次大起义，反抗地方官吏之暴政，遭到护羌校尉段颎等残暴镇压。

公元 184 年（东汉灵帝中平元年）

北地降羌先零种响应黄巾起义，与湟中羌、义从胡北宫伯玉等联合反汉，攻占金城等郡。

公元 192 年（东汉献帝初平三年）

起义将领韩遂投降董卓与曹操，占据金城等地。

公元 194 年（东汉献帝兴平元年）

东汉以河西四郡及关右诸郡为雍州，金城郡由凉州改隶雍州。

公元 213 年（东汉献帝建安十八年）

分金城郡西部地区置西平郡，隶雍州。

公元 214 年（东汉献帝建安十九年）

曹操大将夏侯渊击韩遂于金城，韩遂兵败，逃奔湟中，后死于西平。夏侯渊进军枹罕，攻灭“河首平汉王”宋建。曹将张郃率部渡河入“小湟中”，河湟地区遂归曹魏。

魏晋南北朝时期

公元220年（曹魏文帝黄初元年）

西平守将鞠演叛乱，金城太守苏则讨平。次年，鞠光杀其郡守发动叛乱，为凉州刺史张既所灭。

公元230年（魏明帝太和四年）

魏、蜀双方争夺河湟地区，自此战事连绵，历时25年。

公元308年（西晋怀帝永嘉二年）

晋凉州刺史张轨遣子张寔率军进入青海，杀西平太守曹祛。

公元313年（西晋怀帝永嘉七年）左右

鲜卑吐谷浑部徙居今甘南临夏等地。

公元329年（东晋成帝咸和四年）

吐谷浑王国立。不久，其势西入青海。

公元345年（东晋穆帝永和元年）

张轨孙张骏称凉王，前凉国立。

公元376年（东晋孝武帝太元元年）

前凉国亡。青海东北部地区归属前秦。

公元386年（东晋孝武帝太元十一年）

前秦大将氐族人吕光建立后凉，青海东北部地区归于后凉。

公元397年（东晋安帝隆安元年）

鲜卑秃发乌孤建立南凉。次年占领后凉乐都、湟河、浇河三郡，青海东北部地区归属南凉。

公元404年（东晋安帝元兴三年）

南凉伪降后秦，割据如常。

公元406年（东晋安帝义熙二年）

后秦封秃发傉檀为凉州刺史。南凉占据河西走廊东部地区。

公元410年（东晋安帝义熙六年）

秃发傉檀先后兵败于夏与北凉，南凉被迫放弃河西东部地区，退回青海。

公元413年（东晋安帝义熙九年）

南凉湟河太守文支投降沮渠蒙逊，北凉占领今化隆及其以西地区。

公元 414 年（东晋安帝义熙十年）

秃发傉檀西征乙弗，西秦乘机攻占乐都，南凉国亡。

公元 423 年（刘宋少帝景平元年）

吐谷浑王阿柴通使刘宋，宋封阿柴为安西将军、沙州刺史、浇河公。

公元 429 年（宋文帝元嘉六年）

北凉军队击败西秦，占领青海东北部地区。

公元 431 年（宋文帝元嘉八年）

夏国灭西秦。吐谷浑又击败夏国军队于今甘肃临夏地区，俘夏国主赫连定。次年解送赫连定至魏，北魏封吐谷浑王慕璝为大将军、西秦王。

公元 439 年（宋文帝元嘉十年）

北凉降魏，青海东北部地区归属北魏。

公元 444 年（宋文帝元嘉二十一年）

北魏晋王伏罗等率兵攻吐谷浑，吐谷浑王慕利延奔白兰，次年远逃于阗。北魏设鄯善镇，治西都（今西宁）。

公元 452 年（宋文帝元嘉二十九年）

拾寅继立为吐谷浑王，都于伏罗川（今海西都兰县地）。

公元 460 年（宋孝武帝大明四年）

北魏阳平王新成率兵进攻吐谷浑。

公元 473 年（宋后废帝元徽元年）

北魏上党王长孙观率兵进攻吐谷浑。

公元 477 年（宋顺帝昇明元年）

宋使至吐谷浑。

公元 481 年（南齐高帝建元三年）

吐谷浑王度易侯立，南齐封其为河南王。

公元 490 年（南齐武帝永明八年）

齐使丘冠先傲慢无礼，被吐谷浑所杀。

公元 526 年（北魏孝明帝孝昌二年）

北魏改鄯善镇为鄯州，并移州治于今乐都。

公元 535 年（西魏文帝大统元年）

吐谷浑王夸吕立，都于青海湖边伏俟城。

公元 553 年（西魏废帝元钦二年）

西魏安定郡公宇文泰攻吐谷浑。

公元 556 年（西魏恭帝拓跋廓三年）

西魏凉州刺史史宁与突厥木杆可汗联合进攻吐谷浑。

公元 557 年（北周闵帝宇文觉元年）

吐谷浑围攻鄯、河等州。

公元 559 年（北周明帝武成元年）

北周击退吐谷浑，克其洮阳、洪和两城。

公元 576 年（北周武帝建德五年）

北周太子宇文赟率兵攻吐谷浑，吐谷浑王夸吕西逃。

北周在今化隆地区设置廓州。

隋唐时期

公元 581 年（隋文帝开皇元年）

隋遣行军元帅安乐郡公元谐等击败吐谷浑。

公元 583 年（隋文帝开皇三年）

隋在今青海境内设鄯州与廓州。

公元 591 年（隋文帝开皇十一年）

吐谷浑主夸吕卒，子世伏立。

公元 596 年（隋文帝开皇十六年）

隋以光化公主嫁吐谷浑主世伏。

公元 597 年（隋文帝开皇十七年）

吐谷浑主世伏被杀，弟伏允立。

公元 596 年（隋文帝开皇十八年）

隋改西都县为湟水县。

公元 601 年（隋文帝仁寿元年）

隋改广威县为化隆县。

公元 607 年（隋炀帝大业三年）

隋改鄯州为西平郡，廓州为浇河郡。

公元 609 年（隋炀帝大业五年）

隋炀帝西巡，击败吐谷浑，在青海境内其故地置河源郡与西海郡。

隋置积石镇，在河曲一带大开屯田。

公元 617 年（隋炀帝大业十三年）

薛举、李轨先后据有河湟地区。吐谷浑伏允复其故地。

公元618年（唐高祖武德元年）

吐谷浑应唐约出兵击李轨。唐遣隋时留质长安的伏允之子慕容顺归吐谷浑。

公元619年（唐高祖武德二年）

唐军攻杀李轨，在今青海境内置鄯州（领湟水、龙支二县）、廓州（领化隆、达化二县）。

公元627年（唐太宗贞观元年）

吐谷浑遣使向唐朝贡，使未返，又进攻鄯州。唐置陇右道，驻鄯州。

公元629年（唐太宗贞观三年）

党项细封步赖率部降唐。

公元631年（唐太宗贞观五年）

原属吐谷浑的党项首领拓跋赤辞降唐。

公元635年（唐太宗贞观九年）

唐派李靖、侯君集等攻吐谷浑，唐军穷追伏允于图伦碛，伏允为部下所杀，其子顺降唐，旋因内乱被杀，顺子诺曷钵继位。

公元638年（唐太宗贞观十二年）

吐蕃破党项、白兰诸羌，逼唐松州，唐派侯君集等击退之。吐谷浑被吐蕃击败，避于青海湖北。

公元639年（唐太宗贞观十三年）

唐以宗室女弘化公主嫁吐谷浑主诺曷钵。

公元641年（唐太宗贞观十五年）

唐以宗室女文成公主嫁吐蕃赞普松赞干布。

公元655年（唐高宗永徽六年）

米川县由河州改隶廓州。

公元663年（唐高宗龙朔三年）

在吐蕃攻击下，诺曷钵徙居内地，吐谷浑国亡。

公元670年（唐高宗咸亨元年）

唐派薛仁贵等击吐蕃，被吐蕃击败于大非川。

公元678年（唐高宗仪凤三年）

由湟水县析置鄯城县。

公元680年（唐高宗永隆元年）

唐河源军经略大使黑齿常之在河湟地区大开屯田。

公元694年（唐武则天延载元年）

娄师德任河源、积石、怀远等军检校营田大使，续行屯田。

公元710年（唐中宗景龙四年）

唐以宗室女金城公主嫁吐蕃赞普赤德祖丹。

公元714年（唐玄宗开元二年）

唐设陇右节度使，治鄯州，领鄯、秦、河、渭、兰、临、武、洮、岷、廓、叠、宕十二州。

公元734年（唐玄宗开元二十二年）

唐朝与吐蕃和盟，在赤岭树立界碑。

公元749年（唐玄宗天宝八年）

陇右节度使哥舒翰强攻石堡城，死士卒数万方克，置神武军。

公元753年（唐玄宗天宝十二年）

哥舒翰收复九曲之地，次年置洮阳、浇河二郡。

公元761年（唐肃宗上元二年）

吐蕃攻占鄯州。

公元763年（唐代宗广德元年）

吐蕃攻占廓州。

公元822年（唐穆宗长庆二年）

唐派大理卿刘元鼎经青海地区赴吐蕃会盟。

公元841年（唐武宗会昌元年）

吐蕃王室分裂，河陇占领区诸将领开始互讧。

公元851年（唐宣宗大中五年）

沙州人张议潮起义，陆续收复沙、瓜、兰、鄯、廓等11州，唐任命张议潮为归义军节度使。

公元862年（唐懿宗咸通三年）

嗢末部首次向唐入贡。

宋元时期

公元1014年（宋真宗大中祥符七年）

宗哥僧人李立遵、邈川吐蕃首领温逋奇，拥戴吐蕃赞普后人唃厮啰为吐蕃首领，在宗哥城建立了唃厮啰地方政权。

公元1016年（宋真宗大中祥符九年）

唃厮啰数万人侵扰宋秦州。

公元1025年（宋仁宗天圣三年）

唃厮啰离开李立遵迁居邈川，依温逋奇。

公元1032年（宋仁宗明道元年）

唃厮啰要求归附宋朝，宋封唃厮啰为宁远大将军，温逋奇为归化将军。

公元1035年（宋仁宗景祐二年）

西夏大将苏奴儿率军进攻唃厮啰，兵败，苏奴儿被俘。次年，西夏国主李元昊亲率大军进攻唃厮啰，陷青唐城，宗河之役失利后，军粮不济，引军退去。

公元1038年（宋仁宗宝元元年）

宋封唃厮啰保顺军节度使，洮、凉二州刺史。

公元1065年（宋英宗治平二年）

冬，唃厮啰死，子董毡继承保顺军节度使。

公元1070年（宋神宗熙宁三年）

西夏进攻北宋环、庆等州。应宋朝之约，董毡乘虚进攻西夏获胜。

公元1073年（宋神宗熙宁六年）

宋洮河安抚使王韶率军进入唃厮啰势力范围内之河州。

公元1082年（宋神宗元丰五年）

宋因董毡助攻西夏，封董毡为武威郡王。次年董毡死，养子阿里骨继位。

公元1086年（宋哲宗元祐元年）

北宋以阿里骨为河西军节度使、宁塞郡公。次年，阿里骨属鬼章部进据洮州，侵扰宋边，被宋军击败，阿里骨就此"奉表谢罪"。两年后，宋朝加授其紫金光禄大夫，检校太保。

公元1096年（宋哲宗绍圣三年）

阿里骨死，子瞎征继立。不久，唃厮啰政权发生内讧。

公元1099年（宋哲宗元符二年）

宋以孙路知熙河路，遣王愍为统军，王赡为副统军，率军渡河北入湟水流域，占领邈川，瞎征降宋。九月，王赡进军青唐，青唐新主陇拶出降。

宋改邈川为湟州，青唐为鄯州，宗哥为龙支城。

公元1100年（宋哲宗元符三年）

王赡放弃青唐，赐唃厮啰曾孙陇拶名赵怀德，为河西军节度使，知鄯州。次年，宋军又退出湟州，赐陇拶弟邦辟勿丁名赵怀义，知湟州事。不久，唃厮啰贵族溪赊罗撒逐赵怀德而据鄯州。

公元1103年（宋徽宗崇宁二年）

宋以王厚为洮西安抚使，童贯为监军，六月，复湟州。次年攻克鄯州与廓州。

宋改鄯州为西宁州。

公元1105年（宋徽宗崇宁四年）

西夏出兵助溪赊罗撒攻宣威城，宋知州高永年被害。

公元1109年（宋徽宗大观三年）

宋军克复溪哥城（今贵德）置积石军。

公元1115年（宋徽宗政和五年）

宋熙河经略使刘法率兵出湟州，败西夏兵于古骨龙城。次年改为震武军。

公元1119年（宋徽宗宣和元年）

宋改湟州为乐州。

公元1127年（宋高宗建炎元年）

宋军陆继退出湟、鄯等州，以益麻党征（赵怀恩）措置湟、鄯二州事。

公元1131年（宋高宗绍兴元年）

金大将军宗弼（金兀术）经略熙、秦，命将军奔睹等进军河湟，乐州、西宁州、廓州，以及积石州等地相继投降，均为金朝所有。

公元1136年（宋高宗绍兴六年）

西夏进军湟水流域，攻占西宁与乐州。黄河以北湟水流域遂归西夏。

公元1137年（宋高宗绍兴七年）

金将乐、廓、积石三州割让给西夏。次年，西夏将积石州更名为祈安城。金在其辖境另设积石军（治所在今甘肃省积石山县大河家，后升为州）。

公元1175年（宋孝宗淳熙二年）

藏文史料记载：玉树地区巴绒僧人与地方封建势力归附南宋，隶属黎州（今四川汉源）。

公元1223年（宋宁宗嘉定十六年）

西夏攻占金积石州，“羌界寺族多陷没”，旋被金人攻复。

公元1227年（宋理宗宝庆三年）

成吉思汗所部蒙古军攻占积石州与西宁州。

公元1253年（蒙哥汗三年）

蒙古在河州设置“吐蕃等处宣慰使司都元帅府”，管理甘、青等地藏族。

公元1281年（元世祖至元十八年）

元设甘肃行中书省，治甘州，辖西宁等州。

公元1287年（元世祖至元二十四年）

元封章吉驸马为宁濮郡王，仍镇西宁。

公元1357年（元顺帝至正十七年）

宗教改革家、藏传佛教黄教始祖宗喀巴诞生于今湟中鲁沙尔。

明清时期

公元1368年（明太祖洪武元年）

元甘肃行省理问所官祁贡哥星吉归附明朝。

公元1370年（明太祖洪武三年）

明征西将军邓愈攻占河州，继而占领循化、贵德等地，元吐蕃等处宣慰使何锁南普、镇西武靖王卜纳剌等相继降明。

公元1371年（明太祖洪武四年）

元甘肃行省右丞朵尔只失结、西宁州同知李南哥等相继归附明朝。

元必里万户府万户朵儿只星吉降明，明以其地置必里千户所，隶属河州卫。

公元1372年（明太祖洪武五年）

明设秦州茶马司，专管内地茶叶换取西宁等地马匹事宜。

公元1373年（明太祖洪武六年）

明在湟水流域设置西宁卫，属陕西都指挥使司。

公元1375年（明太祖洪武八年）

设置安定、阿端、曲先三卫，由西宁卫遥制。

公元1377年（明太祖洪武十年）

西宁卫开始屯田。

西宁卫隶陕西行都指挥使司。

安定、阿端，曲先三卫遭“番将”朵儿只巴劫掠，部众散亡。

公元1380年（明太祖洪武十三年）

建西宁东关清真大寺。

公元1392年（明太祖洪武二十五年）

西宁番僧三剌主建瞿昙寺，明太祖朱元璋赐寺额。

公元1393年（明太祖洪武二十六年）

西宁等卫开始实行金牌纳马制。

公元1396年（明太祖洪武二十九年）

复立安定卫，曲先卫遭番将朵儿只巴之乱并入安定卫。

公元1397年（明太祖洪武三十年）

设罕东卫。

设西宁茶马司。

公元1403年（明成祖永乐元年）

升必里千户所为必里卫，仍受河州卫节制。

公元1406年（明成祖永乐四年）

复设阿端、曲先二卫。

设甘肃苑马寺于碾伯，辖六监。

公元1413年（明成祖永乐十一年）

设置镇守西宁将领官。

于青南玉树、治多县一带置陇卜卫。

公元1427年（明宣宗宣德二年）

建西宁卫儒学。

公元1432年（明宣宗宣德七年）

改西宁卫为军民指挥使司。

公元1434年（明宣宗宣德九年）

于今玉树通天河一带设置毕力术江卫。

公元1472年（明宪宗成化八年）

改西宁镇守将领官为守备。

公元1488年（明孝宗弘治元年）

设置整饬西宁兵备道。

公元1509年（明武宗正德四年）

东蒙古右翼首领满都赉·阿固勒乎（阿尔秃厮）、亦卜剌率部由河套南下，辗转于河西走廊地区。

公元1512年（明武宗正德七年）

亦卜剌、阿尔秃厮进入青海。

公元1514年（明武宗正德九年）

派彭泽总制三边，又以徐谦为总兵率军征剿青海蒙古，亦卜剌、阿尔秃厮逃离青海，南入川北、西藏。明军回师，亦卜剌等又于次年回到青海。

公元1533年（明世宗嘉靖十二年）

东蒙古达延汗三子巴尔斯博罗特长子吉囊进入青海湖地区，大破亦卜剌部。次年，吉囊又与弟俺答（阿勒坦）西征青海。

公元1544年（明世宗嘉靖二十三年）

俺答再次进入青海，抄掠卜儿孩及当地番族部落而去。

公元1552年（明世宗嘉靖三十一年）

改西宁守备官为参将。

公元1559年（明世宗嘉靖三十八年）

俺答携子丙兔、侄孙宾兔袭据青海湖地区，留居一年有余，因部下染疾返回云中。

公元1571年（明穆宗隆庆五年）

封俺答为“顺义王”。明蒙恢复自弘治以来中断的通贡互市关系。

公元1577年（明神宗万历五年）

俺答子丙兔于青海湖南今共和县修建佛寺，神宗赐额“仰华寺”。

公元1578年（明神宗万历六年）

俺答邀请西藏黄教领袖索南嘉措来仰华寺，赠其尊号“圣识一切瓦齐尔达喇达赖喇嘛”，“达赖”尊号自此产生。

公元1580年（明神宗万历八年）

俺答偕索南嘉措返回土默特。

公元1584年（明神宗万历十二年）

蒙古真相部移驻莽剌川。

公元1588年（明神宗万历十六年）

蒙古火落赤部移驻捏工川。永邵卜部进犯西宁一带，副总兵李魁阵亡，死者800余名。

公元1590年（明神宗万历十八年）

火落赤、真相等部连续进犯洮州、河州、临洮、渭源等地，明派兵部尚书郑洛经略青海。

公元1591年（明神宗万历十九年）

郑洛招抚西番58 000余名，并进军青海湖地区，焚烧西海蒙古政治与宗教活动中心仰华寺。

公元1595年（明神宗万历二十三年）

甘肃巡抚田乐先后破蒙古青把都、永邵卜瓦剌它卜囊、火落赤等部于甘州甘浚山、湟中捏耳朵峡、康缠沟，获“湟中三捷”。

公元1596年（明神宗万历二十四年）

刘敏宽、龙膺纂成《西宁卫志》，今佚。

刘敏宽于西宁北山（今互助北山）设厂炼铁，每炉月出铁3 000斤。

公元1636年（明思宗崇祯九年）

西蒙古和硕特部顾实汗率部进入青海。

公元1637年（明思宗崇祯十年）

顾实汗擒杀却图汗，征服青南藏族部落，占领了青海广大牧区。

碾伯人黄澄、西宁镇海堡人马安邦先后起事反明遭到镇压。

公元1640年（明思宗崇祯十三年）

顾实汗消灭甘孜地区白利土司，收降西康地区藏族部落。

公元1642年（明思宗崇祯十五年）

顾实汗进军西藏，消灭藏巴汗，征服前后藏。

西宁附近藏族响应明末农民起义，遭总兵马炉剿杀，死者达700余人。

公元1643年（明思宗崇祯十六年）

李自成农民起义军将领贺锦遣防御使齐之宸和副将军鲁文彬由甘州率部南下进军西宁，遭到西宁土官祁廷谏、祁兴周父子及李天俞等联兵抵抗。

公元1644年（明思宗崇祯十七年）

贺锦率起义军南下进兵西宁，在北大通大败庄浪土司鲁行昌。贺锦乘胜进攻西宁卫城，不幸被俘就义，所部攻占西宁。

公元1645年（清世祖顺治二年）

清川陕总督孟乔芳率部进占西宁。西宁各土司陆续归附清朝。

公元1646年（清世祖顺治三年）

顾实汗遣使入贡，表示服从清廷，蒙古厄鲁特诸部相继遣使入京朝贡。

公元1647年（清世祖顺治四年）

清政府开始陆续发给明以来青海世袭土官号纸、印敕，正式称其为“土司”。

公元1648年（清世祖顺治五年）

西宁、贵德等地回民响应甘州回族军官丁国栋、米喇印等反清起义，遭清军镇压。

公元1652年（清世祖顺治九年）

五世达赖率顾实汗及四世班禅的代表赴北京朝觐，受到清朝盛大接待。

公元1653年（清世祖顺治十年）

西宁孙家寨回民据寨武装反清，被西宁协副将狄应魁率军镇压。

顾实汗被清廷封为“遵文行义敏慧顾实汗”。

清廷册封五世达赖阿旺罗桑嘉措为“西天大善自在佛所领天下释教普通瓦赤喇怛喇达赖喇嘛”。此后历世达赖转世，必经中央政府册封，成为定制。

公元1655年（清世祖顺治十二年）

西宁道苏铣编纂《西宁志》，两年后刻印成书。

公元1658年（清世祖顺治十五年）

清政府移临巩镇总兵于西宁，称西宁镇总兵。

青海蒙古与内地划定分界。清廷规定镇海堡、北川、洪水堡为青海蒙古出入贸易之口。

公元1667年（清圣祖康熙六年）

析陕西省置甘肃省，青海东部隶属甘肃省。

公元1697年（清圣祖康熙三十六年）

清朝平定噶尔丹叛乱后，青海蒙古诸部正式归附清朝。次年正月，清廷封入京觐见的顾实汗之子青海蒙古总管达什巴图尔为和硕亲王。青海蒙古正式成为清朝的藩属。

公元1704年（清圣祖康熙四十三年）

四月，清廷侍卫拉锡奉命探视黄河源头，至星宿海，绘成《星宿河源图》。

公元1705年（清圣祖康熙四十四年）

中止以茶易马事务，西宁等地改收茶叶税。

公元1709年（清圣祖康熙四十八年）

九月十二日，西宁、碾伯地震。

公元1713年（清圣祖康熙五十二年）

清廷派使入藏，册封五世班禅罗桑益喜为“班禅额尔德尼”，正式确立了班禅的政教地位。此后历世班禅转世，必经中央政府册封，成为定制。

公元1714年（清圣祖康熙五十三年）

青海蒙古和硕亲王达什巴图尔去世，其子罗卜藏丹津嗣位，两年后被清廷封为和硕亲王。

公元1719年（清圣祖康熙五十八年）

康熙皇帝命皇子允禵为抚远大将军，驻师青海。

公元1723年（清世宗雍正元年）

罗卜藏丹津胁迫青海蒙古诸部起兵反清。罗卜藏丹津在大河坝拘执前往劝阻的理藩院侍郎常寿。

清廷授年羹尧为“抚远大将军”，总统西北军务，进行武装平叛。

公元1724年（清世宗雍正二年）

清廷封四川提督岳钟琪为奋威将军。三月，岳钟琪统率中路清军在今柴达木地区歼灭叛军近千人，罗卜藏丹津逃往准噶尔部，叛乱平。

清廷采纳年羹尧所奏的“青海善后事宜十三条”和“禁约青海十二事”。

清廷改西宁卫为府，下设西宁、碾伯二县和大通卫。

年羹尧疏请收复青海盐池，移西宁道通判经理盐池课税。

公元1725年（清世宗雍正三年）

决定正式设“钦差办理青海蒙古番子事务大臣”，常驻西宁。首任大臣达鼐于次年到任。

西宁府正式设立，第一任知府及所属各县官员到任。

编青海蒙古诸部为二十九旗，授其首领为札萨克。

裁去管理盐务的通判。

公元1726年（清世宗雍正四年）

在青海藏族各部清查户口，设置千、百户。

公元1727年（清世宗雍正五年）

在北大通（今青海海北州门源县城）设镇，驻总兵官，隶甘肃提督。

公元1731年（清世宗雍正九年）

恢复茶马互市。

公元1732年（清世宗雍正十年）

达鼐在额色尔津（今青海海西州都兰县诺木洪一带）试办屯垦。

公元1735年（清世宗雍正十三年）

改西宁等茶马司为茶司，延续近千年的西北茶马互市制度正式宣告结束。

废大通镇，改设大通协。

公元1738年（清高宗乾隆三年）

归德千户所由原隶临洮府改隶西宁府。

公元1741年（清高宗乾隆六年）

新疆准噶尔部来丹噶尔贸易，历时4个月。

公元1743年（清高宗乾隆八年）

设巴燕戎格厅（今青海化隆县），置通判一员，隶西宁府。

公元1744年（清高宗乾隆九年）

大通卫由大通城（今青海门源县城）移至白塔城（今青海大通县城关镇）。西宁县主簿移驻丹噶尔城。

公元1746年（清高宗乾隆十一年）

西宁道佥事杨应琚、西宁知府刘洪绪等在西宁东关创设回民社学。

公元1747年（清高宗乾隆十二年）

杨应琚纂修乾隆《西宁府新志》成，付刻出版。

公元1761年（清高宗乾隆二十六年）

改大通卫为县，仍隶西宁府。

西宁县丞分驻归德所。

公元1762年（清高宗乾隆二十七年）

设循化厅，置同知一员，隶兰州府。

公元1773年（清高宗乾隆三十八年）

循化地区伊斯兰教新教、老教相互械斗攻杀。

公元1774年（清高宗乾隆三十九年）

西宁府采取“官督商办”方式招商开采扎马尔图（今青海门源县境）金矿。

公元1781年（清高宗乾隆四十六年）

循化教派斗争转化为反清斗争。新教首领苏四十三等人在循化杀河州协副将新柱、兰州知府杨士玑后，克河州、攻兰州。随后在清军2万余人围攻下，在兰州华林山全部战死。

公元1782年（清高宗乾隆四十七年）

改归德所为贵德所。

公元1791年（清高宗乾隆五十六年）

贵德设厅，置同知，仍隶西宁府。

公元1805年（清仁宗嘉庆十年）

贵德、循化一带藏族部落到黄河以北蒙古地界放牧。次年被清军逐回原地。

公元1822年（清宣宗道光二年）

清军进攻移牧黄河以北藏族。

编查西宁、循化、贵德等地藏族户口，分立千、百户，并规定易换粮茶章程。

公元1823年（清宣宗道光三年）

循化厅由兰州府改隶西宁府。

公元1829年（清宣宗道光九年）

设丹噶尔厅，置同知一员，隶西宁府。

公元1838年（清宣宗道光十八年）

清廷准允察汗诺门汗旗迁牧黄河以北。

公元1845年（清宣宗道光二十五年）

西宁镇总兵庆和在金羊岭（今青海门源县境）追杀藏民，被藏民击伤而死。

公元1846年（清宣宗道光二十六年）

正月，署理陕甘总督林则徐经凉州到西宁。

公元1859年（清文宗咸丰九年）

清廷允许刚咱（察）等8个藏族部落驻牧黄河北岸环青海湖地区。

公元 1861 年（清文宗咸丰十一年）

清廷在柴达木锡铁山设铅局，采炼铅锌矿。

公元 1862 年（清穆宗同治元年）

马文义率众起事，切断兰州至西宁间交通。青海回族、撒拉族反清斗争开始。

公元 1863 年（清穆宗同治二年）

马文义等攻占镇海、拉课二营，围攻西宁府城。次年春，撒拉族、回族群众攻陷循化厅城，马文义等围攻丹噶尔厅城。

公元 1865 年（清穆宗同治四年）

青海回族、撒拉族反清斗争进入高潮，马文义等率众再次围攻西宁府城、丹噶尔厅城。

公元 1867 年（清穆宗同治六年）

清廷任命左宗棠为钦差大臣，督办陕甘军务，率军赶往西北镇压回族起义。

次年，西宁办事大臣玉通“保举”回族绅士马归源署理西宁知府，企图分化起义军，缓和局势。

公元 1871 年（清穆宗同治十年）

陕西、宁夏回族起义军失利，其一部退入青海东部。

马文义病亡，马永福为西宁地区回军首领。

公元 1872 年（清穆宗同治十一年）

左宗棠部将刘锦棠率军由碾伯进攻西宁。西宁地区回军奋勇抵抗 70 余日后，西宁城陷。

公元 1873 年（清穆宗同治十二年）

清军攻陷大通城，陕西回族义军余部退往肃州（今甘肃省酒泉市）。

清军攻占循化城。

马归源在巴燕戎（今青海化隆县）被捕。同治年间青海回族、撒拉族反清起义失败。

公元 1874 年（清穆宗同治十三年）

西宁府始设种痘局。

公元 1878 年（清德宗光绪四年）

由邓承伟修、来维礼等纂的《西宁府续志》脱稿。光绪九年付印。

公元 1888 年（清德宗光绪十四年）

青海地区的山西、陕西商人集资在西宁建“山陕会馆”。

公元 1891 年（清德宗光绪十七年）

基督教新教在西宁设立福音堂，开始传教。

公元1893年（清德宗光绪十九年）

循化撒拉族地区新老教派发生械斗事件。

公元1895年（清德宗光绪二十一年）

循化地区教争再起，西宁道陈嘉绩在循化捕杀老教头目，激起回族、撒拉族群众愤怒，围攻循化厅城。

西宁、碾伯、巴燕戎、大通等地回民纷纷揭竿而起，聚众反清。

西宁镇总兵邓增率兵赴援循化。

公元1896年（清德宗光绪二十二年）

清提督甘肃军务董福祥率兵至西宁，与西宁办事大臣奎顺、陕西巡抚魏光焘、西宁总兵邓增合兵会剿反清回军。

河湟各地反清斗争遭清军镇压，相继失败。

公元1900年（清德宗光绪二十六年）

帝国主义国家开始在西宁、丹噶尔、贵德等地设立洋行，收购青海畜产品。

公元1905年（清德宗光绪三十一年）

西宁府开始废科举、兴学堂，各地书院、儒学、社学、义学相继改为中、小学堂。

公元1906年（清德宗光绪三十二年）

西宁邮政分局正式成立，办理函件、包裹业务。

公元1908年（清德宗光绪三十四年）

甘肃省设局经营茶卡盐池，丹噶尔盐局成立。

陕甘总督升允与西宁办事大臣庆恕奏准举办青海垦务，在西宁筹设青海垦务总局。

甘肃官银钱局在西宁设立分局。

公元1910年（宣统二年）

西宁办事大臣庆恕奏准在西宁设立蒙古族半日制学堂。1912年改为蒙番学校。1924年改为宁海蒙番师范学校。

比利时籍神甫康国泰在西宁设立天主堂，开始传教。

清船政总局皋兰分局在西宁设办事机构。

公元1911年（宣统三年）

夏，丹噶尔人李旺组织“黄标会”，领导农民举行反清起义，遭西宁镇总兵张定邦、副将吕登科镇压而失败。

秋，哥老会首领任得慧、乔寿山等人响应辛亥革命，率众在西宁元山尔发动起义，遭西宁镇总兵张定邦镇压而失败。

民国时期

1912年（民国元年）

3月，临时大总统袁世凯任命赵维熙为甘肃都督。

4月，北洋政府任命金承荫为西宁道尹。

8月，北洋政府改任原西宁知府廉兴为青海办事长官，原“精锐西军”帮统马麒为镇守西宁等处总兵。

1913年（民国二年）

2月，裁撤西宁府，改循化、巴燕戎格、丹噶尔、贵德等4厅为县。西宁道下属西宁、大通、碾伯、湟源（原称丹噶尔）、巴戎、贵德、循化等7县。

8月，廉兴、马麒到察汗城主持祭海会盟，致电中华民国政府，告称青海蒙藏王公千百户承认共和。

是年，青海地区第一所女子学校——西宁县立女子初等小学校创立。

平番至西宁电报线架成，西宁电报局设立，西宁至兰州间开始通电报。

1914年（民国三年）

甘、川两省为玉树隶属问题发生纠纷，双方代表会同勘界，北洋政府于次年3月批复玉树25族仍隶甘肃管辖。

增设蒙番宣慰使，西宁镇总兵马麒兼任此职。

1915年（民国四年）

撤消青海办事长官，改镇守西宁等处总兵官为甘边宁海镇守使。马麒为蒙番宣慰使兼甘边宁海镇守使。

马麒通令西宁道属各地禁种鸦片。

1916年（民国五年）

北洋政府颁发玉树千百户执照，承认藏族头人封建特权。

宗社党人吕光窜入隆务一带进行复辟清朝的活动，次年攻占贵德。马麒派兵镇压，吕光被俘，押解西宁后被处死。

1917年（民国六年）

设置玉树、都兰二理事。

1918年（民国七年）

黎丹出任西宁道尹。

西宁道在都兰、大河坝等处募民开荒。

外国基督教和天主教传教师在西宁等地相继设立教会学校。

1919年（民国八年）

西宁学生响应五四运动，开展反帝爱国宣传，号召抵制日货。

马麒发表“艳电”，反对英帝国主义妄图分裂中国西部边疆的“西姆拉条约”。

循化籍学生邓春兰上书北京大学校长蔡元培，要求“国立大学增女生席”。后获准进入北大哲学系学习，成为青海第一个女大学生。

刘运新修、廖徯苏等纂《大通县志》由甘肃政报局印行。

贵德、西宁等地发生地震，房屋严重摇荡。

农业各县瘟疫流行。

1920年（民国九年）

12月16日，西宁地震。

是年，周希武著《玉树调查记》由上海商务印书馆出版。

马麒迎河州大阿訇马果园在青海推行伊斯兰教“伊赫瓦尼”派（即“新兴教”）。

1921年（民国十年）

5月，西宁至兰州直达电报线路开通。

是年，马麒派马麟等率兵镇压果洛藏族群众。

1922年（民国十一年）

5月，“宁海回教促进会”成立，马麒任会长。

1923年（民国十二年）

马麒兼任甘边宁海垦务总局督办，赵从懿为总办，设西宁等10个分垦局举办农垦，一年后撤消。

1924年（民国十三年）

西宁道尹黎丹在西宁组织成立的“西宁藏文研究社”着手编纂《汉藏大辞典》等书。

1925年（民国十四年）

4月20、8月31日，大通两次发生地震。

是年，德国天主教神父海德曼在西宁县门街（今人民街）开设公教医院。

1926年（民国十五年）

9月，西宁道尹黎丹辞职。10月，冯玉祥派林竞接任。

是年，冯玉祥任命马麒为“青海护军使”，马麒所部宁海军被编为国民革命军暂编第二十六师。

国民党甘肃省党部派人在西宁开辟党务，不久，各县均成立县党部。

1927年（民国十六年）

7月，裁撤西宁道，改设西宁行政区，林竞任西宁行政区行政长官。

是年，西宁设立垦务总局，各县设分局，放垦荒地。

甘肃省银行在西宁设立办事处，办理汇兑与储存业务。

宁海蒙番师范学校改为宁海筹边学校。

1928年（民国十七年）

4月，宁海军代营长马仲英在河州成立“黑虎吸冯军”，制造了武装抗拒国民军的“河湟事变”。

9月5日，国民党中央政治会议第153次会议决定建立青海省；10月17日，国民党中央政治会议第159次会议决定划原西宁道属各县及原西宁办事长官所辖牧区为青海省，定西宁为省会，任命孙连仲为省主席。

“平民医院”在西宁隍庙街（今解放路）药王宫设立，次年改组为省立中山医院。

1929年（民国十八年）

1月1日，青海正式建省。

1月18日，孙连仲率国民军进入青海西宁，19日孙出席在西宁小教场召开的军民联欢会，20日孙宣誓就任青海省主席一职。

1月，改碾伯县为乐都县，改巴戎县为巴燕县。

2月，马仲英为首的“黑虎吸冯军”血洗湟源县城，屠杀居民2 000多人，城内财货被劫掠一空。

7月，设共和县、门源县。

8月6日，改玉树理事为玉树县。

8月15日，设同仁县。

10月，国民军东下，政府政务由马麒代理。

是年，《新青海》日报发刊，后改名为《青海日报》。

设置西宁电话局，后改为青海省电话局。

1930年（民国十九年）

4月1日，设民和县。

8月8日，设互助县。

11月29日，改都兰理事为都兰县。

是年，马麟任甘肃剿匪总司令，后改任甘肃保安总司令。

1931年（民国二十年）

1月6日，国民政府任命马麒为青海省代理主席。

6月18日，《青海民国日报》创刊。

8月，青海省政府下令废除土司制度。改巴燕县为化隆县。

8月5日，马麒病卒。

9月，马麟代理青海省政府主席。

是年，青海省政府成立省金库，发行维持券，并设平市官银钱局。

青海蒙藏文化促进会在西宁成立，马步芳为理事长。

省政府在西宁乐家湾修筑飞机场。

“九一八”事变发生后，青海学生积极宣传抗日，成立“全省学生抗日义勇军联合处”，创办《学生抗日旬刊》。

瘟疫流行青海全省，牧业区牲畜受害严重。

1932年（民国二十一年）

3月，在英帝国主义唆使下，西藏地方反动势力进攻青海玉树地区。8月，马麟、马步芳派兵进行反击。后于1933年4月达成停战和约。

是年，中共甘宁青工委派共产党员程士诚来西宁活动，被马麟属下暗杀。

1933年（民国二十二年）

3月10日，国民政府任命马麟为青海省政府主席。

10月6日，设囊谦县。

是年，青海省设立土地局，地方政府以“垦荒”、“丈地”为名，大肆搜刮民财。

南京政府任命孙殿英为“青海西部屯垦督办”，马麟派马步芳率兵开赴宁夏参加拒孙战争。

1934年（民国二十三年）

10月，国民党中央政治学校在西宁设立分校，1940年改建为国立西宁师范学校。

是年，新疆哈萨克族不堪军阀盛世才的剥削与压迫，部分人逃迁于青海境内。

国民政府要员戴传贤、宋子文来青海西宁。

1935年（民国二十四年）

4月，青海省图书馆正式成立。

5月10日，设同德县。

是年，设置果洛行政督察区，区公署驻白玉寺。

省政府设立保甲厉行委员会。

省“维持券”严重贬值，愤怒的群众捣毁省金库。

撤消“青海平市官银钱局”。法币开始在青海流通。

甘青公路西宁—享堂段完工，开始通车。

1936 年（民国二十五年）

6 月，马步芳任青海省代理主席。

7 月，中国工农红军四方面军左纵队先遣军和二方面军总部等长征途经青海果洛地区。

11 月，红西路军西进河西，遭青马军队阻击。

1937 年（民国二十六年）

1~3 月，红西路军在河西惨遭青马军队围攻。

3 月 25 日，设称多县。

9 月，抗日战争开始，马彪骑兵第一师东下中原参加抗日。

12 月 1 日，九世班禅在玉树拉秀寺圆寂。

是年，国民党政府资源委员会与青海省政府联合开采各地金矿。

西藏纪仓活佛等在今平安县祁家川寻得十三世达赖“转世灵童”拉木登珠。

1938 年（民国二十七年）

3 月，国民政府任命马步芳任青海省主席。

3 月，设玉树行政督察区，区公署驻结古，辖玉树、称多、囊谦三县。

是年，国民党青海省执行委员会正式成立，马步芳控制青海省国民党党务。

实施拔兵制和保甲制度。

果洛藏族人民英勇反抗军阀屠杀和掠夺，溺毙旅长喇平福。

西宁至兰州间汽车客、货运业务正式开办。

是年至 1940 年，中国农民银行、中国银行、中央银行、“四联总处”（即中央银行、中国银行、交通银行、中国农民银行联合办事处），在西宁设立分行机构。

1939 年（民国二十八年）

“管理中英庚款董事会湟川中学”在西宁成立，简称“湟川中学”。

喜饶嘉措大师赴青海各大寺院视察，号召佛门信徒团结抗日。

马步芳派兵护送“灵童”拉木登珠入藏。次年 2 月国民政府发布命令，准许拉木登珠为第十四世达赖喇嘛。

海西哈萨克族民众不堪马步芳政府的苛扰，开始逃亡。马步芳部队屠杀哈萨克族人民。

1940 年（民国二十九年）

国民政府派第八战区司令长官朱绍良到青海主持祭海会盟。

青海东部地区旱涝相继，时疫蔓延，庄稼严重欠收，人丁死亡甚多。

1941 年（民国三十年）

2 月，西宁火力发电厂建成发电。

全省实行田赋征实制，之后又实行粮食征购、征借制。

6 月 23 日，日寇飞机空袭西宁，炸死 43 人，伤 28 人，毁房屋 520 余间，受灾家庭 160 户。

1942 年（民国三十一年）

8 月 26 日，蒋介石来青海西宁视察。

9 月，“青海省回教教育促进会”立第一中学改称昆仑中学。

全省普遍发生霜冻，并发生严重牛瘟。

1943 年（民国三十二年）

8 月，设兴海县、海晏县。

是年，省政府清查全省人口。

国民政府拨款，修筑青藏公路西宁至结古段。

湟光电影院开始营业。

1944 年（民国三十三年）

国民政府在青海征集 1 000 多名知识青年从军。

1945 年（民国三十四年）

1 月 26 日，马麟病卒。

3 月，国民党青海省党部第一次代表大会召开。

八十二军炮兵团营长马乙思哈在乐家湾发动兵变，旋遭镇压。

青海省银行先行营业，次年正式成立。

1946 年（民国三十五年）

元月，西宁县改名为湟中县，移治于文华镇（今鲁沙尔镇）。

6 月 11 日，置西宁市。

是年，青海官僚资本机构“湟中实业公司”成立，垄断全省经济。

成立青新公路工程处，征调民工筑路。

骑兵第八旅第三、四连官兵 200 余人在玉树发动兵变，旋遭镇压。

1947 年（民国三十六年）

3~4 月，马步芳部主力八十二师开赴陇东，抗拒人民解放军西进。

9 月，青新公路西宁至茫崖段修成。

是年，青海省最大的水利工程——芳惠渠（今互助曹家堡渠）建成放水。

“湟中实业公司”总经理、财政厅长兼田粮处长冶成荣秉承马步芳旨意，利用国民政府拨发的公路改善工程费 10 亿元，在上海从事黄金投机活动。

1948年（民国三十七年）

8月底至9月中旬，青海东部各县连降大雨，遭受严重水灾。

1949年（民国三十八年，中华人民共和国元年）

5月，马步芳就任“代理西北军政长官”；7月，正式出任“西北军政长官”。

5月，国民政府确认出生于青海循化的灵童宫保慈丹为十世班禅。8月，十世班禅在塔尔寺举行坐床典礼。

美国籍人陈纳德夫妇来西宁活动。民航大队开辟兰州至西宁航线，空运青海羊毛。

8月，青海省广播电台开始播音。

8月，人民解放军在兰州击溃马步芳部主力，马步芳、马继援父子先后由西宁飞逃重庆。

8月26日，人民解放军解放古城兰州。

8月28日，人民解放军解放循化县城。

9月2日，民和县城解放。同日，解放平安镇。

9月4日，化隆县城解放。

9月5日，人民解放军进入西宁，西宁宣告解放。同日，乐都县城解放。

9月6日，湟中县城解放。

9月8日，中国人民解放军西宁市军事管制委员会成立，冼恒汉任主任，张国声任副主任。同日，西宁市人民政府成立，刘枫任市委书记并代理市长、钱平任副市长。同日，湟源县城解放。

9月9日，中国人民解放军一野一兵团司令兼政委王震率部到达西宁。

9月10日，玉树行政督察区专员马骏宣布起义。同日，大通县、门源县城解放。

9月11日，互助县、海晏县城解放。

9月18日，西宁市各界3万人隆重集会，庆祝西宁解放。同日，贵德县城解放。

9月中旬，同德县城解放。

9月22日，同仁县人民政府成立。

9月25日，中共青海省委员会成立，张仲良任书记。同日，共和县城解放。

9月25日，国民党新疆警备总司令陶峙岳将军通电起义；次日，国民党新疆省主席包尔汉率省政府通电起义。

9月26日，青海省人民军政委员会成立，廖汉生任主任。

9月27日，兴海县城解放。

9月底，宁夏全境解放。

10月1日，中华人民共和国宣告成立。同日，青海军区成立，贺炳炎任司令员，廖汉生兼任政委。

10月16日，青海省军政委员会任命王本巴（蒙古族上层人士）为都兰县县长，11月12日在希里沟召开大会，宣告都兰解放。

10月27日，青海军政委员会驻玉树特派员办事处成立，接管玉树政权。11月2日，在结古召开大会，宣告玉树解放。

11月22日，祁连县城解放。

11月，刚察县解放。

1952年8月4日，中共果洛工作委员会、西北军政委员会果洛工作团及骑兵支队首次进入果洛腹地查郎寺（现属达日县），受到当地头人、僧侣和群众的欢迎，果洛宣告解放。

修订说明

《青海简史》是青海省第一部公开出版的简明记述青海历史发展过程的地方史学著作。该书反映青海地区自远古至新中国建立前，各朝代的历史沿革、政治、军事、经济、社会、文化的变迁情况，突出重要的历史事件和历史人物，注重学术性、知识性、资料性和可读性，是一部适合广大读者学习了解青海历史的简明读本。

该书自 1992 年 12 月出版以来，至今已有 20 年了。由于学术研究的不断发展和人们认识水平的逐渐提高，20 年来地方史学界已有许多新的学术成果问世，研究青海历史的学术水平与以前相比已大不相同了。当时人们尚未研究到的问题，科研工作者和文史爱好者在其论文和专著中又有了新的发现和论述，原书作者在不断研究中也有了许多新的学术观点和体会。为此，现在修订出版《青海简史》是一件十分必要的工作。

这次修订工作是在《青海简史》1992 年版书稿的基础上进行的，其主要任务是：

第一，修订原书的部分章节和内容，提升该书的学术水平。我们在修订工作中尽可能地吸收地方史学界在相关学术研究中新的观点和论述，对原书内容中出现的一些错误做了修改订正（如校正某些历史事件的时间、历史地名的地点等），对各章内容中的不足做了删改补充（如论述各朝代政治、经济、社会、文化活动时，增加了一些具有思想性和知识性的内容），对个别章节的内容做了调整（如对原书第八章的部分内容做了调整），对少数段落的内容作了改写（如对原书第八章第四节、第五节的内容作了改写），力争使该书内容与不断发展的地方史研究新水平相适应。

第二，紧密结合文字内容，插配历史图片资料。许多弥足珍贵的历史照片，真实反映出青海历史发展的某些重要时刻，史学工作者有责任把它们展现给读者。我们在修订工作中，从搜集的400余幅照片中遴选了近200幅历史文物、历史人物、历史事件、历史实物等方面的照片、图片、示意图等，附于文中，图文并茂，以加深读者的直观印象，弥补人们阅读史学著作时枯燥、可读性差的不足，有助于广大读者对青海历史深入理解。史学著作的这种出版形式，对我们来说也是一种新的尝试。

该书是一项集体成果，由于原作者队伍（在原书前言中已注明）中有的工作已调到外地或有其他原因，原班人马已不能全部参加修订工作。这次修订该书的分工情况是：前言、第二章、第八章、大事记为王昱；第一、三、四、五章为崔永红；第六章为刘景华；第七章为任斌。图片资料由王昱、崔永红、吴忠礼、任斌、刘景华、贾鸿建、任玉贵、张书卫、石砺、范海骅等人搜集提供，有的从《青海省志》部分专业志、州县志及相关图书中翻拍，有的来自网络。全书文字内容、图片资料由该书主编王昱（青海省社科院研究员、享受国务院特殊津贴专家）、副主编崔永红（青海省社科院研究员、享受国务院特殊津贴专家）统稿，最后由王昱审定。青海人民出版社李永华、戴发望、陈锦萍对书稿认真校阅润色，杨敬华对书稿进行配图、排版，为该书出版付出了辛勤劳动。对上述人员为该书出版所做的贡献，在此一并表示衷心感谢！

欢迎专家和读者对该书内容提出宝贵的意见。

著　者

2012年5月